Klaus Wahl

Studien über Gewalt in Familien

Gesellschaftliche Erfahrung, Selbstbewußtsein, Gewalttätigkeit

DJI Verlag Deutsches Jugendinstitut

Die vorliegende Arbeit ist aus Forschungsprojekten des Deutschen Jugendinstituts e.V. (DJI), München hervorgegangen. Das DJI ist ein zentrales sozialwissenschaftliches Forschungsinstitut auf Bundesebene mit den Abteilungen Jugendhilfe, Jugend und Arbeit, Jugend und Politik, Mädchen- und Frauenforschung, Familie/Familienpolitik, Kinder und Kinderbetreuung, Medien und neue Informationstechnologien, Sozialberichterstattung sowie Dokumentation. Es führt sowohl eigene Forschungsvorhaben als auch Auftragsforschungsprojekte durch. Die Finanzierung erfolgt überwiegend aus Mitteln des Bundesministeriums für Jugend, Familie, Frauen und Gesundheit und im Rahmen von Projektförderung aus Mitteln des Bundesministeriums für Bildung und Wissenschaft. Weitere Zuwendungen erhält das DJI von den Bundesländern und Institutionen der Wissenschaftsförderung.
Diese Veröffentlichung ist Teil einer Arbeit, die von der Fakultät Sozial- und Wirtschaftswissenschaften der Universität Bamberg 1988 als Dissertation angenommen wurde. Der andere Teil der Dissertation erscheint als *Die Modernisierungsfalle* im Suhrkamp Taschenbuch Verlag, Frankfurt am Main.

Alleinauslieferung: Juventa Verlag, Weinheim und München

Umschlagentwurf: Erasmi und Stein, München
Diagramme S. 30f., 156f., 158, 159 mit freundlicher Genehmigung des Suhrkamp Taschenbuch Verlags, Frankfurt am Main
Datenkonvertierung und Tabellensatz: typo spezial Ingrid Geithner, Erding
Druck: MaroDruck, Augsburg
Printed in Germany
ISBN 3-87966-313-0

Inhalt

Modernisierungsfalle, Selbstbewußtsein und Gewalt: Vier Annäherungsversuche an ein komplexes Phänomen

Wer in seiner alltäglichen Praxis mit Fällen von „Kindesmißhandlung" zu tun hat (z. B. Berater von Kinderschutzzentren), macht immer wieder die Erfahrung, daß Mütter oder Väter, die gewalttätig mit ihren Kindern umgehen, ein negatives Bild von sich selbst haben und unter mangelndem Selbstwertgefühl leiden. Die einschlägige Forschung hat diese Erfahrung seit langem bestätigt (vgl. z. B. Gelles 1978; Steele, Pollock 1978; Gelles, Straus 1979; Anderson, Lauderdale 1982; Engfer 1982). Dagegen wurden mögliche Zusammenhänge zwischen Ausprägungen des Selbstwerts und der Neigung zu Gewalttätigkeiten gegen (Ehe-)Partner seltener erforscht. Immerhin gibt es einige Hinweise dazu, etwa aus Untersuchungen in Frauenhäusern. Aus solchen Zufluchtstätten für mißhandelte Frauen wird berichtet, daß die Frauen als Grund für die Brutalität ihrer Männer häufig annahmen, daß diese sich „in ihrer Ehre gekränkt" fühlten. Sie seien z. B. grundlos eifersüchtig gewesen, hätten ihre Frauen als Besitz betrachtet (Hagemann-White et al. 1981, S. 92 f.), d. h. Reaktionsweisen gezeigt, wie sie für ein negatives Selbstwertgefühl charakteristisch sind, das die Konkurrenz zu anderen fürchten muß und es durch Machtansprüche gegenüber der „schwächeren" Frau zu kompensieren trachtet.

Der „Selbstwert" einer Person ist nun allerdings sicher *noch keine hinreichende Bedingung* dafür, voraussagen zu können, daß diese Person sich gewalttätig verhalten wird. Reinhart Wolff (1981) begreift z. B. Kindesmißhandlung als eine „ethnopsychische Störung", d. h. „als strukturiertes psycho-kulturelles Symptomgefüge, ein Muster, das die moderne Gesellschaft ihrem Mitglied zur Verfügung stellt, um einen besonderen inter- und intrapsychischen familialen Konflikt auszudrücken" (a.a.O., S. 41): Ich-Schwäche, „mit aggressiven Introjekten identifizierte" und in ihrer Liebesfähigkeit geschädigte Persönlichkeit und ein sozialer Code gewaltsamer Konfliktlösung müssen zusammenkommen, um so etwas wie Kindesmißhandlung zu produzieren. Andere Theorien zur Erklärung von Gewalttätigkeit in Familien ziehen den Einfluß von Streßfaktoren (z. B. Arbeitslosigkeit), sozialökologische Tatbestände (z. B. Isolation) und eine Reihe weiterer Faktoren heran (zusammenfassend zu verschiedenen theoretischen Ansätzen der Erklärung und empirischen Erforschung familialer Gewalttätigkeiten Bujok-Hohenauer 1982; Honig 1986). Aber die Problematik negativen Selbstwertgefühls (oder verwandter Konstrukte) durchzieht die Literatur zur Gewaltforschung als roter Faden, der im Gewebe anderer theoretischer Fäden immer wieder markant aufblitzt.

Die Bedeutung des Selbstwerts einer Person für ihr Verhalten, speziell ihr soziales Verhalten oder Handeln gegenüber anderen Personen, hatte sich uns selbst in früheren Forschungsprojekten über Familien der Unterschicht erschlossen. Obwohl wir bei ihnen zunächst eine erhebliche subjektive Belastung durch *objektive* Bedingungen (wie mangelndes Einkommen, teure Wohnungen usw.) vermuteten, zeigte sich dann bald und ganz nachdrücklich, wie sehr viele unter ihnen unter Problemen ihres *Selbstbewußtseins* litten — mangelnde Anerkennung in Familie und Beruf, bei Ärzten, Psychologen oder auf Ämtern (Wahl et al. 1980). Selbstwert oder — etwas umfassender — Selbstbewußtsein wurde für uns zu einem „sensitizing concept", zu einem Schlüsselbegriff, dem wir überall begegneten: in der Literatur über „auffällige" oder „abweichende" Personen, über „Delinquente" und „Kindesmißhandler", selbst in Texten über Krieg und Frieden traten uns immer wieder Synonyme beschädigten Selbstbewußtseins als zentrale verhaltensbestimmende Momente entgegen. Hatten wir die Tür aufgestoßen, hinter der sich das „mal du siècle" verbarg, ein Modethema, ähnlich dem, das als „Identitätskrise" in aller Munde ist und worüber sich Claude Lévi-Strauss zynisch, doch zu Recht mokiert:

„In Wirklichkeit ist eine auf die rein subjektiven Aspekte beschränkte Identitätskrise auch nicht weiter interessant. Es wäre viel besser, den objektiven Bedingungen ins Auge zu sehen, deren Symptom sie ist und die sich in ihr spiegeln. Aber dem geht man natürlich gern aus dem Wege und beschwört statt dessen lieber, was der pschologische Discounthandel an Gespenstern im Angebot hat“ (Lévi-Strauss 1980, S. 7).

Nun sind wir genau an diesen *objektiven* Bedingungen interessiert, die hinter den öffentlich zerredeten Symptomen wie Identitätskrise, bedrohtem Subjekt oder gefährdetem Selbstbewußtsein stehen, an der Dialektik von Gesellschaft und Individuum, Kultur und Subjekt, Geschichte und Sozialisation. Zu diesen objektiven Bedingungen gehört offenbar ein normatives *Menschenbild*, an dem sich Individuen messen und an dem sie von anderen gemessen werden, dazu gehören ihre *Erwartungen und Wünsche* an ein gutes oder zumindest erträgliches Leben, und dazu gehören schließlich ihre *Erfahrungen* im gesellschaftlichen Alltag: In unserem heute vorherrschenden Menschenbild kommt offenbar dem Selbstwert einer Person eine besondere Bedeutung zu; je nachdem, inwieweit ihre Erwartungen und Wünsche (insbesondere auch hinsichtlich ihres Selbstwerts) in den alltäglichen Erfahrungen eingelöst oder enttäuscht werden, kann das Selbstwertgefühl positiv oder negativ beeinflußt werden.

Jenseits der Psychologie des beschädigten Selbstbewußtseins wollten wir nun *soziologisch* interessante Schichten des herrschenden Menschenbildes und seiner historischen Genese, aber auch das Gesellschafts- und Weltbild, in das es eingebettet ist, sowie die kulturell geprägten Erwartungen und Wünsche der Menschen und ihre gesellschaftlichen Erfahrungen analysieren. Diese Fragen sind zentraler Gegenstand des parallel erschienenen Buches „Die Modernisierungsfalle. Gesellschaft, Selbstbewußtsein und Gewalt“ (Suhrkamp Taschenbuch Wissenschaft, Frankfurt 1989).

Die dort entfaltete These von der „*Modernisierungsfalle*“ sei hier nur kurz — als Hintergrund für die in ihrem Bezugsrahmen dann untersuchten Phänomene familialer Gewalt — skizziert: Ungefähr in der zweiten Hälfte des 18. Jahrhunderts tauchte — nach gewissen Vorläufern — ein *Dreigestirn von neuen, bald verbreiteten Ideen, Deutungsmustern oder Orientierungen* auf, das als *Verheißungen*

- eines *neuen Menschenbildes* (autonomes, selbstbewußtes, mit Menschenwürde ausgestattetes Subjekt als universale Kategorie),
- eines *allgemeinen Fortschritts* in Wissenschaft, Technik, Wirtschaft und Gesellschaft,
- eines *neuen Familienmodells* (Liebesehe, Familienglück),

kurz: als *Mythos der Moderne* auftrat.

Spuren dieses Menschenbildes des selbstbewußten, autonomen „Subjekts" lassen sich schon in frühen Epochen des Abendlandes aufweisen, wie es Horkheimer und Adorno (1971) am Beispiel des Odysseus herauspräpariert haben. Aber besonders seit dem 18. Jahrhundert, mit Eintritt der Moderne, hat sich dieses Menschenbild zunehmend universalisiert, „demokratisiert". In der amerikanischen Unabhängigkeitserklärung von 1776 und in der „Déclaration des droits de l'homme et du citoyen" der Französischen Revolution von 1789 werden Menschen- und Bürgerrechte (besonders politische und wirtschaftliche Selbstbestimmung) zwar immer noch für bestimmte Minderheiten (Besitzbürger), aber mit wegweisenden Ansprüchen für spätere politische Emanzipationsschübe formuliert. In der Zwischenzeit ist „Menschenwürde" zu einem verfassungverbürgten Rechtstitel geworden (z. B. im ersten Artikel des Grundgesetzes). Dem Menschenbild der Moderne haften indes die Merkmale seiner Geburt bis heute an: Es war und ist ein *bürgerlich* geprägtes Konzept. Das Bürgertum drängte im 18. Jahrhundert gegen den Adel an die Macht, forderte wirtschaftliche, persönliche und politische Freiheit. Seine Geburtshelferin war die neuzeitliche Philosophie mit ihrer Betonung eines reflexiven Subjekts und der Selbstgewißheit des Ich (Descartes), der egoistischen Selbsterhaltung im ständigen Kampf (Hobbes) und des verweltlicht-vermenschlichten Schöpfertums (Horst Eberhard Richter 1979 spricht vom „Gotteskomplex") des Menschen als Naturbeherrscher und Ausbeuter (gestützt auf die aufblühenden Naturwissenschaften). Doch nicht nur die Beherrschung der äußeren Natur wurde dem Kind als Aufgabe in die Wiege gelegt, auch die Forderung nach Beherrschung der inneren Natur (Triebe, Affekte, Aggression) in der „innerweltlichen Askese" des „Berufs", der Leistung, der Bildung. Das Leben gemäß diesem Menschenbild und seiner bürgerlichen Tugenden wurde durch materiellen und/oder spirituellen „Erfolg" gekrönt. Dessen Ausdrucksmittel — Besitz, Status, Wohlstand, Konsum — wurden für die Gesellschaft insgesamt verbindliche Maßstäbe.

Die Verwirklichung eines solchen Menschenbildes setzte nun einiges voraus. Diese Mittel wurden von der Ideologiegeschichte seit dem 18. Jahrhundert dem Menschenbild gleichsam als Garantieschein mitgegeben: Als des Glückes doppeltes Unterpfand wurde *allgemeiner Fortschritt* in Wissenschaft, Technik, Wirtschaft, und damit Wohlstandsmehrung, medizinische Besserversorgung, sozialer Friede usw. versprochen, gepaart mit dem *Familienglück* in der modernen Liebesehe, das etwaige Spannungen des ungestümen ökonomisch-sozialen Fortschritts in der Nische privater Innerlichkeit auffangen sollte. Gewiß, Fortschrittsideen und Familienidyll waren zunächst nur Themen philosophischen, literarischen und politischen Räsonnements in Salons und Zirkeln, aber sie verbreiteten sich rasch. Noch das Kommunistische Manifest von 1848 liest sich in weiten Teilen wie eine Lobgesang auf bürgerlichen Fortschritt. Dieses Denken infizierte auch die proletarischen Zukunftshoffnungen. Auf der anderen Seite versprach das neue Ideal der individualisierten, auf Liebe und Einverständnis beruhenden Ehe auch eine neue Art sozialen „Kitts" zwischen Mann und Frau. Mit der zu Ende gehenden Epoche der Familie als Lebens- *und* Produktionsgemeinschaft stellte sich ja mit Nachdruck die Frage nach ersatzweisen familialen Bindungskräften.

Die *reale Geschichte der Moderne* hat uns indes belehrt, daß dieser *Mythos der Moderne*, das Dreigestirn der Verheißungen vom autonomen Subjekt und vom diesen tragenden Fortschritt und Familienglück in der Praxis nur teilweise eingelöst wurde. Das moderne Menschenbild selbst ist schon ein kühnes Projekt, das abendländischen Individuen Dinge zumutet, zutraut oder verspricht, die in anderen Kulturkreisen und -traditionen gar nicht selbstverständlich sind (Lévi-Strauss 1980, S. 8). So lauert stets die Gefahr, daß reale Individuen durch dieses verinnerlichte Menschenbild *überfordert* werden und Erfahrungen individuellen Scheiterns und beschädigten Selbstbewußtseins wahrscheinlich sind.

Auf der anderen Seite hat die gesellschaftliche Modernisierung mit ihren gesellschaftlichen Differenzierungsprozessen (Familie gegenüber der Arbeitswelt, Individual- gegenüber Familieninteressen, Familie gegenüber Staat usw.), mit ihrer Pluralisierung von Werten und ihrer Säkularisierung von Sinnangeboten, mit den Segnungen, aber auch mit den Kosten des technischen Fortschritts, mit der Produktion und immer breiterer Verteilung von Wohlstand, mit der Emanzipation immer weiterer (aber eben keineswegs aller) Gruppen sehr komplexe Wirkungen auf die Individuen und ihre privaten Lebenswelten gehabt: Der schnellwüchsige Baum des Fortschritts trug nicht nur Früchte, sein fallendes Laub bot auch die Gefahr, darauf auszugleiten: Unbeabsichtigte und unwillkommene Nebenfolgen des Fortschritts blieben unverkennbar, neue *Konflikte* entstanden: Die *Partizipation* an materiellem Wohlstand, Bildung und politischer Entscheidung ist *ungleich* verteilt und wird entsprechend unterschiedlich erlebt, als Wunscherfüllung oder als Frustration. Eine Reihe wesentlicher Institutionen und Auswahlprozesse unserer Gesellschaft (Bildungssystem, Arbeitswelt) sind darauf angelegt, daß es *viele „Verlierer“* und wenige „Gewinner“ auf den Karriereleitern gibt (Parsons 1973, S. 242) — mit ensprechenden Folgen für das Selbstbewußtsein der Betroffenen. Ähliches gilt für sozial *wenig anerkannte Stellungen* (u. a. auch für Hausfrauen) und für das *individuelle* Abarbeiten an *gesellschaftlich* produzierten Konflikten, bei denen eine hohe Wahrscheinlichkeit besteht, individuell zu *scheitern* (etwa bei sog. Familienproblemen — vgl. Wahl et al. 1980). Die Ersetzung der Produktionsfunktion der Familie durch *Konsens und Liebe als „Kitt“* macht dieses Gebilde außerordentlich fragil, gerade auch angesichts des zunehmenden *Individualismus* des neuen Menschenbildes, nachdem sich auch Frauen und Kinder als Personen mit eigenen Rechten und Ansprüchen fühlen dürfen: Familien werden auf einen dauernden Aushandlungs- und Sinngebungsprozeß verwiesen. Auch dabei gibt es leicht „Verlierer“ und Akte des „Mißlingens“, was sich — besonders bei Frauen mit ihrer Neigung, sich selbst die „Schuld“ am familialen „Scheitern“ zu geben (vgl. a.a.O., S. 213) — negativ auf das Selbstbewußtsein auswirken dürfte.

All dies läßt sich zu der Annahme zusammenfassen, daß Individuen Gefahr laufen, in die Falle zu geraten zwischen den verinnerlichten Verheißungen von selbstbewußter Autonomie, Familienglück und gesellschaftlichem Fortschritt einerseits und ihren Erfahrungen verweigerter Anerkennung, mißachteter Menschenwürde und beschädigten Selbstbewußtseins in Familie und Gesellschaft andererseits — in die *Falle zwischen Mythos und Realität der Moderne*. Anders gesagt: *Der Stoff, aus dem positives Selbstbewußtsein erwächst, ist eine knappe Ressource*. Mögliche Ausdrucksformen und Folgen beschädigten Selbstbewußtseins sind vielfach beschrieben worden — depressive bis suizidale Tendenzen, neurotisierende Strategien gegenüber anderen oder aber auch Aggression, wie z. B. Anwendung von Gewalt in der Familie.

Im Folgenden werden nun *eigene empirische Untersuchungsergebnisse* präsentiert, in denen einige Hypothesen zur Situation des Individuums in der Modernisierungsfalle veranschaulicht und geprüft werden. Eine Reihe von Forschungsvorhaben im Deutschen Jugendinstitut, an denen der Autor mit eigenen Themenbereichen beteiligt war bzw. die er selbst durchführte, ermöglichten es, diesen Fragen nachzugehen. Der engere Gegenstand dieser Studien waren Phänomene der „*Gewalt in Familien*“, insbesondere körperliche Gewalttätigkeiten von Eltern gegen Kinder und zwischen erwachsenen Partnern. Es liegt auf der Hand, daß in *gegenwarts*bezogenen Projekten empirischer Sozialforschung nicht der kultur- und sozial*geschichtliche* Anteil der skizzierten Theorie der Modernisierungsfalle (die Entwicklung der Idee des selbstbewußten, autonomen Individuums als sozialverbindlichem Menschenbild und die sozialhistorischen Verhältnisse, die seine Realisierung beförderten oder behinderten) zum Gegenstand werden kann, sondern nur die *Resultate* der beschriebenen Modernisierungsprozesse — ihre kulturellen Codes, Verheißungen, Werte, Normen und Erwartungen, ihre charakteristischen sozialen Strukturen, Ressourcen, Gratifikationen, Sanktionen, Stressoren, ihre Konflikte, Fallen und Aporien. Diese schlagen sich in der Lebensgeschichte und in den Lebensverhältnissen heutiger Individuen nieder und können — so die methodologische Grundannahme — dort mittels bestimmter Indikatoren erhoben werden. Im Zentrum unseres Interesses steht dabei das, was wir — eher etwas metaphorisch und verschiedene

Aspekte zusammenfassend — „*Selbstbewußtsein*" genannt haben. Dieses Konstrukt umschreibt das, was von der Psychologie als „*Selbstkonzept*" (das Selbstbild und seine kognitiven Aspekte) und als „*Selbstwert*" (die evaluativen Aspekte wie Selbstbefindlichkeit, Selbstwertgefühl) untersucht wird. *Die für unsere Arbeit zentrale soziologische Kontextualisierung des Selbstbewußtseins umfaßt drei Dimensionen: Es ist abhängig von gesellschaftlicher Erfahrung, es fungiert als Indikator für soziale und individuelle Wohlbefindlichkeit und schließlich orientiert es das soziale Verhalten oder Handeln gegenüber anderen.* Das alles gibt dem Konstrukt Selbstbewußtsein auch eine strategische Bedeutung in vielen anderen Bereichen, in Philosophie und Soziologie, Politik und Recht, Pädagogik und Therapie.

Diese dreifache Verortung bildet den Kristallisationskern für eine Reihe von *Hypothesen*, die in den empirischen Projekten zur familialen Gewalt untersucht wurden. Selbstbewußtsein, seinerseits Projekt und Produkt gesellschaftlicher Modernisierung, wird anderen Momenten dieses Gesellschaftsprozesses gegenübergestellt, um zu analysieren, inwieweit es in dieser Begegnung „Gewinner" oder „Verlierer" bleibt. In der Lebensgeschichte von Individuen, so nehmen wir an, spiegeln sich u. a. auch gesellschaftliche (soziogenetische) Bedingungen für die Entwicklung unterschiedlicher Grade von Selbstbewußtsein. Zu diesen soziogenetischen Bedingungen (als Indikatoren allgemeiner gesellschaftlicher Verhältnisse) zählen z. B. Eigenschaften der Familienstruktur, der Beziehungen zwischen Eltern und Kindern und zwischen den Partnern, Erfahrungen in der Verwandtschaft, in der Schule oder am Arbeitsplatz.

Solche soziogenetischen „*Prädiktorvariablen*" *für Selbstbewußtsein* können allerdings erst vor dem Hintergrund des normativen Menschenbildes, das konkrete Individuen an sich anlegen, und angesichts der anderen Werte oder „Verheißungen der Moderne" in ihrer Bedeutung erfaßt werden. *Die Spannung zwischen dem „Mythos" und der „Realität" der Moderne, die „Modernisierungsfalle", sollte durch die nachfolgend resümierten Untersuchungen so gut es ging, jeweils in bestimmten Ausschnitten, empirisch dingfest gemacht werden*: Welche Bereiche des idealen Menschenbildes und der anderen Verheißungen der Moderne sind dem einzelnen besonders wichtig, welche davon sind erfüllt worden und welche nicht, wie weit geht die Teilhabe am gesellschaftlichen Fortschritt und an den Versprechungen des Familienglücks, wie weit werden die persönlichen Bedürfnisse, Fähigkeiten und Leistungen anerkannt, erhält das individuelle Selbstbewußtsein Nahrung? Auf der anderen Seite interessieren dann Ausprägungen oder Auswirkungen unterschiedlicher Grade von Selbstbewußtsein; im Falle des uns zugänglichen Untersuchungsmaterials aus dem Bereich der „Gewalt in Familien" wurde dabei Gewalttätigkeit als „abhängige

Variable" im Hinblick auf solche verschiedenen Gradienten betrachtet, aber auch als Variable, die ihrerseits zirkelhaft das Selbstbewußtsein der aggressiv Handelnden berührt (z. B. Scham über die eigene Tat).

Eine ethische Wertung von Konfliktverhalten in Familien, das empirisch auch Gewalttätigkeiten zwischen Eltern und Kindern und zwischen den Erwachsenen einschließt, ist *nicht* Gegenstand dieser Arbeit. Der Autor hat selbstverständlich wie jedermann/jedefrau Meinungen, Einstellungen und gefühlsmäßige Reaktionen zu diesem Bereich, er zieht subjektiv Grenzen, bis zu denen er bestimmte Verhaltensweisen unter Erwachsenen oder gegenüber Kindern akzeptiert oder selbst praktiziert, weil sie ihm situativ verständlich und angemessen erscheinen. Er ist aber auch im Zweifel darüber, ob er angesichts berichteter Gewalttätigkeiten unter den gleichen Umständen nicht emotional und verhaltensmäßig ähnlich reagieren könnte und ob er auf aggressive Handlungen schlechthin verzichten würde.

Zur ersten „Spurenaufnahme" der Problematik familialer Gewalt bot sich die Gelegenheit zu einer *Analyse von Leserbriefen* an die Zeitschrift „Eltern", in denen Mütter über eigene Gewalttätigkeiten an ihren Kindern berichteten. Diese kleine Pilotstudie diente ersten Einsichten in die biographische und familiensituative Strukturierung von Genese und Konsequenzen des Selbstbewußtseins (Selbstwerts) von Müttern — *Exempel I.*

In einem zweiten Projekt wurde eine schon *größere Stichprobe von „Fällen" eines Kinderschutzzentrums* nach Zusammenhängen von Sozialdaten, einzelnen Merkmalen der Lebensqualität, des Selbstbewußtseins und des gewaltförmigen Umgangs mit Kindern ausgewertet — *Exempel II.*

Ein drittes, erheblich zeit- und methodenaufwendigeres Projekt war dann eine *vergleichende Intensivuntersuchung von Familien mit Kontakt zu einem Kinderschutzzentrum* (wegen Gewaltproblemen) und einer *Kontrollgruppe ohne Beratungskontakte.* Ziel dieser Studie waren detaillierte Fallanalysen und eine erste empirische Überprüfung des theoretischen Modells der „Modernisierungsfalle", d. h. des Zusammenhangs zwischen Aspekten des modernen selbstbewußtseins-zentrierten Menschenbildes und den Verheißungen der Moderne einerseits und der gesellschaftlichen Erfahrungswirklichkeit andererseits. Würden Diskrepanzen zwischen beidem sich im Selbstbewußtsein der Individuen und in ihrer Neigung zu Gewalttätigkeiten in der Familie niederschlagen? — *Exempel III.*

Schließlich wird von einer quantitativen Überprüfung einiger Zusammenhänge zwischen Lebenssituation, Selbstbewußtsein und Gewalttätigkeit im Rahmen einer *Repräsentativerhebung bei Familien in der Bundesrepublik* berichtet — *Exempel IV.*

Diese vier Untersuchungen kreisen also den komplexen Forschungsgegenstand dieser Arbeit von verschiedenen Ausgangspunkten, mit sich überlappenden Fragestellungen und sich ergänzenden Methoden ein: als erste Exploration über gewaltförmige Alltagssituationen in Familien, als Vertiefung der Einsichten bei der spezifischen Klientel von Kinderschutzzentren, modellelaborierend und -testend in einer intensiven Vergleichsstudie und in einer Repräsentativbefragung.

Die *Zielsetzung dieser Arbeit* hat *Grenzen*, aber auch *Ansprüche*: So wird hier nicht beabsichtigt, eine neue Theorie zur privaten Gewalt oder zur Rolle von Selbstwertgefühl dabei zu formulieren (dies haben schon andere Forschungsprojekte nahegelegt). Vielmehr möchte sie den im modernen Menschenbild vom selbstbewußten Subjekt formulierten Anspruch exemplarisch im Akt seines Scheiterns vorführen — als Opfer der Modernisierungsfalle von ideeller Erwartung und damit asynchroner gesellschaftlicher Entwicklung, als ohnmächtige Reaktion des beschädigten Selbstbewußtseins in Gestalt der Aggression gegen Schwächere. Eine solche Betrachtungsweise nimmt auch einer vordergründig-moralisierenden Denunziation solcher Verhaltensweisen etwas von ihrem spektakulären Charakter, trägt zur gesellschaftlichen „Eingemeindung" familialer Gewalt bei, statt sie schnurstracks als sanktions- oder therapieerheischende „Abweichung" schuldhafter oder psychisch gestörter Personen auszugrenzen. Wenn es weiter gelänge, die Elemente dieser Konstellation empirisch dingfest zu machen, könnten die Bedingungen der Möglichkeit selbstbewußter Subjekte besser beschrieben und Optionen für gesellschaftliche Strukturen entwickelt werden, die „Menschenwürde" als Ziel politischen Handelns besser ins Visier bekämen und so helfen könnten, der ohnmächtigen Gewalttätigkeit beschädigten Selbstbewußtseins den Boden zu entziehen.

Die empirischen Studien dieser Arbeit wurden nur dadurch möglich, daß viele Frauen und Männer bereitwillig Auskunft über sich und ihre Schwierigkeiten gaben. Ihnen ist ebenso zu danken wie den Mitarbeiterinnen und Mitarbeitern des Münchner Kinderschutzzentrums und der Redaktion der Zeitschrift „Eltern", die einige der hier resümierten Erhebungen ermöglichten. Zu den komplexen Fragen philosophischer Anthropologie, zu den gesellschaftlichen Bedingungen eines „beschädigten Ich" und zum

„heißen" Thema der Gewalt in Familien verdanke ich Lerke Gravenhorst und Michael-Sebastian Honig, die selbst andere Forschungsstränge zur Gewalt-Problematik verfolgten, ebenso lange und hitzige wie erfrischende und inspirierende Diskussionen. Ulrich Beck ermutigte mich durch sein Interesse nicht nur an soziologisch-modernisierungstheoretischen, sondern auch an philosophischen Fragen, den Bogen dieser Arbeit so weit zu spannen, wie ich es riskieren wollte. Peter Gross brachte mir am Ende in Erinnerung, daß das Gemälde der gesellschaftlichen Modernisierung nicht nur in tristen Tönen angelegt sei — wie es das Thema der Gewalt in Familien nahelegt. Bei den EDV-Arbeiten halfen Christa Jürgensonn, Alexander Hoschka und Hans de Rijke, bei der Verwandlung erster Diktate in weiterverwendbare Typoskripte haben sich vor allem Angelika Breitner, Ursula Gürtner, Brigitte Schrecke und Beate Seiler Verdienste erworben.

Leser, die sich für den großen Bogen einer Argumentation interessieren, die bei den sozial- und ideengeschichtlichen Wurzeln unseres heutigen Menschenbildes beginnt und die Bedrängnisse analysiert, unter die es in der Moderne gerät, seien auf mein gleichzeitig erscheinendes Buch „Die Modernisierungsfalle. Gesellschaft, Selbstbewußtsein und Gewalt". Frankfurt: Suhrkamp 1989 verwiesen.

München 1988 — Klaus Wahl

Kapitel 1

Exempel I: Zwischen Emanzipationshoffnung, pädagogischer Ambition und familialer Überforderung: Leserbriefe von Müttern, die ihre Kinder schlugen

Die Tatsache, daß eine Reihe von Eltern ihren Kindern seelisch oder körperlich Gewalt antut, sie mißhandelt, vernachlässigt oder prügelt, wird anläßlich von Polizei- und Gerichtsberichten in den Medien gelegentlich skandalisiert und in der einschlägigen Fachöffentlichkeit von Kinderschutz und Sozialarbeit thematisiert. Ansonsten gehört es aber eher zu den durch Schweigen übergangenen Tabus in der allgemeinen Öffentlichkeit. Das gilt vor allem für die betroffenen Familien selbst. Zu den wenigen Gelegenheiten, bei denen dieser Mantel des Schweigens durch diese Eltern selbst etwas gelüftet wird, gehören — neben Notrufen an entsprechende Beratungsstellen — Leserbriefe vor allem an Frauen- und Elternzeitschriften. Diese bieten durch spezielle Berater, Experten oder Redakteure Rat für Familien- und Erziehungsprobleme. Zwischen Lesern und Redaktion wird hier ein Dialog geführt, teils öffentlich (in entsprechenden Artikeln, Leserbrief- und Ratgeber-Spalten), teils nur als individuelle (nicht abgedruckte) Anfrage und direkte, auf den Einzelfall bezogene Auskunft.

Daß Eltern hierbei das Tabu durchbrechen und darüber schreiben, daß sie ihre Kinder schlagen oder schlecht behandeln, beruht auf einigen charakteristischen Voraussetzungen, unter denen dieser Dialog stattfindet. So bleibt nämlich eine gewisse Distanz und Anonymität der Eltern gegenüber den „Experten" gewahrt. Es besteht kein „face-to-face"Kontakt und auch bei abgedruckten Leserbriefen werden in der Regel die Namen geändert. Gleichzeitig sind die „Experten" den Lesern in gewisser Weise von ihren wiederkehrenden Artikeln, Ratschlägen und vielleicht Fotos „persönlich" bekannt, kurz: es besteht das Paradoxon eines „Vertrauensverhältnisses auf Distanz".

Ein Teil dieses Dialogs zwischen betroffenen Eltern und Ratgebern in Massenmedien findet in den Spalten der Zeitschrift „Eltern" statt, im Briefwechsel und in den Telephonaten zwischen Redaktion und Lesern. „Eltern" hat unter den populären Zeitschriften zu Fragen der Erziehung, Elternschaft und Familie in der Bundesrepublik die größte Auflage. Durch freundliches Entgegenkommen der „Eltern"-Redaktion konnten die dort gesammelten Leserbriefe anonymisiert ausgewertet werden.

Die Leserbriefe an „Eltern" beziehen sich zum Teil auf einen bestimmten Artikel, andere werden ohne einen solchen direkten Bezug geschrieben und erbitten beispielsweise einen Rat für eine schwierige Situation. Nach Durchsicht von mehreren Dutzend einschlägiger Leserbriefe von Ende der siebziger/ Anfang der achtziger Jahre zeigte sich, daß es vor allem Mütter waren, die davon berichteten, wie sie ihre Kinder schlecht behandelt oder geschlagen hatten, vor welchem Hintergrund dies stattfand und welche Gefühle sie dabei hatten. Die folgenden Aussagen beziehen sich auf eine Auswahl von 14 besonders informativen Briefen mit prägnanten Mißhandlungssituationen. Selbstverständlich dürfen von einer so kleinen Stichprobe noch keine stringenten Rückschlüsse auf die Situation von Familien, in denen es zu Gewalttätigkeiten gegen Kinder kommt, gezogen werden. Leserbriefe stellen stets eine mehrfach gefilterte Auswahl von Aussagen über soziale Gruppen dar[1]. Gleichwohl sind solche Briefe von einigem wissenschaftlichen Reiz, denn sie bilden eine der wenigen Durchblicke durch die Mauern, die im Alltag die Formen von Gewalt in Familien verbergen. Sie bieten sich dazu an, zunächst einmal quasi als Miniatur-Pilotstudie so etwas wie die *Spur eines Problems aufzunehmen*, d. h. sie lassen anschaulich werden, wie die familialen Alltagssituationen aussehen, in die Gewalttätigkeit eingebettet ist, und ermöglichen so auch die vorsichtige Formulierung von Hypothesen, die in weiteren Studien überprüft werden können. In diesem Sinne eines „Aufspürens" einer sozialen Problematik, wie sie hier durch Leserbriefe vermittelt wird, ist der folgende Auswertungsversuch zu verstehen.

Was wird nun in diesen Briefen geschildert, die bezeichnenderweise von Müttern stammen und meist in einem sehr emotionalen, verzweifelten, hilfesuchenden Duktus geschrieben sind? Das Spektrum der geschilderten *Situationen*, in denen es zu Gewalthandlungen kommt, ist außerordentlich breit, ebenso die angewandten *Mittel*. Recht unterschiedlich sind auch die sozialen, familialen und individuell-lebensgeschichtlichen *Hintergründe* der Mütter, die in solche Situationen kommen.

Aber bei aller Vielfalt erscheinen doch wiederkehrende Motive, Handlungsmuster und Situationsmerkmale: Der banale Trubel des *Alltags mit kleinen Kindern*, die die Wohnung durcheinanderbringen, Dinge kaputtmachen, das Essen umeinanderschmieren und die ihre Tobsuchtsanfälle haben, bis bei der Mutter die „Sicherung durchbrennt", daß sie sich nur noch durch Schläge zu helfen weiß — um es gleich danach zu bereuen. In anderen Briefen werden weitere Hintergründe aufgedeckt, die eine derartige „Nervosität" der Mütter im Umgang mit den Kindern begleiten oder mitbedingen: Krankheit, Kontrolle durch die Schwiegereltern, hochgesteckte Normen für die eigene pädagogische Kompetenz („Ich wollte eine Supermutter sein und immer lieb zum Kind") oder auch das erstaunte Beobachten von Ambivalenz und Gefühlskälte gegenüber eigenen Kindern (z. B. bei ungeplanten Kindern oder nach schweren Geburten). All dies setzt die Mütter unter fremden und eigenen *Erwartungsdruck:*

„'Ich wollte eine Supermutter sein und immer lieb zum Kind sein (...) Doch meine Umgebung, insbesondere meine Schwiegermutter hält mich förmlich auf mit Reden wie ‚der tanzt dir doch einfach auf der Nase herum' oder ‚du bist viel zu gut zu ihm', was schließlich zum verhängnisvollen Ohrfeigenausteilen führte. Es steigerte sich immer mehr und mehr, bis ich es schließlich blind vor Zorn überall hin schlug. Die Folgen waren verheerend. Zuerst stotterte es, dann bockte es, endlich schlug es sogar zurück".

Auch *Ambivalenzen* in bezug auf ihre Kinder sind für viele, vielleicht für die meisten Eltern, keine unbekannten Gefühle. Sie finden sich keineswegs nur bei „mißhandelnden" Eltern. Sympathie und Antipathie hinsichtlich der Kinder entstammen nicht nur der eigenen Lebensgeschichte, dem Verhältnis zu den eigenen Eltern oder dem Erlebnis der Geburt eines eigenen Kindes, sie sind auch Resultat der gesamten Lebenssituation mit eigenen Kindern, die einem Zeit, Energie und Kosten abverlangen, die die Bedürfnisse von Erwachsenen und eben auch der „modernen" Mütter mit ihren Individualitätsansprüchen zu kurz kommen lassen. Eine Mutter hat ihre so entstandenen Gefühle in einem Leserbrief in Form eines Gedichts dargestellt:

„An meine Kinder — daß sie es nie lesen mögen

Ich möchte oft ohne Euch sein,
wieder wie vorher, ganz allein.
Keiner der mich beim Lesen stört,
keinen den man immer hört.
Ich möchte meine Ruhe haben,
tun was mir gefällt,
wer gibt mir das zurück
um alles in der Welt?
Ich brauche meine Kraft für mich
nicht für Dich und für Dich.
Zwei Kinder, beide noch klein,
Ihr könnt die Hölle für mich sein,
Euer ständiges Streiten und Brüllen

kann mit Zorn mich erfüllen.
Abends, wenn Ihr im Bett, dann komm ich zur Ruh'
ich denke nach und erkenne im Nu
ich hab' Euch lieb, wahnsinnig lieb.
Ich schleiche mich an Eure Bettchen,
komm' mir vor wie ein Dieb
und stehle mir zwei Küßchen
ich hab' Euch so lieb."

Die *Hausfrauensituation* mit einem Kleinkind treibt den Prozeß der Privatisierung und Isolierung modernen Familienlebens in eine Extremlage:

„Anfangs war alles noch gut, aber dann füllte mich das Kind doch nicht völlig aus. Das Alleinsein machte mich einfach fertig. Ich bekam regelrechte Depressionen. Dadurch war ich wohl oft ungerecht und mißlaunisch."

Die Mütter kleiner Kinder, besonders wenn sie vorher erwerbstätig waren und viele soziale Kontakte mit der Umwelt hatten, machen oft die Erfahrung, zu Hause allein mit einem oder wenigen kleinen Kindern immer isolierter zu werden. Sie haben vielfach das Gefühl, die Decke falle ihnen auf den Kopf, wenn sie tagtäglich als Erwachsene ihre eigenen Interessen hintanstellen sollen, um nur in einer Welt von Kindern zu leben, die nicht wie Erwachsene mit ihnen kommunizieren können, die ihnen „nur" bestimmte Routinehandlungen abverlangen, aber auch stetes Bereitsein für ihre Bedürfnisse und Wachsamsein für eventuelle kleine oder größere Unfälle. Der Kontakt zu früheren Bekannten nimmt oft ab, neue Kontakte — z. B. zu anderen Müttern — entwickeln sich oft nur zögernd und kreisen thematisch wieder meist um „Kinderfragen". So kommt das Gefühl auf, in ein Ghetto eingemauert zu werden, das bestenfalls noch durch Kommunikation mit dem Mann kompensiert wird — aber auch die Männer entziehen sich gelegentlich dieser Anforderung. Dann kann es bei den Frauen zu regelrechten Depressionen kommen und eben auch zu Ausbrüchen von Aggressivität gegen diejenigen, denen man scheinbar diese Isolation zu verdanken hat, nämlich die Kinder.

Mütter nehmen sich gewöhnlich vor, ihren Kindern gute Mütter zu sein, wie es auch die gesellschaftliche Norm gebietet. Bei vielen kommt ein weiteres *pädagogisch-fortschrittsorientiertes* Motiv dazu, nämlich die eigenen schlechten Erfahrungen als Kinder oder Jugendliche, die von den eigenen Eltern schlecht behandelt und geschlagen worden sind und die das um alles in der Welt bei ihren Kindern vermeiden wollen: *„Meinen Kindern soll es besser gehen"*. Daß es dann ganz anders kommen kann, daß sie selbst an dieser gesellschaftlichen und selbst auferlegten Norm scheitern, trifft sie hart. Sie sind gefangen in dem Zwiespalt zwischen dem *traditionellen* normativen *Frauenbild*, das die Sorge für die Familie, unter Hintanstellung eigener Bedürfnisse beinhaltet, erhöht um die modernen pädagogischen Ansprüche, eine „gute Mutter" sein zu wollen, und dem *modern-individualistischen Frauenbild*, das die Entfaltung der eigenen Person und die Durchsetzung eigener Interessen fordert. Weibliche Emanzipationshoffnung, pädagogisch ambitioniertes Mutterverständnis und Sorge um ein gelingendes Familienleben stellen sich als nur mühsam zu jonglierende Bälle heraus. Eine gewisse Phase lang gelingt es ihnen, die eigenen Interessen zurückzustellen, aber wenn die Kinderwelt längere Zeit für die Erwachsenen wenig Raum läßt, wenn kindliche Gefühlsausbrüche die Eltern nerven, wenn Dritte sich einmischen und alles noch schwieriger machen, ergießt sich eine Flut von Aggression über das Kind, als ob es „an allem schuld" sei. Gleichzeitig tut es den Eltern weh, an dieser Norm gescheitert zu sein, sie machen sich selbst Vorwürfe:

„Hinterher zweifelte ich an mir selbst und war völlig fertig."

„Hinterher tut es mir dann wieder leid, letzten Endes bin ich diejenige, die weint. Ich liebe doch mein Kind über alles und habe große Angst, ihm damit Schaden zuzufügen."

Das Erschrecken über sich selbst und die Tatsache, daß man zu aggressiv auf die Kinder reagiert hat, die Reue nach der „Tat" sind groß. Es scheint, als ob man sich „vergessen" habe, sich selbst nicht richtig kenne, erstaunt Seiten an sich entdeckt, die man gar nicht wahrhaben will, man fühlt sich als *erzieherischer Versager* und fürchtet sich vor der nächsten schwierigen Situation:

„Ich habe unendlich Angst vor einem zweiten Kind, daß ich dann noch mehr versage. Ich komme mir vor wie eine Rabenmutter. Deshalb bitte ich Sie von ganzem Herzen, helfen Sie mir."

„Diesen Brief zu schreiben, fällt mir sehr schwer. Schon seit einem halben Jahr versuche ich, Ihnen zu schreiben. Ich bring es nicht fertig, auszudrücken, wie verzweifelt ich bin. Vielleicht können Sie zwischen den Zeilen lesen. Das Hauptproblem in meiner Familie bin, glaube ich, ich selbst (...) Ich selbst habe nicht sehr viel Selbstvertrauen, aber ich möchte doch, daß wenigstens meine Kinder selbstsichere, zufriedene, glückliche Menschen werden. Wenn aber bei uns nicht bald etwas geschieht, sehe ich dafür schwarz."

Die Verzweiflung über sich geht vielfach so weit, daß sie grundlegende Persönlichkeitsbereiche betrifft, vor allem das *Selbstwertgefühl* der Mütter: Wenn sie sich selbst als pädagogische Versager sehen, wenn ihre soziale Umwelt sie darin bestärkt, indem sie ihnen die Anerkennung für die Ausübung der Mutterrolle verweigert, gerät die Selbstachtung unter Druck. Besonders schlimm kann das werden, wenn schon von der früheren Lebensgeschichte her das Selbstbewußtsein nicht sehr entwickelt war — der Lebensmut kann dann ganz sinken und Suizidgedanken aufkommen lassen. — Diese Gefühle erscheinen als Antwort auf psychische Verletzungen durch situative und strukturelle *Überforderung*, sei es wegen mangelnder sozialer Unterstützung, auf Grund sozialer Isolation, Kontrolle, sei es wegen übermächtiger *Normen*, an denen man im Alltag (auch wegen fehlender Ressourcen) scheitert: Normen, nach denen Erziehung, Mutter- und Vater-Sein, ja selbst die eigenen Gefühle als Eltern gesellschaftlich vorgeschrieben und beurteilt werden. Auf das Scheitern an der Norm folgen externe und interne Sanktionen, die Verachtung durch die Umwelt, das schlechte Gewissen („ich bin eine Rabenmutter") oder „nicht richtig entwickelte" Kinder. Wer in die Falle zwischen Norm und Gefühl geraten ist (wenn man etwa nicht normgerechte Gefühle gegenüber den Kindern hat und sich deshalb schämen muß — „eine gute Mutter liebt ihre Kinder, wenn nicht, ist sie eine Rabenmutter"), erzeugt in sich nicht nur das negative Selbstwertgefühl des „Versagers", sondern gerät in einen *Zirkel*: die ursprünglichen negativen Gefühle, Isolation, Depression, Schmerzen, Nervosität, Wut auf die Kinder und Überforderung durch die Familie werden als Frustration erlebt, die zum aggressiven Umgang mit den Kindern führt; dies läuft dann den Normen für die Mutterrolle entgegen und endet in weiterer Selbstbeschämung und noch negativerem Selbstwertgefühl.

Unterstützt wird dieser Prozeß durch die verbreitete Tendenz der *Selbstattribuierung* allgemeiner gesellschaftlicher und sozialstruktureller Probleme bei der eigenen Person, wie es Familienuntersuchungen belegten (Wahl et al. 1980, S.213). Obwohl in den Leserbriefen durchaus Hinweise auf solche äußeren Faktoren im Hintergrund der Problemkonstellationen auszumachen sind (z. B. die für Kleinkinder oft ungeeigneten Standardwohnungen und Wohnungseinrichtungen, die geradezu für Dauerkonflikte von unterschiedlichen Bedürfnissen und Ordnungsvorstellungen zwischen Kindern und Erwachsenen programmiert erscheinen; die gesellschaftliche Isolation vieler Hausfrauen-Mütter in unserer Kultur; unzureichende soziale Hilfen und entlastende Einrichtungen für Eltern mit Kinder), fällt immer wieder die *psychologische Kontextualisierung*, der Selbstbezug und die Selbstzuschreibung von Problemen auf. Um den dahinter steckenden *soziokulturellen* Faktoren umfassender und präziser auf die Spur zu kommen, waren spezialisiertere Studien erforderlich.

Kapitel 2

Exempel II: Konturen der Modernisierungsfalle: Ratsuchende eines Kinderschutzzentrums berichten

Ein weiterer Schritt zur Erkundung möglicher Zusammenhänge zwischen Erscheinungsweisen von „Gewalt in Familien" einerseits und Indikatoren für Selbstbewußtsein andererseits, die sich im Rahmen unserer Theorie der Modernisierungsfalle interpretieren ließen, konnte in einer Studie über „Fälle" des Münchner Kinderschutzzentrums realisiert werden.

Diese Einrichtung ist eine vom Deutschen Kinderschutzbund, Ortsverband München getragene Erziehungs-, Jugend- und Familienberatungsstelle, die schwerpunktmäßig mit Familien arbeitet, die Probleme mit Kindesmißhandlung und Kindesvernachlässigung haben. Die Inanspruchnahme ist kostenlos und unterliegt der Schweigepflicht. Dadurch ist ein freierer Zugang für die Klientel gegeben als bei amtlichen Stellen (z. B. Jugendamt), wo u. U. eher Sanktionen für Kindesmißhandler befürchtet werden[2].

In der Beratungsstelle sind vor allem Psychologinnen, Sozialpädagogen und Soziologinnen tätig, außerdem wird mit Familienhelfern kooperiert. „Konzept und Arbeit des Kinderschutzzentrums orientieren sich an den Ursachen von Gewalt und (deshalb) am Prinzip ‚Hilfe statt Strafe'. Den vielfältigen zusammentreffenden Ursachenfaktoren entsprechend macht das Kinderschutzzentrum ein ganzheitliches psychosoziales Hilfsangebot (therapeutische, beraterische und soziale Hilfen)" (Kinderschutzzentrum München 1984, S.10). Jährlich wurden in der Erhebungszeit (Winter 1983) ca. 500 „Fälle" betreut, „Selbstmelder" und „Fremdmelder" (z. B. Nachbarn, die eine gewaltbelastete Familie wahrnehmen). Die Kontakte erfolgten teils telefonisch, teils persönlich, auch in Form von Hausbesuchen.

In Zusammenarbeit mit den Mitarbeitern des Kinderschutzzentrums wurde eine kleinere Untersuchung geplant, um u. a. systematischeren Aufschluß über die *Sozialstruktur und Probleme ihrer Klientel* zu erhalten. Dazu wurden Fallblätter entwickelt, die auf die Informationen über Selbst- und Fremdmelder zugeschnitten waren. Für zwei Monate Ende 1983 wurden dann sämtliche „Fälle", die in der Beratungsstelle notiert wurden, von den Beratern auf diesen Formblättern erfaßt. Für unsere eigenen Forschungsfragen sind nun nur die Fälle interessant, in denen betroffene Familien (Mütter und/oder Väter und/oder Kinder) *selbst* in Kontakt mit dem Zentrum standen, nicht dagegen die „Fremdmelder“ (die von der Beratungsstelle zu eigenen Hilfeangeboten an die gemeldete Familie ermutigt werden). So konnte dann auf 58 Fälle für unsere Auswertung zurückgegriffen werden.

An der Sozialstruktur der Klienten fällt zunächst auf, daß Männer mit höherer Schulbildung überrepräsentiert sind, auch erwerbslose Männer und Frauen kommen überdurchschnittlich häufig vor. Über die Einkommensverhältnisse sind kaum Aussagen möglich, da die Berater vielfach den prekären Kontakt nicht durch Fragen zum wirtschaftlichen Hintergrund der Familie belasten wollten. Auffallend häufig nennen die Klienten schlechte Beziehungen zu ihren Verwandten und Nachbarn.

In über der Hälfte der Fälle kommt es zu „körperlicher Gewalt“ gegen Kinder, in vier von zehn Fällen zu „psychischer Gewalt“, bei einem Viertel zu „Kindesvernachlässigung“, in Einzelfällen zu „sexuellem Mißbrauch“. Zwei Drittel der Klienten wollen eigentlich ohne Gewalt in der Erziehung auskommen, ein Drittel akzeptiert körperliche Erziehungsmittel. Das Selbstbild der Ratsuchenden wird von den Beratern durchschnittlich als eher negativ beschrieben, besonders die Frauen erscheinen dabei mehrheitlich nicht zufrieden mit sich.

Ziel unserer Untersuchung war nun, Belege für die These von der Modernisierungsfalle in diesem Material zu finden. Das Vorkommen von körperlicher Gewalt gegen Kinder (Schläge, Prügel), wie es bei der Klientel eines Kinderschutzzentrums besonders verbreitet ist, diente nach unserer Hypothese als Indikator für Beschädigungen des Selbstbewußtseins, enttäuschter Hoffnungen auf Partizipation am allgemeinen gesellschaftlichen und wirtschaftlichen „Fortschritt“ und am „Familienglück“. Die Art der Erhebung mit ihrer prekären Kontaktstruktur zwischen Hilfesuchenden und Beratern engte dabei die Möglichkeit ein, eine wünschenswerte Zahl von Variablen differenziert zu erheben — der Beratungskontakt durfte durch sozialstatistische Fragen, Einstellungserhebungen etc. nicht merkbar gestört werden.

So umfaßte das Fallblatt schließlich nur zwei DIN A4 Seiten. Auch die wurden oft unvollständig ausgefüllt, wenn die Kontakte (z. B. am Telefon) zu kurz waren, um alle Fragen beantworten zu können. Die Umstände, unter denen diese Untersuchung nur durchgeführt werden konnte, bestimmten so denn auch die Reichweite bzw. Grenzen der Aussagen. Zu den Aspekten, die die Aussagekraft positiv beeinflußten, gehört die Tatsache, daß sämtliche Fälle des Kinderschutzzentrums in einem (zweimonatigen) Erhebungszeitraum erfaßt wurden. Außerdem resultierte das berufliche und persönliche Interesse der Beraterinnen und Berater an dieser Studie darin, daß sie die Fallblätter sorgfältig und mit teils ausführlichen Kommentaren ausfüllten. Zu den die Aussagekraft einschränkenden Aspekten gehört dagegen, daß durch die Art der Kontakte meist etliche Infomationen pro Fall nicht oder unvollständig erfaßt werden konnten; das grenzt die Zahl der für Korrelationsberechnungen verfügbaren Fälle empfindlich ein. Außerdem ist in Rechnung zu stellen, daß die Berater selbst die Fallblätter ausfüllten, also Informationen der Ratsuchenden u. U. verzerrt oder selektiv aufnahmen und interpretierten (z. B. über professionelle oder persönliche Alltagstheorien gefiltert).

Wie sahen nun, nach diesen methodischen Vorbehalten, die *Ergebnisse* dieser Studie, soweit sie in einen Zusammenhang mit unserer These von der Modernisierungsfalle gebracht werden konnten, aus? Angesichts der geschilderten Datenlage konnten nur einfache statistische Verfahren (wie Kreuztabellierungen und Rangkorrelationen) angewendet werden[3]. Als „abhängige Variable“ beschränkten wir uns auf diejenige Erscheinungsform schädlichen Umgangs mit Kindern, die am häufigsten notiert und am eindeutigsten klassifiziert werden konnte, „*körperliche Gewalt*“. Sie wurde in 56 Prozent der Fälle protokolliert, z. T. neben dem Vermerk von „psychischer Gewalt“, „Vernachlässigung“ oder „sexuellem Mißbrauch“. Als „unabhängige Variablen“ oder „Prädiktorvariablen“ beziehen wir uns auf drei Komplexe, die als ansatzweise Operationalisierungen von Elementen der drei „Verheißungen der Moderne“ verstanden werden können:

- Indikatoren für „*Selbstbewußtsein*“ (durch Fragen nach der „Zufriedenheit mit sich selbst“ und der „Zufriedenheit mit dem bisherigen Lebenserfolg“),
- sozioökonomische Indikatoren für Teilhabe am „*Fortschritt*“ (erreichter Arbeitsstatus, „Zufriedenheit mit Arbeit“, „Zufriedenheit mit Einkommenshöhe“, „Zufriedenheit mit Wohnungsgröße“),
- Indikatoren für die Realisierung von „*Familienglück*“ („Zufriedenheit mit Partner/in“, „Zufriedenheit mit Kind/ern“).

Nach unserer Hypothese müßten nun negative Ausprägungen dieser Indikatoren (Unzufriedenheit mit sich, der Arbeit, der Partner- und Kinderbeziehung etc.) mit dem Vorkommen körperlicher Gewalt gegen Kinder korrelieren — als Frustration der vom Mythos der Moderne nahegelegten Erwartungen.

Um die Stärke der Korrelationen zwischen den Variablen aus diesen drei Komplexen und der Variable „Vorkommen körperlicher Gewalt gegen Kinder" *vergleichend* beurteilen zu können, seien zuvor noch die Korrelationen mit einigen anderen in der Forschung über Kindesmißhandlung üblicherweise untersuchten Faktoren genannt.

Ein dort häufig thematisiertes Problem sind Fragen nach dem *sozialökonomischen Kontext*, z. B. der sozialen Isolation von Familien, in denen es zu Kindesmißhandlungen kommt (vgl. z. B. Garbarino 1982, S.168 ff.). Dementsprechend fragten wir in unserer Erhebung nach der *Frequenz* und nach der *Beurteilung* der sozialen Kontakte zu Verwandten, Nachbarn, Bekannten, Ämtern, Kindergarten und Schule. Von den Resultaten zu diesen Fragen ist nun erwähnenswert, daß zwischen der Frequenz der unterschiedlichen Kontakte und dem Vorkommen körperlicher Gewalttätigkeit in *dieser* Studie keine nennenswerten Zusammenhänge ausgemacht werden konnten, etwas eher nur hinsichtlich der Beurteilung der Qualität der Sozialbeziehungen. So bestand eine schwache (gamma = .17), nicht signifikante Rangkorrelation zwischen dem Urteil über die Kontakte zu den Nachbarn und Bekannten und der Gewaltausübung; die stärkste Korrelation (gamma = .6, signifikant) in diesem Zusammenhang bestand zwischen dem Urteil über die *Verwandtenkontakte* und Gewaltausübung: Personen, deren Kontakte zu Verwandten als schlecht einzustufen waren, neigten eher zum Einsatz körperlicher Mittel gegen ihre Kinder.

Wie steht es nun im Vergleich zu diesen Größenordnungen von Korrelationen mit denen zwischen den uns hauptsächlich interessierenden Variablenkomplexen? Wenn sich für die obigen, in der Literatur oft als entscheidende Zusammenhänge dargestellten Beziehungen zwischen Variablen in unserer Studie keine oder schwache, nicht signifikante und nur in wenigen Fällen stärkere und signifikante Korrelationen ergaben, war anzunehmen, daß die vorher geschilderten Restriktionen für die Durchführung der Untersuchung das zu erwartende Niveau auch anderer Korrelationen drückte. Dies vor Augen ergaben sich für unsere Fragestellung die Zusammenhänge gemäß Diagramm 1[4].

Da die Fallzahlen hierbei relativ klein waren (maximal 31, bei Männern zu klein für sinnvolle Berechnungen), dürfen die angegebenen Rangkorrelationen nur als vorsichtige Hinweise über Richtung und Stärke der Zusammenhänge interpretiert werden. Die Größenordnung der Korrelationen bewegt sich jedoch durchaus im Rahmen der oben zu Vergleichszwecken geschilderten zwischen Sozialbeziehungen und Gewalttätigkeit. Wenn auch aus naheliegenden Gründen die (mütterliche) Unzufriedenheit mit ih-

Diagramm 1

Rangkorrelation (gamma) zwischen:	**und Vorkommen körperlicher Gewalt gegen Kinder**
• **„Selbstbewußtsein":**	
— Zufriedenheit mit sich selbst (Frauen):	–.33 nicht signifikant (ns)
— Zufriedenheit mit bisherigem Leben (F):	–.16 ns
• **„Fortschritt":**	
— Arbeitsstatus:	schwache Korrelationen (Hausfrauen, Arbeiter tendieren etwas häufiger zu Gewalt als Angestellte, Beamte etc.)
— Arbeitszufriedenheit (F):	–.25 ns
— Einkommenszufriedenheit:	–.29 ns
— Wohnungszufriedenheit:	–.31 ns
• **„Familienglück":**	
— Familienstand/Beziehungsstatus:	–.18 ns (Alleinerziehende wenden etwas häufiger Gewalt an als Verheiratete)
— Zufriedenheit mit Partner (F):	–.37 ns
— Zufriedenheit mit Kindern (F):	–.63 signifikant

ren Kindern am höchsten mit körperlicher Gewalt gegenüber den Kindern korreliert (gamma = .63, signifikant), weisen doch auch die meisten anderen Prädiktorvariablen tendenziell erwartete und nennenswerte, wenn auch nur selten das konventionelle Signifikanzniveau (entsprechend $Chi^2 \leqq .05$) erreichende Korrelationen mit der Variablen Gewaltanwendung auf, die mit unserer Hypothese konform sind: *Mit sich selbst, ihrer Arbeit, ihrem Einkommen, ihrer Wohnung und ihren Beziehungen zum Partner und besonders zu den Kindern Unzufriedene scheinen insofern — ganz vorsichtig formuliert — eher dazu zu neigen, ihre Enttäuschung in der Anwendung körperlicher Gewalt gegen ihre Kinder zu „verarbeiten".* Diese Personen scheinen so auch — unserer These von der Modernisierungsfalle entsprechend — unzureichend an den Verheißungen der Moderne (hier in Gestalt von materiellen Gratifikationen, geglückten Familienbeziehungen und individuellem Selbstbewußtsein) zu partizipieren. Von daher versprach es lohnend zu sein, diesen Zusammenhängen in verfeinerter Form (mit komplexeren Theoremen bzw. Hypothesen, differenzierteren Variablen und direkteren und umfassenderen Erhebungsmethoden) in weiteren Studien genauer nachzugehen.

Kapitel 3

Exempel III: Lebenserfahrungen, Selbstbewußtsein, Gewalt: Ein Gruppenvergleich

1. Gegenstand und Methoden der Vergleichsstudie

1.1 Schnittstelle: Von theoretischen Fragen zu Hypothesen für ein empirisches Projekt

Die als Exempel I und II geschilderten empirischen Studien hatten uns Erscheinungsweisen familialer Gewalt auf eine sozusagen das Forschungsgelände erst vorsichtig sondierende und nur überschlägig vermessende Weise nahegebracht. Die dabei verfügbaren Daten lagen nur sehr vermittelt vor, in Gestalt von Leserbriefen von Müttern, die ihre Kinder massiv geschlagen hatten, und von Fallblättern über die Klienten eines Kinderschutzzentrums, die von den dortigen Beratern ausgefüllt worden waren. Um nun aber *unmittelbar* von Familienmitgliedern von handgreiflichen Auseinandersetzungen in der Privatsphäre zu hören, von der Situation, in der diese eingebettet sind und vom biographischen Hintergrund, vor dem sie stattfinden, wurde eine *Intensivuntersuchung von gewaltbelasteten Familien* geplant. Aus methodischen Gründen (zur besseren Kontrolle der Variablen) wurden dabei die gewaltbelasteten Familien wiederum der Klientel des Münchner Kinderschutzzentrums entnommen, dazu kam eine *Kontrollgruppe* von Familien ohne Kontakte zu entsprechenden Beratungsstellen. Zu den *Zielen dieses Forschungsprojekts* gehörte u. a., in eingehenden *Fallanalysen* möglichst genau den hypothetisch angenommenen Zusammenhängen zwischen Verheissungen und gesellschaftlicher Realität der Moderne einerseits und deren Niederschlag im Selbstbewußtsein und gegebenenfalls im davon induzierten gewalttätigen Verhalten von Individuen andererseits nachzugehen. Während solche Fallanalysen bei der notwendigen Genauigkeit nur bei kleinen Fallzahlen durchführbar sind, sollte doch auf der anderen Seite die Zahl der

Familien zumindest so groß sein, daß einige *soziale Varianten* an äußeren Faktoren, Milieu und Lebensstil mit untersucht und auch in gewissem Umfang *korrelative Zusammenhänge* ermittelt werden konnten; dazu diente auch die Entscheidung, das Forschungsdesign einer Vergleichsstudie von zwei Gruppen zugrundezulegen.

Eine empirische Untersuchung der Bedeutung individuellen Selbstbewußtseins sowohl in seiner Auseinandersetzung mit den Resultaten gesellschaftlicher Modernisierung wie in seiner Motivationsfunktion für sein (u. U. aggressives) soziales Verhalten gegenüber anderen Familienmitgliedern wäre unzureichend, wenn sie nicht wenigstens auch einige der wichtigsten *alternativen Theoreme* für diese Zusammenhänge berücksichtigte. Im Rahmen der hier referierten Studie wurde daher eine Reihe von Variablen kontrolliert, die in der psychologischen und sozialwissenschaftlichen Theorie und Forschung über Gewalt in Familien in den letzten Jahrzehnten eine zentrale Rolle gespielt haben. Dabei ist zu berücksichtigen, daß sich diese Variablen in teils ganz heterogenen Bezugsrahmen bewegen (z. B. theorie- oder anwendungsorientiert, eher psychische oder eher soziale Kontexte thematisieren). Zu solchen in den letzten Jahrzehnten prominenten Theorien gehören solche, die die Ursachen für aggressives Verhalten in psychischen Aspekten der Persönlichkeitsstruktur von „Tätern" lokalisieren, bestimmte Codierungen von ego und alter dafür verantwortlich machen (z. B. „Rollenumkehr" der gegenseitigen Erwartungen und Zumutungen zwischen Eltern und Kind) und Theorien, die primär wirtschaftliche Faktoren (z. B. Armut) oder das sozialökologische Milieu (z. B. familiale Isolation) betonen. Andere vieldiskutierte Theorien nehmen „Streß' als Auslöser für Gewalttätigkeit an oder sie kombinieren psychoanalytische, familienstrukturelle oder kultur- und gesellschaftsbezogene Merkmale (u. a. Legitimitätsgrad von Gewalttätigkeit) zur Erklärung von Gewalt in Familien. Einige dieser Ansätze haben sich als wenig triftig für die Erklärung innerfamilialer Gewalt erwiesen, andere dagegen (besonders solche, die auch unterschiedliche soziale Faktorengruppen berücksichtigen) zeigten sich erklärungskräftiger (vgl. auch die Forschungsüberblicke bei Gelles, Straus 1979, Bujok-Hohenauer 1982, Honig 1986).

Mit unseren hier dargelegten exemplarischen Studien ist nun nicht beabsichtigt, eine gänzlich neue, gar monokausale Erklärungsvariante für familiale Gewalt beizusteuern, nach der das Selbstbewußtsein (Selbstkonzept und Selbstwert) der Individuen der beste Prädiktor für den Grad ihrer Aggressivität gegenüber Kindern oder Partnern sei. Die *relativ beträchtliche Bedeutung* des Selbstwerts in diesem Kontext ist bereits von verschiedenen Projekten nachgewiesen worden (vgl. die einleitenden Bemerkungen zu diesem Buch). Uns interessiert hier vielmehr, wieweit sich das *Kon-*

strukt Selbstbewußtsein als soziologisch bedeutsamer Ort der „Übersetzung" individueller Erfahrung gesellschaftlicher Modernität in Verhalten neben oder gegenüber anderen Variablen behaupten kann. M.a.W., den Focus dieser Untersuchung bildet nicht so sehr Gewalttätigkeit als „abhängige Variable", sondern *Selbstbewußtsein als „intervenierende Variable"* im Verhältnis von Gesellschaft, Subjekt und sozialem Verhalten.

Die *Hypothesen*, die dieser Untersuchung zugrundegelegt wurden, knüpfen an die eingangs skizzierte Theorie der Modernisierungsfalle unmittelbar an. Die Verheissungen des „Mythos der Moderne" (selbstbewußtes, autonomes Individuum; Partizipation am allgemeinen Fortschritt; Familienglück) und die entsprechenden Realisierungsgrade dieser Versprechen in Gesellschaft, Staat, Familie etc. werden für die empirische Überprüfung in Variablen transformiert und dann in Interviewfragen und „Tests" operationalisiert. Analoges geschieht mit dem Konstrukt Selbstbewußtsein und Formen körperlicher Gewalttätigkeit in Familien. Als grober Überblick über das Hypothesengerüst, zugleich als Resümee der eingangs angedeuteten ideen- und sozialgeschichtlichen Thesen und schließlich als Ausblick auf die Zusammenhänge, die die empirische Vergleichsstudie abdeckt, kann Diagramm 2 dienen.

Die *Moderniserung der Gesellschaft* (insbesondere in den letzten Jahrhunderten) wird in Diagramm 2 zunächst auf *zwei Entwicklungspfaden* thematisiert, einem kulturellen und einem sozioökonomischen (Assoziationen zur Dichotomie von „Überbau" und „Unterbau" sind dabei offenkundig. Die diesem Begriffspaar besonders in der Nachfolge von Marx und in der Kritik an ihm zugeschriebenen Prioritäten des einen oder anderen Teils würden in unserer Diskussion evtl. Verwirrung stiften, daher die andere Terminologie, die aber auch die Sache etwas anders begreift).

Der *kulturelle Pfad* kann als „dreifache Verheißung" charakterisiert werden: Als Projekt des modernen, universalistischen Menschenbildes des selbstbewußten Individuums und souveränen Subjekts, ausgestattet mit Menschenwürde und tendenzieller Allmacht als säkularisiertem Demiurg und psychosozial getragen von der zweiten Verheißung, der Privatheit der Familie und dem Mythos von Liebesehe und Familienglück; schließlich als drittes Versprechen, daß durch den allgemeinen Fortschritt die Ressourcen technisch-wissenschaftlicher, materiell-ökonomischer, kultureller und politischer Art bereitgestellt würden, um dieses Menschenbild realisieren zu können. Zusammenfassend lassen sich diese drei Verheißungen als *„Mythos der Moderne"* apostrophieren, als vorrationale, verklärende und versprechende Basis und Inklusionsformel menschlicher Existenz in der modernen Gesellschaft.

Diesem kulturellen Entwicklungspfad mit der dreifachen Verheißung wird nun ein *sozioökonomischer Entwicklungspfad* gegenübergestellt — als für verschiedene Gruppen ungleiche und unzureichende Realisierung des versprochenen Fortschritts in Naturbeherrschung, Technik, Wissenschaft, Wirtschaft, Kultur, Gesellschaft und Politik, als nicht unbedingt verbürgte Verwirklichung von Familienglück und als sozial differenzierte Versagung der Ressourcen oder Lebensbedingungen für selbstbewußte Individuen. Diese reale gesellschaftliche Entwicklung kann je nach ihren disparaten Ergebnissen dem „Mythos der Moderne" konform oder ihm gegenüber konträr sein, wir apostrophieren sie als *„Realität der Moderne"*.

Es wird nun als charakteristisch für moderne Individuen unterstellt, daß sie — wie verwässert auch immer — Anteile des Mythos der Moderne internalisiert haben, sich also dessen Menschenbild (Selbstbewußtsein, Autonomie etc.), Familien- und Fortschrittshoffnung mehr oder weniger zu eigen gemacht haben. Gleichzeitig machen Individuen aber auch Erfahrungen des realen Gesellschaftprozesses in den sozialen Systemen oder Lebenswelten, an denen sie teilhaben. Je nachdem, wie weit nun diese Verheißungen (soziologisch konventioneller: Werte) der Moderne eingelöst oder nicht eingelöst werden, erscheint das Projekt der Moderne als Erfolg oder Mißerfolg. Solche Erfahrungen und Bewertungen werden vor allem in politischen Diskursen öffentlich sichtbar, wenn idealisierte Menschen- und Gesellschaftsbilder mit der individuellen und sozialen Erfahrungswirklichkeit konfrontiert werden. In diesen Auseinandersetzungen wird die Differenz beider — je nach politischem „Standort" — ideologisch eher verkleinert oder vergrößert und die so verbreiteten Gesellschaftsinterpretationen prägen auch die individuellen Situationsdeutungen der einzelnen Gesellschaftsmitglieder. Doch jenseits solch öffentlich-politischer Diskussionen machen die Individuen sehr persönliche, hautnahe Erfahrungen in ihrer Lebensgeschichte, ihrer Familie, im Beruf, mit der staatlichen Administration usw. Die Summe dieser persönlichen Erfahrungen und ihrer politisch-ideologischen Überformungen bilden jedenfalls ein Amalgam von subjektiven wie kollektiven Welt- und Selbstdeutungen, die je nach dem Grad der Einlösung oder Versagung der Verheißungen in philosophisch-soziologischen Diskursen als „*Erfolg*" oder „*Krise der Moderne*", als Ausdruck der *Modernisierungsfalle*, im Erleben und in der Sprache von Jedermann aber wohl eher als *persönlicher Erfolg* oder *Mißerfolg* interpretiert werden. Uns interessiert dabei vor allem diese Jedermannserfahrung, weil wir annehmen, daß große Bevölkerungsgruppen die Krise der Moderne in Gestalt entsprechender Versagungen, Mißerfolgserlebnisse und Beschädigungen des Selbstbewußtseins wahrnehmen.

Die nachfolgend referierte *empirische Untersuchung* (vgl. den rechten Teil von Diagramm 2) setzt nun mit ihrem Variablen- und Hypothesengerüst am gerade aufgefächerten Spektrum gesellschaftlicher Modernisierung an. Die Kombinationen von Verhei-

Diagramm 2

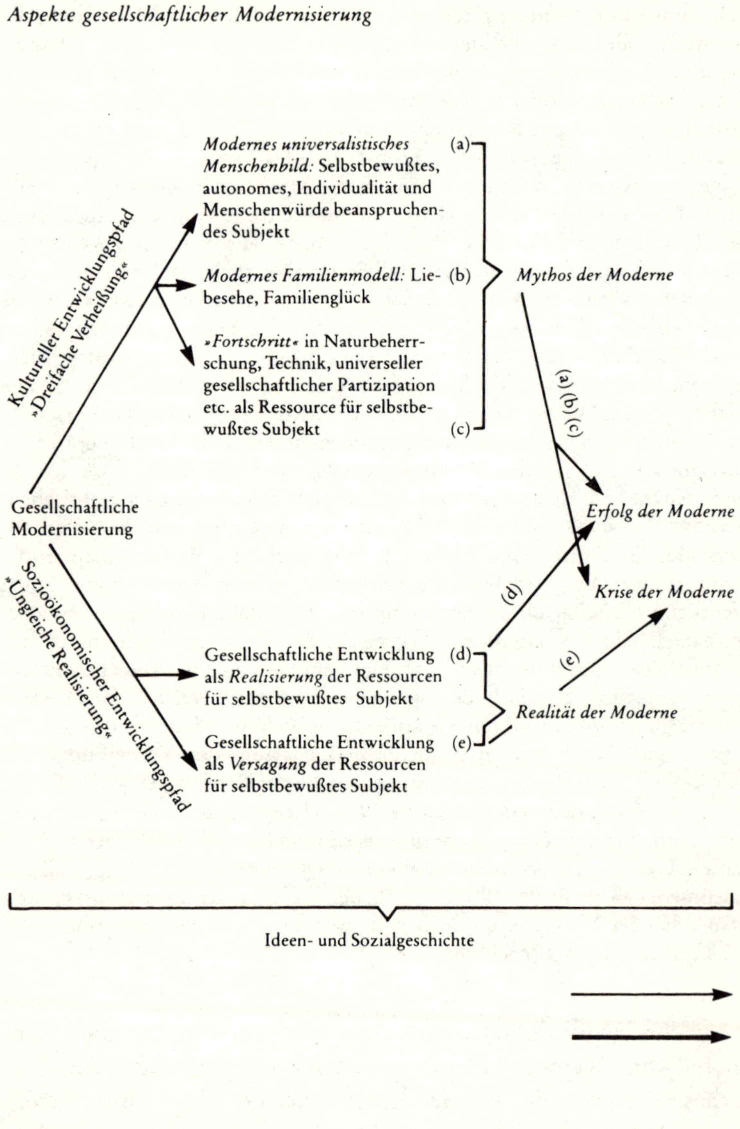
Aspekte gesellschaftlicher Modernisierung
Modernes universalistisches Menschenbild: Selbstbewußtes, autonomes, Individualität und Menschenwürde beanspruchendes Subjekt (a)
Modernes Familienmodell: Liebesehe, Familienglück (b)
»Fortschritt« in Naturbeherrschung, Technik, universeller gesellschaftlicher Partizipation etc. als Ressource für selbstbewußtes Subjekt (c)
Mythos der Moderne
Kultureller Entwicklungspfad
»Dreifache Verheißung«
(a)(b)(c)
Erfolg der Moderne
Gesellschaftliche Modernisierung
Krise der Moderne
(d)
Sozioökonomischer Entwicklungspfad
»Ungleiche Realisierung«
(e)
Gesellschaftliche Entwicklung als Realisierung der Ressourcen für selbstbewußtes Subjekt (d)
Realität der Moderne
Gesellschaftliche Entwicklung als Versagung der Ressourcen für selbstbewußtes Subjekt (e)
Ideen- und Sozialgeschichte

Individuelle Erfahrung von gesellschaftlicher Modernisierung

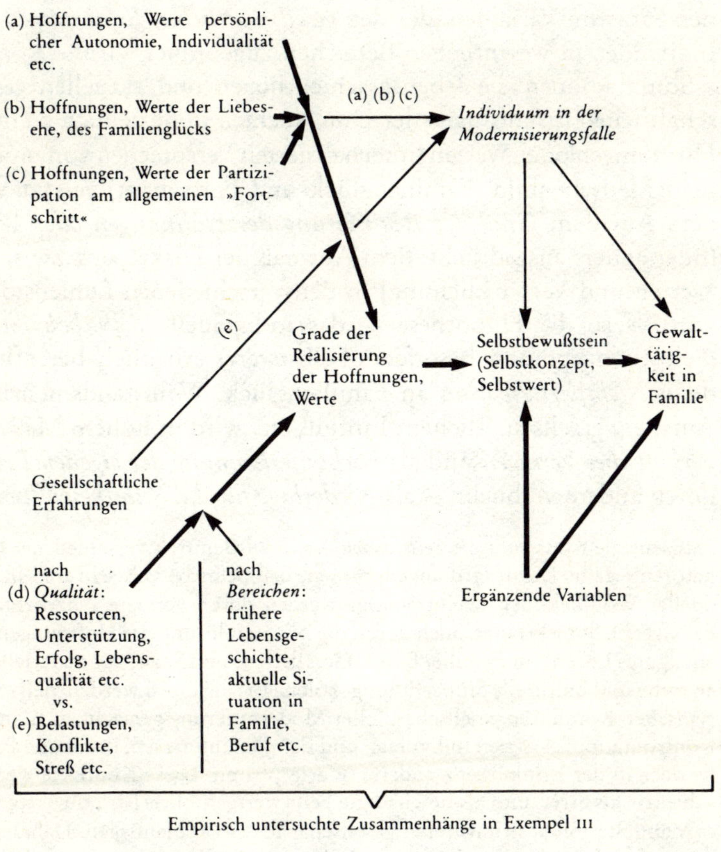

Theoretische Zusammenhänge

Empirische Untersuchung (Exempel III)

ßung und Realisierung (also verschiedene Schnittmengen der historischen Ergebnisse des kulturellen und des sozioökonomischen Entwicklungspfades), die dort als „Erfolg“ bzw. „Krise der Moderne“ gefaßt wurden, bilden nun einerseits Anknüpfungsmöglichkeiten für Variablen, die die subjektive Aneignung des „Mythos der Moderne“ in Gestalt des darin ausgedrückten *Menschenbildes* und der *dominanten Hoffnungen und Werte* durch die Individuen berücksichtigen, andererseits Anknüpfungsmöglichkeiten an einen Satz von Variablen, der den *gesellschaftlichen Erfahrungen* der Individuen in wesentlichen Bereichen zugeordnet wird.

Somit können die lebensgeschichtlichen und aktuellen gesellschaftlichen Erfahrungen der Untersuchten in Beziehung zu ihren Hoffnungen oder Werten (internalisierten Versprechen von modernem Menschenbild, Familienglück und Fortschritt) gesetzt werden. Aus dem *Grad der Realisierung der Hoffnungen oder Werte* (oder anders ausgedrückt: dem Ausmaß der Diskrepanz zwischen Werten und Verwirklichung) in den verschiedenen Dimensionen wird — so die Hypothese — das individuelle *Selbstbewußtsein* (Selbstkonzept und besonders Selbstwert) erheblich beeinflußt, denn *Nichtpartizipation* an Familienglück, Wohlstandsmehrung, Aufstieg, gesellschaftlichem Einfluß etc. wird in hohem Maße als *persönliches Versagen* und als *Nichtanerkennung der eigenen Person* durch andere verbucht — als *Niederlage für das Selbstbewußtsein.*

Das zentrale Konstrukt des *Selbstbewußtseins* wird mittels verschiedener Indikatoren erfaßt. Dazu wird angenommen, daß Selbstbewußtsein und individuelles Wohlbefinden beeinträchtigt werden durch versagte Anerkennung der eigenen Subjektivität, auch durch die Nichteinlösung der Hoffnungen auf ein „gutes Leben“ in Familie, Beruf, Gesellschaft und Staat, auf materielle Sicherung und kulturelle Sinnerfüllung. Solche Erfahrungen werden vielfach in typischen Konflikten gesellschaftlicher Modernisierung gemacht, z. B. in der Konfrontation zwischen Individual- und Familieninteressen, Beruf und Familie oder in der Konkurrenz anderer Wertesphären. Diese Konflikte werden subjektiv als Streß und als beschädigte Selbtwertgefühle erlebt, objektiv sind es Manifestationen struktureller gesellschaftlicher Problemlagen. Daher werden auch solche charakteristischen Modernisierungskonflikte methodisch erfaßt.

Neben dieser „passiven“, erfahrungsorientierten Seite des Selbstbewußtseins wird dann dessen „aktive“, verhaltensorientierende Seite untersucht, im Rahmen dieses empirischen Projekts in Form von

Variablen, die auf den *körperlich-gewalttätigen Umgang mit Kindern oder mit dem Partner* gemünzt sind.

Um die Relevanz der eingeführten Konstrukte und Hypothesen bei der Erklärung familialer Gewalt abschätzen zu können, werden einige *ergänzende Variablen* mitberücksichtigt, wie sie in der Forschung über Gewalt in Familien bisher getestet wurden. Damit wird die „Anschlußfähigkeit" unserer Untersuchung zu diesen Forschungssträngen gesichert.

1.2 Untersuchungsdesign: Rekonstruierte oder reduzierte Komplexität?

Das skizzierte Untersuchungsziel und die zu überprüfenden Hypothesen stellten besondere Anforderungen an das Design einer empirischen Untersuchung. Dazu gehörte zunächst einmal die heuristische Trennung von *Soll- und Ist-Werten gesellschaftlicher Modernisierung*.

Die Menschen laufen aber nicht mit zwei säuberlich getrennten Paketen solcher Soll- und Ist-Werte (z. B. von beruflicher Ambition und tatsächlichem Berufsstatus, von Familienwunsch und -wirklichkeit) im Kopf herum; vielmehr sind beide wohl in komplizierter Weise miteinander verbunden. Eine der Verknüpfungen zwischen beiden kann durch ideologische Blendungen, durch die Propagierung bestimmter Codes zur Selbst- und Gesellschaftsbeschreibung hergestellt werden, die die Ist-Werte durch den Glanz der Soll-Werte überstrahlen (wie z. B. der „Aufstieg" eines ganzen Volkes oder der „Aufschwung" der gesamten Wirtschaft, was die durchaus vorhandene individuelle Misere überdecken soll). Andere Brücken sind aufgrund psychologischer Gesetzmäßigkeiten wie der Tendenz zur Reduktion kognitiver Dissonanzen (Festinger) anzunehmen, wonach von außen herangetragene Soll-Werte und der eigenen Person von außen zugeschriebene Ist-Werte von dieser so „verarbeitet" werden, daß die Spannung zwischen beiden erträglich bleibt (es sei denn, die Person gewinnt diesem Unterschied eine Art Leidensgewinn ab). Will sich Sozialforschung nun solcher möglichen Spannungen vergewissern, stößt sie nicht nur auf die quasi schon persönlichkeitsimmanent vom Untersuchten bereinigten ursprünglichen Differenzen von Soll- und Ist-Werten, sondern vielfach auch noch auf Artefakte weiterer Reduktionen solcher Spannungen durch die Tendenz zu „sozial erwünschten" Antworten der Untersuchungspersonen gegenüber den Forschern, weil die Selbstdarstellung als Identität demonstrierende, integrierte Persönlichkeit mit hoher Konkordanz von Werten und Realisierungen von den Untersuchten zu Recht als gesellschaftlich eher prämiert vermutet wird. Damit wirkt ein Moment des Selbstbewußtseins zurück auf das, was die Theorie postuliert und die empirische Forschung dingfest zu machen trachtet — das Spannungspotential zwischen Werten und Verwirklichung (oder Graden gesellschaftlicher Verheißung und Erfüllung): Der Forschungsgegenstand schwindet also tendenziell durch gesellschaftlich verbreitete ideologische Verwischungen, durch psychohygienische Tendenzen in den Subjekten selbst und durch die Interaktion zwischen Untersuchten und Untersuchenden. Die verbleibenden „Fakten", auf die empirische Sozialforschung stößt, sind eben „selbst kein Letztes, sondern ein Bedingtes" (Adorno 1966, S. 523). Wenn gleichwohl die Theorie die zugrundegelegten Spannungsmomente festhalten wollte, mußten die methodischen Sensoren empfindlich genug sein, um ihre schwachen Spuren durch dieses Bedingungsgefüge hindurch erkennbar zu machen. Wenn schon eine Rekonstruktion der Komplexität des Untersuchungsgegenstandes kaum möglich schien, sollte doch seine Reduktion aufs Nachweisbare wenigstens noch ein Rekonstruktionsversuch sein und nicht bloß Gefahr laufen, als methodengeschuldetes Artefakt abgetan zu werden.

Wie konnte also die Differenzierung zwischen Werten/Verheißungen der Moderne und ihrer Verwirklichung/Erfüllung im individuellen Leben methodisch erfaßt werden? Viele empirische Untersuchungen, besonders in der Meinungs- und Umfragenforschung, begnügen sich mit der Erhebung von subjektiven Beschreibungen von Gefühlen der Zufriedenheit mit bestimmten Situationen (z. B. wie „glücklich" man sich in der Ehe, wie „zufrieden" man sich am Arbeitsplatz fühlt, wie weit man die individuellen Hobby-Interessen befriedigen kann), ohne zu erfassen, an welchen Soll-Werten die Befragten eigentlich ihre Klassifikation bemessen. Das kann leicht zu Fehldeutungen bei der Ergebnisinterpretation führen. Wenn — um ein fiktives Beispiel zu geben — jemand relativ niedrige Zufriedenheit mit seiner Ehe, dagegen relativ hohe Zufriedenheit mit seinem Arbeitsplatz und mit der Verwirklichung seiner Hobbies nennt, könnte er alles in allem, etwa nach Punktwerten berechnet, als relativ zufriedener Mensch erscheinen. Wenn dieselbe Person aber nun z. B. sehr weitgehende Wünsche an ein gutes Familienleben hat, während ihr Arbeitsplatz und Hobbies eigentlich gar nicht so wichtig sind, dreht sich das Bild völlig um: Ihr wichtigster Wunsch erscheint frustriert, nur Dinge, auf die sie weniger Wert legt, sind erfüllt. Insgesamt dürfte sie daher mit ihrer Situation gar nicht so zufrieden sein. Aus diesem Grund, aber auch einfach, um Muster von Werten und ihrer Realisierung überhaupt differenzierter erfassen zu können, haben wir uns bei der Konstruktion von Erhebungsinstrumenten bemüht, soweit es geht, die Soll- und Ist-Ebene separat zu thematisieren, bevor sie aufeinander bezogen wurden. Das geschah durch Skalen zum Selbstausfüllen und durch wenig strukturierte Interviewabschnitte. Auf diese Weise können Spannungen zwischen dem Spektrum an Wünschen und deren Verwirklichung im einzelnen Befragten ebenso untersucht werden wie Diskrepanzen zwischen den entsprechenden individuellen Mustern eines Ehepaares (wenn etwa Mann und Frau unterschiedliche Strukturen von Präferenzen und wahrgenommener Verwirklichung aufweisen, liegt Zündstoff für Ehekonflikte vor).

Ein weiterer Kreis methodischer Probleme, dem sich eine Untersuchung aktuellen Selbstbewußtseins und seiner lebensgeschichtlichen Genese gegenübersieht, liegt darin, daß eine Reihe von Variablen *biographischer* Art sind, jedoch nur in der Gegenwart ermittelt werden können. Für unsere empirische Studie lagen keine früheren Informationen (Testergebnisse usw.) zum Selbstbewußtsein der Befragten vor, sie mußten — wie auch andere Informationen — über retrospektive Aussagen der Untersuchten gewonnen werden.

Solche rückblickenden Selbsteinschätzungen sind natürlich stets gewissen Gefahren der Wahrnehmungsverzerrung ausgesetzt, nach der populären These, wonach angenehme Dinge eher behalten werden als unangenehme oder nach Maßgabe von subjektiven Tendenzen, die eigene Biographie in der oder jener Richtung zu schreiben: etwa nach der Devise positiver Selbstattribution „ich habe mich aus schlimmen Verhältnissen emporgearbeitet" oder nach dem entschuldigenden Motto „die Verhältnisse waren so schlecht, daß aus mir nichts Besseres werden konnte". Solche Verzerrungsmöglichkeiten sind allerdings schwer zu kontrollieren, wenn keine unabhängig von den biographischen Berichten der Befragten gewonnenen Daten vorliegen.

In unserem Falle bestand jedoch immerhin eine gewisse Gewähr für die Validität autobiographischer Auskünfte darin, daß ein sehr breit angelegtes Interview über die Lebensgeschichte stattfand, d. h. eine Vergegenwärtigung der früheren Situationen, die gemeinsam zwischen Forschern und Untersuchten erarbeitet wurde, innerhalb derer dann Fragen der Genese von Selbstbildern und -bewertungen lokalisiert waren. Besonders schwierig erscheint dabei freilich die subjektive und retrospektive Einschätzung von „Selbstwert" — wie hat man sich als Kind diesbezüglich gefühlt, in einer Dimension, für die wahrscheinlich damals nicht dieselben Kategorien bereitstanden wie in der Erwachsenenzeit? Andererseits ist anzunehmen, daß Kinder durchaus früh ein Gefühl dafür entwickeln, von anderen ungerecht behandelt, ausgelacht oder gedemütigt, also im kindlichen „Selbstbewußtsein" getroffen zu werden. Dabei mögen noch kindlich-narzißtische oder egozentrische Bewußtseinsformen eine Rolle spielen, aber auch schon erste Prinzipien moralischen Bewußtseins (im Sinne von „Regeln" der Gerechtigkeit gemäß Piaget 1954, S.261) und späterer politisch-kultureller Maßstäbe modernen Selbstbewußtseins, wie Autonomie oder Menschenwürde, die dann vom Erwachsenen bei der rückblickenden Selbsteinschätzung zugrundegelegt werden.

Um die in einem theoretischen Mehrebenenmodell postulierte Bedeutung des Konstrukts Selbstbewußtsein als strategischem Ort individueller Übersetzung sozialstruktureller und kultureller Erfahrungen in Verhalten nun in der Empirie zu untersuchen, wurde ein doppeltes Verfahren gewählt. Einmal wurden anhand konkreter *Fallanalysen* diese Zusammenhänge der unterschiedlichen theoretischen Ebenen und Variablen anschaulich und nachvollziehbar gemacht, zum anderen wurde in *vergleichender Untersuchung* von Gruppen von Personen bzw. Familien versucht, solche Zusammenhänge quantitativ zu verdeutlichen und den Anteil zu bestimmen, den das Konstrukt Selbstbewußtsein im Vergleich mit anderen Variablen zur Erklärung gewaltförmigen Verhaltens in Familien beiträgt.

Dies geschieht hier zunächst im Rahmen einer *Intensivuntersuchung* von 23 Personen, deren einer Teil wegen „Kindesmißhandlung“ in Kontakt zu einem Kinderschutzzentrum steht (*Indexgruppe*) und deren anderer Teil ohne Kontakte zu entsprechenden Beratungsstellen ist (*Kontrollgruppe*). Die kleine Fallzahl ermöglichte intensive Fallanalysen, grenzte aber natürlich die Aussagekraft quantitativer Zusammenhangsanalysen ein. Auf diese Weise konnte immerhin die Plausibilität unserer Hypothesen durch die Mikroanalyse von Einzelfällen, durch Vergleichstabellen und Berechnung von (meist Rang-) Korrelationen überprüft werden. Ein Teil des theoretischen Modells konnte dann ohnehin später anhand der Daten einer Repräsentativerhebung bei über 2600 Personen getestet werden (Exempel IV).

1.3 Netze und Sonden: Die Erhebungsinstrumente

Eine empirische Untersuchung zu Phänomenen der Gewalt in Familien bewegt sich in einem besonders sensiblen und tabuierten Bereich. Neben den üblichen Problemen der Operationalisierung theoretischer Variablen in taugliche Erhebungsinstrumente galt es also Vorkehrungen dafür zu treffen, daß diese Tabuschranken, die Mauer des Schweigens, der kollektiven Verdrängung solcher Erscheinungen, aber auch ihrer Taxierung durch vorschnelle öffentliche Diagnosen oder durch Institutionen der Kontrolle oder Sozialarbeit transzendiert werden konnten. Die Interviews sollten sozusagen im Gegenangriff gerade auch diese schillernden Fremd- und Selbst-Codierungen von familialer Gewalt zu einer Forschungsfrage machen.

Von den Erfahrungen aus einer eigenen früheren Intensivuntersuchung in Familien der unteren sozialen Schichten (Wahl et al. 1980) und daran anschließenden methodologischen Reflexionen (Wahl, Honig, Gravenhorst 1982) zehrend, wurden Verfahren gebildet, die eine „Triangulation“ einzelner

Untersuchungsbereiche durch unterschiedliche Thematisierungsformen erlaubten, also eine *Methodenkombination* (vgl. Köckeis-Stangl 1980, S.362 f.). Dadurch sollte dem Umstand Rechnung getragen werden, daß nicht alle Individuen (und besonders bei einem so sensiblen Thema wie Gewalt in Familien) stets durch dieselben *Stimuli* (z. B. eine konkrete Frage eines Fragebogens) angeregt werden, ihre Ansicht oder Erfahrung zu äußern. Der eine wird eher auf die Fragenvariante A, der andere eher auf Variante B ansprechen, der eine lieber eine Geschichte voller für ihn bedeutsamer Erlebnisse erzählen, während der andere weniger eloquent ist und sich mit einer Auswahl aus vorformulierten Statements leichter tut. Wichtig ist dann, aus solch unterschiedlichen Prozessen der Informationsproduktion das herauszufiltern, was für die Untersuchungsfrage interessant ist, d. h. es muß auf einer *vergleichbaren* Ebene abgebildet werden. Dazu muß man bei manchen ersten Antworten der Befragten auch einmal nachstoßen, um nähere oder präzisere Auskünfte zu erlangen, in die „Tiefe" vordringen. M. a. W., es muß ein methodisches Netz ausgeworfen werden, das einen Schwarm ganz unterschiedlicher Informationen in aller Breite (durch entsprechende Maschengröße) einfangen kann, es sind aber auch Sonden zur Exploration von Hintergründen nötig. Dementsprechend wurden *offene und strukturierte Interviewteile* entwickelt, Möglichkeiten für *Vertiefungsgespräche* geschaffen, aber auch Ebenen der *Vergleichbarkeit und Meßbarkeit* eingezogen (Fragenbatterien, Skalen).

Eine Kombination von Methoden ist nicht nur für die *„Produktion" von Informationen* im Kontakt mit den Untersuchten bedeutsam, sie erlaubt auch dadurch, daß sie ein ganzes Spektrum von Äußerungsformen erbringt, eine *gegenseitige Kumulation und Kontrolle*, sie läßt so ein vollständigeres und stimmigeres Bild von den Individuen und ihrer Welt entstehen, auch eines, das — wirklichkeitsgetreu — von Widersprüchen gekennzeichnet sein kann. Daher erhöht die methodische Triangulation die Validität der Ergebnisse.

Ein dritter Vorteil der Kombination unterschiedlicher Methoden liegt darin, daß z. B. durch den Einsatz eher offener Interviewteile und geschlossener Fragen oder Skalen bei der *Auswertung* sowohl ein ganzheitliches Bild des Subjekts und der sozialen Wirklichkeit eines Falles entsteht (für intensive *Fallanalysen*) als auch eine objektivierte, mit anderen Fällen vergleichbare (und dadurch auch verrechenbare) Rekonstruktion möglich wird (für *Querschnittsbetrachtungen* und *statistische Analysen*). Schließlich kann eine Methodenkombination auch der Kritik und *Weiterentwicklung einzelner Instrumente* dienen, da in gewissen Grenzen ihre Leistungsfähigkeit am selben Forschungsgegenstand möglich wird.

Die Untersuchungsfragen wurden in drei größere Abschnitte eingeteilt, von denen jeder i.d.R. im Rahmen eines Besuchs in einer Familie behandelt wurde. Der *erste Abschnitt* galt vorwiegend der Erhebung der Lebensgeschichte der Untersuchten (Kindheit, Jugend, Schule, Berufsausbildung, Arbeitswelt) und der *biographischen Genese ihres Selbstbewußtseins*. Daneben wurden Sozialdaten und möglicherweise streßerzeugende Ereignisse im Verlauf des letzten Jahres erfragt. Bei diesem ersten Abschnitt der Interviews waren Frau und Mann gleichzeitig anwesend (zeitlich dazwischen eingestreut füllten sie individuell Listen mit Fragen und Skalen aus). Auf der Seite der Forscher nahmen an diesem ersten Gespräch ebenfalls eine Frau und ein Mann teil. Ein solcher „gemeinsamer" Einstieg in eine Serie von Interviews mit Angehörigen einer Familie hatte sich in unseren früheren Untersuchungen bewährt.

Die beiden folgenden Abschnitte — in der Regel jeweils noch einmal zwei Besuche pro untersuchte Person — wurden getrennt mit Frau und Mann durch je eine Forscherin und einen Forscher durchgeführt. Der *zweite Abschnitt* war besonders darauf angelegt, durch viele Vorstrukturierungen vergleichbares Material zu beschaffen. Er galt vor allem der *Qualität der Beziehungen zu den Kindern und zum Partner*, der Art der jeweiligen Rollenwahrnehmungen, Prinzipien oder Normen für den Umgang innerhalb der Familie, speziell auch zur Anwendung von gewaltförmigen Mitteln. Weitere Fragen galten *sozialen Erfahrungen* in der Arbeitswelt und in anderen Milieus (besonders Anerkennung bzw. Demütigung als für das Selbstbewußtsein wichtigen Faktoren), persönlichen *Wünschen* und *Werten* (operationalisierte Verheißungen der Moderne), Arten der Problembewältigung etc.

Der *dritte Abschnitt* (und in der Regel dritte Besuch) galt dann vor allem einer *vertieften Exploration von Situationen*, in denen es zu *gewaltförmigem Umgang zwischen Eltern und Kindern bzw. zwischen Frau und Mann* gekommen war. Dazu wurden zunächst Listen mit potentiellen Anlässen für solche Konflikte und mögliche Formen der Auseinandersetzung vorgegeben (separat für jüngere Kinder, ältere Kinder/Jugendliche und Erwachsene). Darüber hinaus wurde aber vor allem Wert auf eine ausführliche Erörterung der Vorgeschichten, Ereignisse, Motive, Gefühle, Wahrnehmungen, Codierungen und Reaktionen in solchen gewaltbelasteten Situationen gelegt.

Die wichtigsten *Erhebungsinstrumente* können entlang der wesentlichen Variablenkomplexe unserer Untersuchung dargestellt werden. Der *erste Block von Variablen* umfaßt die *Hoffnungen und Werte* der Individualität, der Autonomie und des Selbstbewußtseins *des modernen Menschenbildes* — quasi als Versuch, dieses im Alltag kaum bewußte „abwesende Zentrum" persönlicher Orientierung und Handlungsperspektiven darzustellen — sowie die Hoffnungen oder Werte der Partizipation am *„Fortschritt"* und *„Familienglück"*, wie es dem Theorem des „Mythos der Moderne" entspricht[5].

Den Verheißungen, Hoffnungen und Werten der Moderne steht als *zweiter großer Block von Variablen* das gegenüber, was man mit *„gesellschaftlicher Erfahrung" der Individuen* zusammenfassen kann; in dieser Erfahrung drückt sich die erlebte Wirklichkeit moderner Gesellschaft aus.

Dazu werden lebensgeschichtliche Erfahrungen gerechnet, aber auch das aktuelle Erleben der Situation in der Familie, im Beruf, in bezug auf Nachbarn, Freunde, Beratungsstellen usw. Alle diese Bereiche werden in ihrer Qualität als förderliche oder hinderliche Bedingungen für die individuelle Befindlichkeit und das Selbstbewußtsein der Untersuchten betrachtet[6].

Für die Jugendphase wurden die offeneren Interviewteile, in denen auch die Schulzeit thematisiert wurde, durch eine ähnliche Fragenbatterie ergänzt, die sich auf die wichtigen Erfahrungen der ersten Kontakte mit der Arbeitswelt bezogen, wie sie in einer Lehre oder in einem ersten Arbeitsverhältnis bestehen können (vgl. S. 56, Diagramm 7).

Nach den lebensgeschichtlichen Erfahrungen wurde die *aktuelle Situation* der Befragten Gegenstand der Interviews. Dabei waren nun die Untersuchungspersonen alleine anwesend, d. h. mögliche Kontrollen oder Beeinflussungen durch den Partner, speziell bei Fragen nach der ehelichen Beziehung, waren minimiert (im übrigen wurde den Befragten über die in der Sozialforschung übliche Anonymität hinaus zugesichert, daß ihre persönlichen Antworten auch gegenüber dem Partner geschützt wurden: die Forscher gaben dem Partner keine Auskunft über die Antworten des anderen). Neben Fragen über Beruf und soziale Umwelt wurden insbesondere die Aspekte der Beziehungen zwischen Eltern und Kindern und zwischen den (Ehe-)Partnern ermittelt. Auch hier wurden Listen mit Statements eingesetzt, um entsprechende Profile zu erhalten[7].

Aus diesen Listen läßt sich zusammenschauend ein Profil der Eltern-Kind-Beziehung erstellen, das Auskunft darüber gibt, wieweit die mütterlichen oder väterlichen Interessen und Bedürfnisse subjektiv Berücksichtigung finden oder nicht, wieweit das Verhältnis zu den Kindern als gut und vergnüglich, erträglich oder schlecht und belastend empfunden wird. Gleichzeitig informiert ein solches Profil über Faktoren, die dem elterlichen Selbstbewußtsein zuträglich oder abträglich sind (z. B. Anerkennung oder Verletzung durch ein Kind) und über Konfliktzonen, die zu Reibereien, Streit oder Gewalttätigkeit führen können (z. B. ein Kind los sein wollen, weil es als Belastung empfunden wird). Speziell solchen *Belastungssituationen* gingen weitere Fragen nach, die jeweils getrennt für Kinder verschiedener Alterstufen formuliert waren (Kleinkinder bis drei Jahre und ältere Kinder/Jugendliche)[8].

Da diese Situationsvorgaben auch Anlaß für *Gewalttätigkeiten* der Eltern gegenüber den Kindern sein können, war direkt anschließend an diese Vergegenwärtigung von Konfliktanlässen in den Interviews eine Vertiefung der Schilderung solcher Gewalthandlungen vorgesehen.

Über weite Strecken analog zur Thematisierung der Eltern-Kind-Beziehung wurde auch das für die modernen Ideen von Liebesehe und Familienglück entscheidende *Verhältnis der Frauen und Männer* in ihrer Ehe bzw. Partnerschaft eruiert. Neben offeneren Interviewteilen und freien Gesprächen zu diesem Punkt wurden wiederum Listen von Statements eingesetzt, die das Beziehungsprofil in den Dimensionen *wechselseitiger Anerkennung* und Offenheit, *individueller Interessen und ihrer Entfaltungschancen*, der Geschlechtercodierung und der Kommunikation über persönliche und gemeinsame Probleme erfassen[9].

In einem weiteren Test wurde versucht, die Beziehung zwischen Frau und Mann aus der subjektiven Perspektive der Betroffenen in den Dimensionen von *Ähnlichkeit, Dominanz und Erotik*, die in den Codierungen moderner Liebe und Ehe eine wichtige Rolle spielen, zu bestimmen[10].

Auch für die Beziehung der Partner untereinander wurde — als Operationalisierung brisanter Spannungslinien der Moderne *in* Familien — eine Reihe von Situationen vorgegeben, die als *Belastung* erlebt werden können und u. U. zu Streit und Gewalttätigkeit führen. Anschließend sollte gegebenenfalls im vertiefenden Gespräch geklärt werden, ob und wie es in solchen Situationen zu *Handgreiflichkeiten* kam.

Neben der Erfassung möglicher Belastungsmomente in den Eltern-Kind- und in den Mann-Frau-Beziehungen wurde zur Abklärung etwaiger weiterer aktueller Druckfaktoren im Leben der Befragten auch eine Liste *potentiell streßerzeugender Ereignisse* eingesetzt[11].

Die bisher dargestellten Instrumente sollten, gleichsam als erster Schnitt durch das Hypothesengerüst, die Ebene „*unabhängiger Variablen*" abdecken. Das Resultat der Konfrontation von Hoffnungen bzw. Werten der Moderne mit tatsächlichen Erfahrungen auf dieser Ebene, also der Grad der Realisierung dieser Werte, ergibt nun eine zweite Ebene von Variablen, die zunächst als „abhängig" von der ersten, für die weitere Analyse aber dann als Satz von „*intervenierenden Variablen*" bei der Bestimmung späterer Größen betrachtet werden kann.

Dieser *Werte-Realisierungs-Grad* wurde, wie oben erwähnt, mit demselben Katalog wünschenswerter Dinge oder Werte erfaßt, der auch der Ermittlung der Wertepräferenzen diente, nur daß eben jetzt nach dem Ausmaß der Verwirklichung der einzelnen Wünsche gefragt wurde.

Somit können wir uns einer weiteren Ebene von (intervenierenden) Variablen zuwenden, die das *Selbstbewußtsein (Selbstkonzept, Selbstwert)* der Individuen darstellen sollen. Der theoretische, forschungsmäßige und methodische Diskussionsstand dazu wird in meiner Parallelveröffentlichung „Die Modernisierungsfalle" (Suhrkamp Verlag 1989) ausführlich referiert.

Die dort beschriebene, häufig in der Forschung verwendete Skala von Rosenberg (1965) erschien für unsere Interessen in ihren einzelnen Items zu allgemein und zu wenig auf konkrete Erfahrungsbereiche bezogen, innerhalb derer Selbstbewußtsein entsteht und aktualisiert wird[12]. Daher konnten dieser Skala nur Anregungen für wenige Items entnommen werden, die durch andere ergänzt wurden, die Dimensionen wie Selbstsicherheit, Körperbild, soziale

Resonanz (soziale Attraktivität, Beurteilung der Arbeitsleistung durch andere), Dominanz, „soziale Potenz“ (beim Umgang mit anderen, besonders dem anderen Geschlecht) und Grundstimmung (z. B. Depressivität) abdecken[13].

Das Selbstbewußtsein (bzw. Selbstkonzept und Selbstwert) bilden die strategischen „intervenierenden Variablen“ unseres theoretischen Modells. Als Indikatoren für die verhaltens- bzw. handlungsorientierende Relevanz des Selbstbewußtseins konnten im Rahmen dieser Untersuchung vor allem Gradienten von *aggressiver Gewalttätigkeit* im Umgang mit den eigenen Kindern und mit dem Partner herangezogen werden[14]. Die Exploration der *Formen, der individuellen und sozialen Voraussetzungen und Begleitumstände von Gewalt zwischen Erwachsenen und zwischen Eltern und Kindern in Familien* gehörten neben der Prüfung der These von der Modernisierungsfalle zu den Kernpunkten der Untersuchung.

Dafür waren zunächst lange, wenig strukturierte Interviewabschnitte vorgesehen. Ziel dabei war, die Gesprächspartner zu möglichst ausführlichen Beschreibungen solcher Situationen anzuregen und die Vorgeschichte, die Motive, Gefühle, Sichtweisen und Codierungen, d. h. den affektuellen und instrumentellen Charakter des gewalttätigen Verhaltens sowie die Reaktionen aller Beteiligten im Interview zu rekonstruieren.

Dabei wurde stufenweise und behutsam vorgegangen, d. h. zunächst über Anlässe, Meinungsverschiedenheiten oder verbalen Streit gesprochen. Auf einer zweiten Stufe wurden Situationen erörtert, in denen es zu alltäglichen bzw. relativ schwach eingeschätzten Formen von körperlicher Gewalt kam (z. B. ein Klaps oder eine Ohrfeige). Schließlich wurden Situationen thematisiert, in denen ein Kind oder der Partner heftig geschlagen, verprügelt oder verletzt wurde („Mißhandlung“ in Deliktform). Auch funktionale Äquivalente für die körperliche Gewaltanwendung wurden erfragt (was wird als genauso schlimm oder noch schlimmer als körperliche Gewalt empfunden).

Aus Gründen der Vergleichbarkeit und Kontrolle wurden neben diesen gesprächsmäßig-explorativen Interviewabschnitten auch standardisierte Instrumente eingeführt: Die bei der Behandlung der Belastungsfaktoren erwähnten Listen von *möglichen Konfliktanlässen in der Familie* und Skalen zur Erfassung der *Verhaltensweisen in den Konfliktsituationen* selbst[15].

In Ergänzung der Variablen, die strategische Rollen auf den Erklärungspfaden unseres theoretischen Modells spielen (Werte und Hoffnungen des modernen Menschenbildes, in bezug auf Familie und Fortschritt; individuelle Erfahrung der Wirklichkeit moderner Gesellschaft; aus beiden Dimensionen resultierender Grad der Realisierung der Werte; Selbstbewußtsein und Gewalttätigkeit in Familien), wurde *eine Reihe weiterer Variablen* untersucht, um anschlußfähig an den mainstream der Forschung zu familialer Gewalt zu sein. Dazu gehörten Aspekte, die auf psychologische Theorien bezogen sind (z. B. persönlichkeitsbedingte Aggressionsneigung, Tendenzen zur Rollenumkehr zwischen Eltern und Kindern), aber auch solche, die sich auf die gesellschaftlichen Codes und Normen für den Umgang in Familien beziehen, z. B. auf die Legitimität von Gewalthandlungen gegenüber Familienangehörigen.

1.4 Gruppenbild: Die Untersuchungspersonen

Für den Hauptteil der empirischen Untersuchung (nach einigen Pilotinterviews) standen 23 (für bestimmte Informationen 24) Personen zur Verfügung (12 Familien bzw. Lebensgemeinschaften; in einem Fall weigerte sich der Mann, an den Interviews teilzunehmen, einige Daten über ihn liegen durch seine Frau vor). Elf dieser Personen leben in Familien, die in Kontakt zu einem Kinderschutzzentrum stehen (*Indexgruppe*), zwölf Personen gehören Familien an, die keine Kontakte zu Beratungsstellen oder Ämtern wegen Gewalttätigkeiten gegen Kinder haben (*Kontrollgruppe*). Damit waren Vergleichsanalysen möglich.

In den Familien mit Kontakt zum Kinderschutzzentrum kam es aufgrund der Taxierung durch dessen Berater zum Einsatz körperlicher Gewalt gegen Kinder — dies war unser leitendes Auswahlkriterium für diese Familien, unabhängig von etwaigen anderen Merkmalen, wie z. B. zusätzlicher Gewalt zwischen den (Ehe-)Partnern, Kindesvernachlässigung, sexuellem Mißbrauch etc. Diese „Fälle" waren z. T. durch Meldung durch Dritte (z. B. Allgemeiner Sozialdienst oder Nachbarn), teils durch eigene Initiative zum Kinderschutzzentrum München gekommen. Diese nicht-amtliche Einrichtung will Anlauf-, Auskunfts-, Beratungs-und gegebenenfalls Therapiestelle für Eltern, Jugendliche und Kinder sein, bei denen psychosoziale Probleme einschließlich Gewalttätigkeit auftauchen (vgl. S. 21). Solche Probleme sollen möglichst unterhalb der Eingriffsschwelle von Polizei, Justiz oder anderer staatlicher Kontrollorgane gelöst werden. Die Klienten des Zentrums, die für unsere Studie nach einem Katalog vorgegebener Merkmale (Vorkommen körperlicher Gewalt gegen Kinder, Schichtzugehörigkeit und Soziotop) in Betracht kamen, wurden von dessen Mitarbeitern nach ihrer Bereitschaft gefragt, bei der Untersuchung mitzumachen und bei Zustimmung uns gemeldet.

Die „Kontrollgruppe" von Familien, die nicht wegen Gewalttätigkeit gegen Kinder in Beratungskontakten stand, wurde z. T. aus Familien ausgewählt, von denen aus einer früheren allgemeinen Familienuntersuchung (Wahl et al. 1980) noch Adressen und Daten vorlagen, z. T. wurden sie durch Familien ergänzt, die über eine Stadtteilinitiative gesucht wurden, um die Kontrollgruppe nach vergleichbaren Merkmalen bilden zu können wie die Indexgruppe. Alle Familien erhielten ein Anerkennungshonorar für ihre Teilnahme, das vorab angekündigt worden war und in einigen Fällen (bei schlechter materieller Lage der Familie) wohl Hauptmotiv für die Mitwirkung war[16].

In der zur Verfügung stehenden Zeit, bei der Begrenztheit der Forschungskapazität (eine Kollegin, ein Kollege und der Autor machten alle Interviews selbst) und angesichts der Auswahl der zur Mitarbeit bereiten Familien, die im Kontakt zum Kinderschutzzentrum standen, war ein ursprünglich geplanter direkter Paarvergleich der Familien nach einer umfänglicheren Liste von sozioökonomischen Merkmalen nicht möglich. Statt exakter Paarvergleiche für alle Familien war das nur in einigen Fällen möglich, aber die *Gruppen insgesamt* sind *vergleichbar*: sowohl in der Index- wie in der Kontrollgruppe gibt es Familien aus unterschiedlichen sozialen Schichten (Bewohner von Notunterkünften, Industriearbeiter, Handwerksgesellen, Beamte und Angestellte des Öffentlichen Dienstes). Allerdings unterscheidet sich die Streuung von Berufen, Einkommen und Schichtzugehörigkeit, in der Indexgruppe ist sie größer. Beide Gruppen sind in Diagramm 3 im Überblick dargestellt.

Das Alter der Untersuchten streut von 22 bis 45 Jahre, die Kinderzahlen liegen durchschnittlich bei knapp 2,7 mit einer Streuung von einem bis fünf Kindern. In einigen Familien gibt es Pflegekinder, z. T. in Vollpflege, z. T. nur zur Tagesbetreuung. In Einzelfällen leben ältere Kinder nicht mehr in der elterlichen Wohnung.

Der Kreis der untersuchten Personen bzw. Familien beansprucht weder von seiner Größe noch von seiner Zusammensetzung her, repräsentativ für die Gesamtbevölkerung oder irgendwelche ihrer Untergruppen zu sein. Daher sind hieraus keine Hochrechnungen zulässig. Ziel dieser Intensivstudie war ja gerade nicht Repräsentativität, sondern eine vertiefte Exploration in die soziale Genese von Selbstbewußtsein und dessen Zusammenhang mit innerfamilialer Gewalttätigkeit. So konnten Hypothesen gewonnen oder spezifiert werden, die in der späteren Repräsentativerhebung (Exempel IV) quantitativ überprüft werden konnten. Durch das Design der Intensivstudie (Vergleichsgruppen, Merkmalsangleichung zwischen den Gruppen, Bandbreite sozialer Merkmale) sind dennoch bereits Aussagen über mehr als bloße Einzelfallanalysen möglich.

Diagramm 3

	Indexgruppe (Kinderschutz-Klienten)	Kontrollgruppe	Insgesamt
Familien in			
— gehobener Stadtrandlage (Ein- u. Mehrfam.häuser)	2	1	3
— Wohnblöcke mit vorwieg. Sozialwohnungen, Stadtrand oder Trabantenstadt	1	4	5
— „sozialen Brennpunkten" (Blocks mit Notunterkünften u. einfach. Sozialwohn.)	3	1	4
Frauen:			
— vollzeiterwerbstätig	0	1	1
— teilzeiterwerbstätig	1	3	4
— Hausfrau, erwerbslos	5	2	7
Männer:			
— erwerbstätig	4	6	10
— erwerbslos	2	0	2
Schulbildung:			
— Sonderschule	1	0	1
— Hauptschule	10	11	21
— Realschule	1	1	2
Netto-Familieneinkommen:			
— Durchschnitt DM	2550	2930	2740
— Streuung DM ... bis DM ...	960-4000	2100-3830	960-4000
Netto-Pro-Kopf-Einkommen:			
— Durchschnitt DM *	690	725	705
— Streuung DM ... bis DM ...	360-1180	620-950	360-1180
Konfession:			
— katholisch	9	10	19
— evangelisch	2	2	4
— konfessionslos	1	0	1

* Kinder mit 0.7 gewichtet

1.5 Tabu und Vertrautheit: Familienkontakte, Feldphase

Der Feldphase 1984 waren in den Vorjahren Pilotgespräche mit Familien vorausgegangen, zu denen bereits anläßlich früherer Untersuchungen Kontakte bestanden hatten und ein „Vertrauensverhältnis“ bestand. Auch die meisten Familien der Kontrollgruppe für die Hauptuntersuchung wurden dieser früheren Stichprobe entnommen, weil dies den Zugang erleichterte und schon viele Daten von ihnen vorlagen. Sowohl der Kontrollgruppe wie der Indexgruppe gegenüber wurden die Ziele der Untersuchung nicht vertuscht, es sollte ihnen klar sein, daß unterschiedlichste Probleme des Familienlebens und auch Gewalttätigkeiten in der Familie angesprochen werden sollten.

Die Familien, die sich gegenüber den Mitarbeitern des Kinderschutzes bereit erklärten, an unserer Untersuchung teilzunehmen (Indexgruppe), wurden von uns selbst angeschrieben und nochmals über Forschungsziele und -methoden informiert. Einige Tage später wurde telefonisch bzw. persönlich Kontakt zu ihnen aufgenommen und ein erster Interviewtermin vereinbart. In diesen ersten Besuchen stellte sich dann meist ebenso rasch ein recht persönliches Verhältnis zwischen Untersuchten und Forschern her, wie es uns von früheren Familienprojekten bekannt war. Nur ein Mann verweigerte dann die Teilnahme, während seine Frau mitwirkte. Das „Tabu“, das dem Diskussionsstil über das Thema familiale Gewalt in der Öffentlichkeit anhaftet, verblaßte in den direkten Auseinandersetzungen mit den Familien selbst, es konnte ziemlich selbstverständlich behandelt werden, oft führten es die Untersuchten selbst ein. Dazu trug natürlich bei, daß von den Kinderschutzklienten ohnehin bekannt war, daß sie derartige Probleme hatten, sie freiwillig mitmachten und die Forscher keine Kontroll- oder Sanktionsmöglichkeiten besaßen, sondern nur „zuhörten“ — ein für viele Familien ohnehin ungewohntes, begrüßtes Ereignis. Gerade unsere Akzentuierung der „Forscherrolle“ (nicht irgendeiner Pseudo-Helferrolle) auf der einen und der Rolle der „Experten“ für familiale Lebenssituationen bei den Untersuchten auf der anderen Seite trug zur Selbsterhellung der Probleme durch die Betroffenen bei. So wurden Gespräche möglich, die zu sehr persönlichen, subjektiven Äußerungen über die eigenen Wahrnehmungen, Einstellungen und Gefühle ermunterten, diese zuließen, gemeinsam rekonstruierten, reflektierten und explorierten (vgl. auch Wahl, Honig, Gravenhorst 1982, S.93 ff.)

Die Serie der Interviews, die mit dem biographischen Teil begann, bei dem Frau und Mann (zur gemeinsamen Einstimmung) gemeinsam anwesend waren, um später getrennt zu werden, umfaßte i.d.R. zwei (Kontrollgruppe) bis drei (Indexgruppe) Gesprächstermine, gewöhnlich abends in der Familienwohnung.

Die Einzelinterviews erfolgten geschlechtsspezifisch durch eine Forscherin bzw. einen Forscher und verliefen meist synchron innerhalb einer Familie in getrennten Räumen. Ein Interview dauerte durchschnittlich drei Stunden und wurde auf Tonband aufgezeichnet. Zu den „Spielregeln" der Gespräche gehörte ein dreifacher Datenschutz: Erstens der allgemeine sozialwissenschaftliche gegenüber den Befragten (Anonymität etc.), zweitens ein spezifischer über den Verzicht auf Datenaustausch zwischen Informationen des Kinderschutzzentrums und unseren Forschungsergebnissen über die einzelnen Familien und drittens ein weiterer spezieller Datenschutz für die persönlichen Informationen von Mann und Frau in jeder Familie (der Partner erhielt keine Auskunft über das, was der andere im Einzelinterview berichtete).

1.6 Hören, Lesen, Rechnen: Die Auswertung

Die protokollarische Aufbereitung des Datenmaterials erfolgte in verschiedenen Stufen. Zunächst wurden aufgrund der Kurzeintragungen der Interviewer in den Fragebogen, der von den Untersuchten selbst ausgefüllten Skalen, Listen etc. und durch Abhören der Tonbandaufzeichnungen eine *codierte Fassung der gesamten Informationen* vorgenommen, um auch eine EDV-Auswertung zuzulassen. Für die biographischen Teile wurden die Tonbandaufzeichnungenm in *schriftliche Zusammenfassungen der Lebensgeschichte* umformuliert, um einen raschen Überblick über die wichtigsten Sozialdaten und die Vorgeschichte der Personen vor Augen zu haben. Die Vertiefungsgespräche über Situationen, in denen es zur *Gewaltanwendung* gegenüber den Kindern oder der Partnerin/dem Partner gekommen war, wurden durch eine entsprechend geschulte Fachkraft *wörtlich* (dialektgetreu) *protokolliert.* Diese Vielgestaltigkeit des Datenmaterials ermöglichte ganz unterschiedliche Auswertungsformen.

Die Triftigkeit der so gewonnenen Aussagen wird erhöht durch die Tatsache, daß alle Stufen des Untersuchungsprozesses — Theorie- und Hypothesenbildung, Operationalisierung in Erhebungsmethoden, Durchführung der Interviews, technische Aufbereitung und inhaltliche Auswertung des Materials — durch die Forscher selbst erfolgte, also keine fremden Interviewer, „Rater" (mit ihren Verzerrungseffekten) etc. zu schulen und zu kontrollieren waren. Zur Reliabilität der Ergebnisse trug bei, daß die drei Forscher neben gemeinsamen auch individuell-spezifische Auswertungsinteressen und -strategien (wie hier zur These von der Modernisierungsfalle) verfolgten, deren Ergebnisse sich wechselseitig kontrollieren konnten.

Die folgende Darstellung der Ergebnisse macht sich das Spektrum der Auswertungsmöglichkeiten zunutze. Zunächst wird ein kurzer Überblick über das *Profil* der Ausprägungen der für uns zentralen Variablen in *beiden Untersuchungsgruppen* präsentiert, der den obigen Überblick über die Sozialdaten ergänzt. Anschließend werden einige *Fallanalysen* vorgeführt, in denen in concreto die Soziogenese von Selbstbewußtsein, die aktuelle Situation der Individuen in der Familie und der weiteren sozialen Umwelt sowie ihre Tendenz bzw. Abstinenz hinsichtlich von Gewalttätigkeit in der Familie studiert werden kann.

Diese Fallanalysen sind so ausgewählt, daß zuerst *hypothesenkonforme* Fälle dargestellt werden (Personen mit niedrigem Selbstbewußtsein und relativ hoher Neigung zu Gewalt sowie Personen mit hohem Selbstbewußtsein und wenig Gewaltneigung). Anschließend wird exemplarisch auf einen Fall eingegangen, der auf den ersten Blick *hypothesenkonträr* erscheint und unserer Theorie widersprechende „kontrainduktive" Hypothesen (Feyerabend 1976, S.47) erheischen könnte. Daher wird i. S. einer „analytischen Induktion", der Analyse von Ausnahmen (Bühler-Niederberger 1985 im Anschluß an Znaniecki) ein Fall unter die Lupe genommen, in dem positives Selbstbewußtsein mit Gewaltausübung korreliert. Dabei wird sich allerdings zeigen, daß die Feinanalyse der spezifischen Situation doch letztlich wieder unsere These bestätigt (quasi in Gestalt einer Insel mikrosituationaler Reaktionen des Selbstbewußtseins innerhalb eines makrosituational/übersituativ hohen Niveaus von Selbstbewußtsein).

Im Anschluß an diese Fallstudien werden dann einige quantitative Ermittlungen zu unserem theoretischen Modell präsentiert, eine erste *Zusammenhangsanalyse*. Angesichts der relativ geringen Fallzahl sind dabei zunächst nur Hinweise, aber noch keine Beweise für bestimmte reale Zusammenhänge zu erwarten.

2. Untersuchungsergebnisse

2.1 Profile im Vergleich: Klienten des Kinderschutzes versus Kontrollgruppe

Der Vergleich der Ergebnisse der Auswertung zentraler Variablen für die Indexgruppe (Kinderschutzklientel) und die Kontrollgruppe ergibt Profile, die Verschiedenheit *und* Gemeinsamkeit beider zu sehen erlaubt. Wie erwähnt wurden die Familien in beiden Gruppen so ausgewählt, daß sich ihre sozialen Hintergründe annäherungsweise glichen. Andererseits gibt es auch in der Kontrollgruppe durchaus Fälle, in denen es zu Gewalttätigkeiten kam und die nach den Kriterien der Sozialarbeit, des Kinderschutzes oder der Polizei „auffällig“ genug gewesen wären, um Interventionen dieser Stellen zu legitimieren.

Die Darstellung der einzelnen Profile folgt der Behandlung der Variablenkomplexe des theoretischen Modells. Zunächst werden also die (modernen) Hoffnungen und Werte der Individuen präsentiert, um anschließend dieser „Wunschliste“ die gesellschaftlichen Erfahrungen aus der eigenen Lebensgeschichte und und der aktuellen Situation gegenüberzustellen. Aus beidem resultiert dann der Grad der Verwirklichung dieser Werte. Am Ende dieses Bedingungsgefüges stehen die Variablenkomplexe des Selbstbewußtseins und der verschiedenen Formen innerfamilialer Gewaltausübung.

Hoffnungen, Werte und ihre Verwirklichung

Beginnen wir also dementsprechend mit den Hoffnungen oder Werten der Moderne, die sich Individuen für sich selbst und ihre gesellschaftliche Umwelt zu eigen machen und stellen ihnen die subjektiven Beurteilungen der Realisierung dieser Werte gegenüber. Die Rangfolge der einzelnen Items folgt den Mittelwerten der Wünsche in der Gesamtgruppe (vgl. Diagramm 4).

An der Spitze der Hoffnungen oder Werte stehen bei allen Gruppen Wünsche, die um die *Familie*, die Beziehungen zum Partner und zu den Kindern kreisen (a-d, als „Nachzügler“ auch h). Nahezu von allen befragten Personen werden diese als sehr wichtig eingestuft. Niemand findet sie unwichtig. Vergleicht man die Werte der Indexgruppe und der Kontrollgruppe, so gibt es hier gewisse Differenzen, die aber nicht besonders markant erscheinen (angesichts der kleinen Fallzahl liegt hier ohnehin nur ein prima vista-Vergleich nahe, kein auf statistische Signifikanzbestimmung gerichteter Mittelwertvergleich).

Schon deutlich etwas hinter der Spitzengruppe der familialen Hoffnungen rangiert — legt man die Mittelwerte zugrunde — eine Gruppe von Items (e-g,i,k), die vorwiegend um *materielle Sicherheit, Sinnerfüllung in der Arbeit* und *Leistungsfähigkeit* kreisen. Dazwischen eingesprengt erscheinen noch Punkte, die thematisch zu vorhergehenden (h: Lebenssinn in Familie finden) oder nachfolgenden Gruppen von Werten (Autonomie — j: daß sich niemand in die privaten Dinge einmischt) gehören. Im Durchschnitt hält über die Hälfte aller Befragten die Aspekte der materiellen Sicherheit, sinnstiftende Arbeit und Leistungsfähigkeit für sehr wichtig. *Gruppenunterschiede* treten besonders bei der Bewertung der persönlichen Leistungsfähigkeit (i) zutage. Die Angehörigen der Kontrollgruppe beurteilen diese als wichtiger als diejenigen der Indexgruppe, sie machen sich diese Maxime der Leistungsgesellschaft mehr zu eigen als die Personen, die zur Klientel des Kinderschutzes geworden sind. Drückt sich hierin ein Faktor wie größere gesellschafliche Anpassung (i. S. einer besseren Überlebensfähigkeit in der Gesellschaft) aus, der die Gruppen unterscheidet? Das verwandte Item (r: daß eigene Leistungen aner-

Diagramm 4

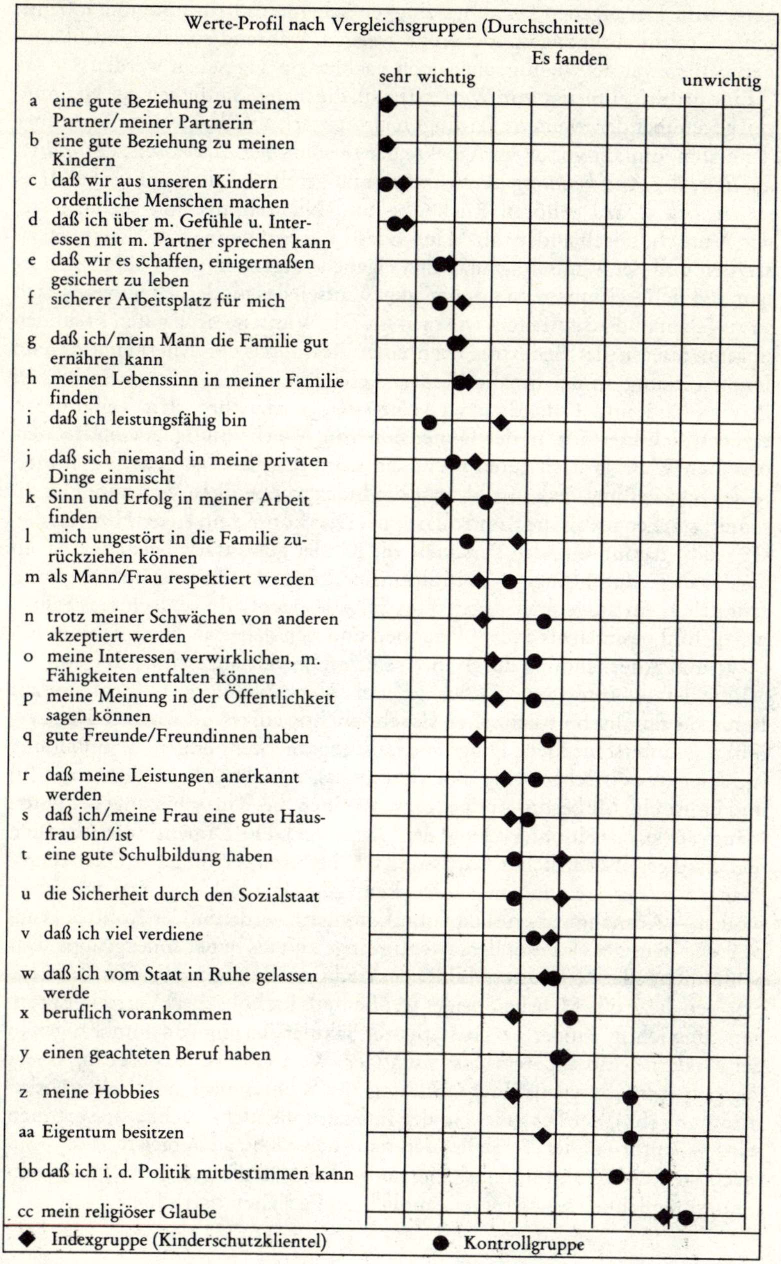
Werte-Profil nach Vergleichsgruppen (Durchschnitte)
Es fanden
sehr wichtig
unwichtig
a eine gute Beziehung zu meinem Partner/meiner Partnerin
b eine gute Beziehung zu meinen Kindern
c daß wir aus unseren Kindern ordentliche Menschen machen
d daß ich über m. Gefühle u. Interessen mit m. Partner sprechen kann
e daß wir es schaffen, einigermaßen gesichert zu leben
f sicherer Arbeitsplatz für mich
g daß ich/mein Mann die Familie gut ernähren kann
h meinen Lebenssinn in meiner Familie finden
i daß ich leistungsfähig bin
j daß sich niemand in meine privaten Dinge einmischt
k Sinn und Erfolg in meiner Arbeit finden
l mich ungestört in die Familie zurückziehen können
m als Mann/Frau respektiert werden
n trotz meiner Schwächen von anderen akzeptiert werden
o meine Interessen verwirklichen, m. Fähigkeiten entfalten können
p meine Meinung in der Öffentlichkeit sagen können
q gute Freunde/Freundinnen haben
r daß meine Leistungen anerkannt werden
s daß ich/meine Frau eine gute Hausfrau bin/ist
t eine gute Schulbildung haben
u die Sicherheit durch den Sozialstaat
v daß ich viel verdiene
w daß ich vom Staat in Ruhe gelassen werde
x beruflich vorankommen
y einen geachteten Beruf haben
z meine Hobbies
aa Eigentum besitzen
bb daß ich i. d. Politik mitbestimmen kann
cc mein religiöser Glaube
◆ Indexgruppe (Kinderschutzklientel)
● Kontrollgruppe

kannt werden) wird im übrigen von beiden Gruppen seltener als sehr wichtig eingestuft. Der eigenen Leistungsfähigkeit scheint also ein Potential intrinsischer Gratifikation zugeschrieben zu werden, während soziale Gratifikationen dafür zwar als wichtig, aber doch nachrangig angesehen werden.

Eine dritte Teilmenge von Werten (j, l-q), die in der Häufigkeit der Nennungen gegenüber der zweiten allerdings nicht so stark abfällt wie diese gegenüber der ersten, umfaßt vor allem Aspekte der *persönlichen Autonomie*, der *Individualität*, der *Anerkennung durch andere* und gesellschaftlich-politischer *Menschenwürde*. Dazu gehören Rückzugs- und Nichteinmischungsbedürfnisse, der Wunsch, durch andere als Mann oder Frau bedingungsfrei akzeptiert zu werden und der Wunsch, gemäß den eigenen Interessen und Fähigkeiten leben und sich frei äußern zu können: der Wunsch des modernen Subjekts, sich so zu geben und zu entfalten, wie man ist. Die Wünsche nach guten Freunden dokumentieren das Bedürfnis nach einer Ressource der Anerkennung und Unterstützung an der für die Moderne charakteristischen Schnittstelle von Privatsphäre und Öffentlichkeit. *Unterschiede* zwischen den Teilgruppen ergeben sich hier u. a. in der Dimension von Anerkennung, Akzeptiertwerden (den Wunsch nach guten Freunden kann man auch so sehen) und Interessenentwicklung. Jedesmal drückt die Indexgruppe diese Werte im Durchschnitt stärker aus als die Kontrollgruppe. Dies könnte ein erster Hinweis dieser Studie darauf sein, daß Personen, die Kinder gewalttätig behandelt haben (das war ja durchgängiges Definitionsmerkmal der Indexgruppe), durchschnittlich ein ausgeprägt negativeres Selbstkonzept, ein schlechteres Selbstwertgefühl besitzen als andere Personen und sich daher als besonders auf Respekt und Anerkennung durch ihre soziale Umwelt angewiesen zeigen.

Eine letzte, *heterogene Teilmenge* von Werte-Nennungen (s-cc) umfaßt Items, die durchschnittlich selten als sehr wichtig eingestuft wurden. Dazu gehören so unterschiedliche Dinge wie Leistungsanerkennung (r), Schulbildung (t), Aspekte wirtschaftlicher Potenz (x,y,aa), sozialstaatliche Sicherheit (u) und politische Mitbestimmung (bb), schließlich die Wertschätzung der guten Hausfrau (s), der Hobbies (z) und der Glaube (cc). Die Dimensionen, die auch den Grad gesellschaftlicher Anpassung i. S. besserer persönlicher Überlebenschancen in der Gesellschaft ausdrücken (gute Schulbildung, viel verdienen wollen — Ausnahme: beruflich vorankommen) werden in der Kontrollgruppe etwas häufiger als besonders wichtig eingestuft als in der Indexgruppe. Das Schlußlicht aller Nennungen bildet der traditionelle Wert *religiösen Glaubens* (cc), den die große Mehrheit beider (großenteils katholischer) Vergleichsgruppen „unwichtig“ findet. Das bestätigt die Säkularisierung von Sinnbezügen in der Moderne. Ein anderer, einst wichtiger, Wert von Modernisierung findet dagegen ebenfalls wenig Hochschätzung: der Wunsch nach politischer Mitbestimmung (bb), der besonders in der Indexgruppe nicht nachhaltig vertreten wird — Ausdruck der Tatsache, daß man sich als Staatsbürger in einer ohnmächtigen Rolle fühlt und resigniert oder daß man die politische Mitbestimmungsmöglichkeit als selbstverständlich und gegeben betrachtet?

Insgesamt dominieren also Hoffnungen und Werte bezüglich innerfamilialer Beziehungen vor solchen der materiellen Sicherheit, Sinnerfüllung in der Arbeit und Leistungsfähigkeit, Werten individuellen Selbstbewußtseins, der Autonomie und Menschenwürde vor einem Konglomerat weiterer Werte[17]. Daß die Wünsche nach „Beziehungsqualität" noch die nach materieller Sicherheit, sinnerfüllter Arbeit und Leistungsfähigkeit übertreffen, mag noch Resultat der seit wenigen Jahrhunderten bestehenden „modernen" Wertschätzung für Familie sein wie sich möglicherweise andeutender „postmoderner" Präferenzen für soziale Lebensqualität jenseits von materieller Versorgung und beruflichem Engagement. — Die familialen Beziehungswünsche und der Komplex materielle Sicherheit, Arbeit und Leistungsfähigkeit rangierten vor eher individualbezogenen modernen Werten wie persönlicher Interessenverwirklichung und Anerkennung als Subjekt. In der Realität dürften beide Wertkomplexe aber verbunden sein: auch die Familie wird als Ressource für individuelle Entfaltung und persönliche Anerkennung betrachtet. Die Gruppenunterschiede bei den Wertepräferenzen weisen, wie angedeutet, auf mögliche Konstellationen zwischen Hoffnungen, Lebenserfahrung und sozialer „Auffälligkeit" (angezeigt durch „Kindesmißhandlung" und Kontakt zum Kinderschutz) hin.

Der Verteilung der Hoffnungen oder Werte in den Vergleichsgruppen ist in Diagramm 5 der jeweilige *Grad der Verwirklichung* der einzelnen Punkte gegenübergestellt.

Zunächst fällt dabei ins Auge, daß die Wünsche, die am verbreitetsten sind, nämlich die nach guten Beziehungen zu Partner und Kindern (a,b), auch die Suche nach Lebenssinn in der Familie (h) ganz überwiegend als eher verwirklicht betrachtet werden. Eine fühlbare Diskrepanz taucht dagegen bei Punkt (d) auf, mit dem Partner über die eigenen Gefühle und Interessen sprechen zu können: Fast ein Drittel der Untersuchten sieht dies kaum verwirklicht oder vermißt es sehr.

Noch größere Diskrepanzen zwischen Hoffnung und Erfüllung gibt es allerdings bei einer Reihe anderer Werte. Dazu gehören sehr unterschiedliche Dinge, wie z. B. der sichere Arbeitsplatz, der besonders in der Indexgruppe als kaum erreicht oder vermißt beklagt wird; fast die Hälfte sieht wenig Sinn und Erfüllung in der Arbeit (besonders in der Kontrollgruppe), auch politisch-gesellschaftliche Aspekte werden häufig moniert: ein gutes Drittel bis fast die Hälfte der Personen führt Klage, daß man sich in ihre privaten Dinge einmi-

Diagramm 5

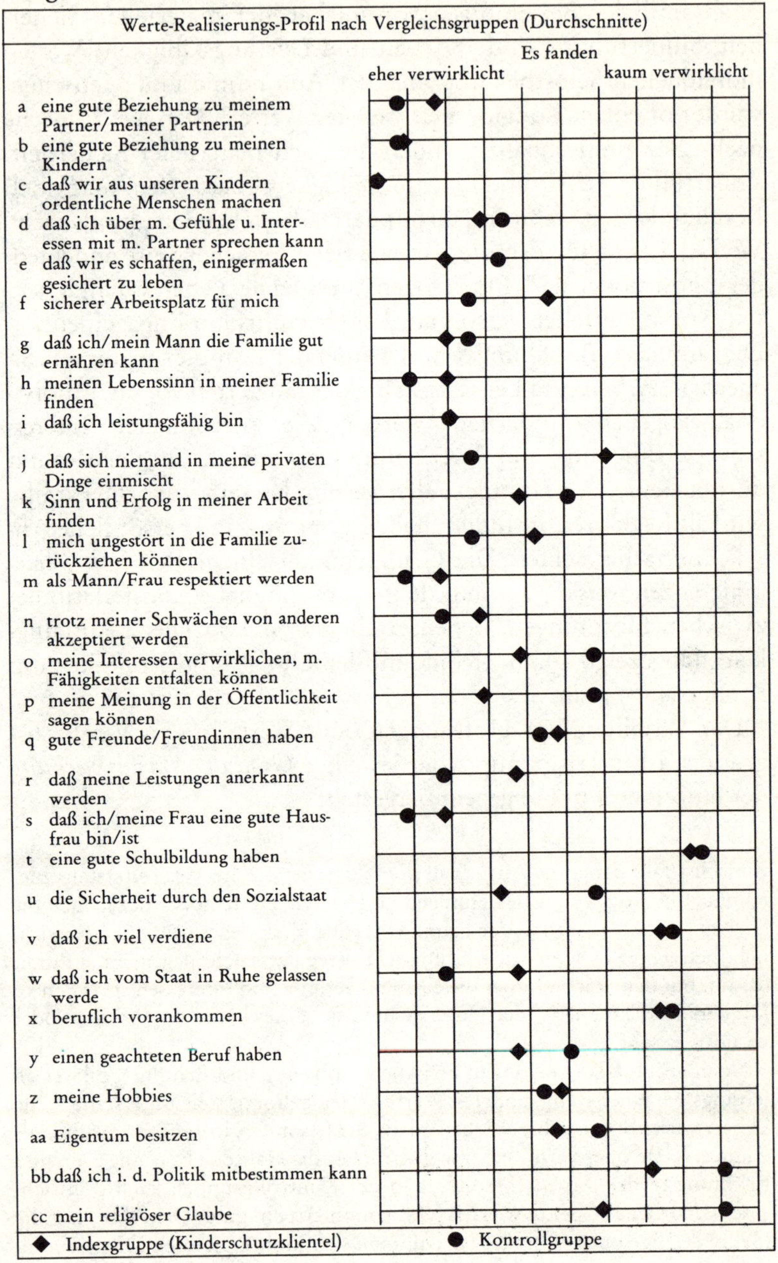
Werte-Realisierungs-Profil nach Vergleichsgruppen (Durchschnitte)
Es fanden
eher verwirklicht
kaum verwirklicht
a eine gute Beziehung zu meinem Partner/meiner Partnerin
b eine gute Beziehung zu meinen Kindern
c daß wir aus unseren Kindern ordentliche Menschen machen
d daß ich über m. Gefühle u. Interessen mit m. Partner sprechen kann
e daß wir es schaffen, einigermaßen gesichert zu leben
f sicherer Arbeitsplatz für mich
g daß ich/mein Mann die Familie gut ernähren kann
h meinen Lebenssinn in meiner Familie finden
i daß ich leistungsfähig bin
j daß sich niemand in meine privaten Dinge einmischt
k Sinn und Erfolg in meiner Arbeit finden
l mich ungestört in die Familie zurückziehen können
m als Mann/Frau respektiert werden
n trotz meiner Schwächen von anderen akzeptiert werden
o meine Interessen verwirklichen, m. Fähigkeiten entfalten können
p meine Meinung in der Öffentlichkeit sagen können
q gute Freunde/Freundinnen haben
r daß meine Leistungen anerkannt werden
s daß ich/meine Frau eine gute Hausfrau bin/ist
t eine gute Schulbildung haben
u die Sicherheit durch den Sozialstaat
v daß ich viel verdiene
w daß ich vom Staat in Ruhe gelassen werde
x beruflich vorankommen
y einen geachteten Beruf haben
z meine Hobbies
aa Eigentum besitzen
bb daß ich i. d. Politik mitbestimmen kann
cc mein religiöser Glaube
◆ Indexgruppe (Kinderschutzklientel)
● Kontrollgruppe

sche (besonders in der Indexgruppe) oder sie nicht öffentlich die Meinung sagen könnten (vor allem in der Kontrollgruppe). Ähnliche Grade der Nichtrealisierung werden erreicht bei den Wünschen nach guten Freunden, nach eigener Interessenverwirklichung, nach sozialstaatlicher Sicherheit und realisierten Hobbies. Besonders der Wunsch nach guter Schulbildung ragt heraus, der auf der Werte-Rangleiste zwar nicht besonders hoch rangiert, aber immerhin die höchste Rate nicht realisierter Wünsche aufweist (über drei Viertel beklagen ihre mangelnde Schulbildung). Die auf der Werte-Rangliste am Schluß auffindbaren Punkte erweisen sich auch als weitgehend unerfüllt: viel verdienen, beruflich vorankommen, politische Mitbestimmung und religiöser Glaube sind weder sehr gefragt noch im Leben der Untersuchten verwirklicht.

Setzt man die Rangwerte der Wünsche und den Grad ihrer Nichtrealisierung zueinander ins Verhältnis, treten insgesamt relativ *hohe Diskrepanzen zwischen Hoffnung und Erfüllung* bei den partnerschaftlichen Kommunikationsbedürfnissen, der Sicherheit der Arbeit, ihrem Sinnstiftungspotential und bei den privaten Autonomiewünschen auf — also quer durch unterschiedliche Bereiche gesellschaftlicher Modernisierung (familiale und individuelle Privatheit, Berufssphäre). Die Angehörigen der Indexgruppe unterscheiden sich von denen der Kontrollgruppe besonders in etwas mangelnderer Akzeptanz ihrer eigenen Person und Leistung durch andere (auch als Frau oder Mann), also in einer speziell für das Selbstbewußtsein (Selbstwert) relevanten Dimension. Sie zeigen insbesondere negativere Diskrepanzerlebnisse in Fragen der privaten Autonomie (Einmischung in Privatangelegenheiten, Rückzugsmöglichkeit in Familie) und anderem. Wesentliche Verheißungen des modernen Menschenbildes sind somit in ihrer subjektiven Sicht nicht eingelöst, wichtige Voraussetzungen für ein positives Selbstbewußtsein fehlen.

Lebensgeschichte: Ressourcen und gesellschaftliche Erfahrungen

Wenden wir uns dem Komplex von Variablen zu, der den vorhandenen Ressourcen und gesellschaftlichen Erfahrungen der Befragten gilt, so sind hierzu die verschiedenen Phasen der Lebensgeschichte und Gegenwart separat erfaßt. Zur Genese des Selbstbewußtseins in der *Kindheit* wurden u. a. auch die o.a. Skalen eingesetzt. Für die Indexgruppe und für die Kontrollgruppe ergaben sich dabei die Mittelwerte gemäß Diagramm 6.

Diagramm 6

Selbstbewußtseins-Genese nach Vergleichsgruppen

a	Meine Mutter war meist ausgeglichen, mit sich zufrieden, glücklich	meist nervös, aufgeregt, unzufrieden
b	Mein Vater war meist ausgeglichen, mit sich zufrieden, glücklich	meist nervös, aufgeregt, unzufrieden
c	Meine Mutter war mir gegenüber unberechenbar	hatte mir gegenüber klare Regeln
d	Mein Vater war mir gegenüber unberechenbar	hatte mir gegenüber klare Regeln
e	Meine Mutter behandelte mich liebevoll	wies mich zurück
f	Mein Vater behandelte mich liebevoll	wies mich zurück
g	Meine Mutter kontrollierte und kommandierte mich	half mir, unterstützte mich
h	MeinVater kontrollierte und kommandierte mich	half mir, unterstützte mich
i	Meine Mutter interessierte sich gar nicht für das, was mich bewegte	interessierte sich zu sehr dafür
j	Mein Vater interessierte sich gar nicht für das, was mich bewegte	interessierte sich zu sehr dafür
k	Mutter oder Vater bestraften mich praktisch nie hart, schlugen mich nie	bestraften mich auch mal hart, schlugen oder prügelten mich
l	Als Kind wurde ich von Mutter oder Vater oft getadelt	oft gelobt
m	Mutter oder Vater zeigten mir, daß sie mich nicht mehr mochten, wenn ich was Schlimmes getan hatte	zeigten mir, daß sie mich auch dann noch mochten
n	In meiner Familie ließ man mich selbständig etwas tun, ersparte mir nicht alle Schwierigkeiten	tat man alles für mich, wurde ich vor allen Schwierigkeiten bewahrt
o	Ich hatte Angst vor Vater und Mutter	Ich hatte keine Angst
p	Meine Mutter oder mein Vater nahmen mich auch mal in den Arm, schmusten mit mir	nahmen mich praktisch nie in den Arm, schmusten nicht mit mir
q	Ich fühlte mich als Kind manchmal verlassen	es hat sich immer jemand um mich gekümmert
r	Meine Mutter oder mein Vater nahmen meist Rücksicht auf mich als Kind	Ich fühlte mich oft durch M. oder V. überfordert
s	In meinem Elternhaus hatte man keine Zeit füreinander	hatte man Zeit füreinander
t	Als Kind hatte ich selten Angst vor anderen Kindern	oft Angst vor anderen Kindern
u	Beim Spielen mit anderen Kinder habe ich eher getan, was die anderen taten	war ich oft der Anführer
v	Bei anderen Kindern war ich beliebt	nicht so beliebt
w	Andere Kinder machten sich öfter über mich lustig	kaum über mich lustig
x	Ich war als Kind selbstsicher	nicht so selbstsicher
y	Ich war als Kind oft traurig	meist fröhlich
z	Ich war oft mit anderen Kinder zusammen	oft alleine
aa	Mein Selbstwertgefühl als Kind war eher niedrig	eher hoch

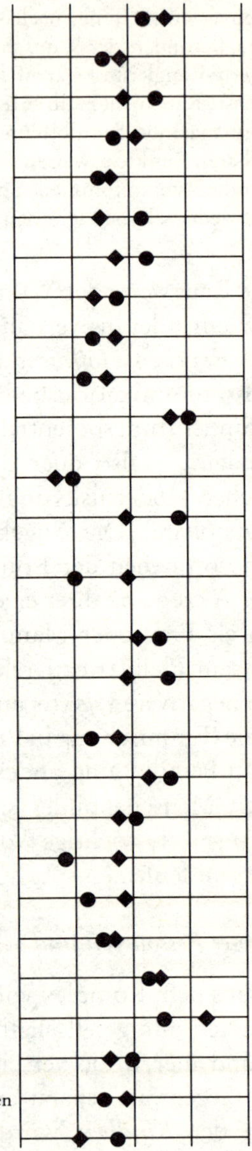

◆ Indexgruppe (Kinderschutzklientel) ● Kontrollgruppe

Das retrospektive Bild ihrer Mütter und Väter, das die Befragten geben, ist recht schwankend, positive und negative Attribute wechseln in bunter Reihe, insgesamt überwiegen etwas die negativen Aspekte. Die *Mütter* werden durchschnittlich eher als nervös, aufgeregt, unzufrieden, etwas kontrollierend, kommandierend und eher desinteressiert an dem, was die Kinder bewegte, charakterisiert. Andererseits werden sie durchschnittlich eher als liebevoll beschrieben und als Mütter, die dem Kind gegenüber nach klaren Regeln handelten. Allerdings erscheint den Personen der Indexgruppe die Mutter häufiger als eher unberechenbar und auch kontrollierender und kommandierender als es die Personen der Kontrollgruppe für ihre Mütter angeben. — Das Bild der *Väter* fällt anders aus: von der Mehrzahl aller werden die Väter als meist ausgeglichen, mit sich zufrieden, glücklich und liebevoll zum Kind beschrieben — vielleicht weil sie i.d.R. nicht so viel um das Kind herum waren wie die Mütter. Aber ihnen werden auch negative Attribute beigesellt — die Väter seien gegenüber dem Kind etwas eher kontrollierend-kommandierend gewesen, auch desinteressiert an den Sorgen der Kinder, meint die Mehrheit aller (wobei hier bemerkenswerterweise die Indexgruppe das etwas positivere Bild vom Vater hat — eine spätere Verklärung der situationsbedingt öfter abwesenden Väter?). Insgesamt erscheinen positive wie negative Aspekte in beiden Gruppen recht durchmischt, die Kindheit allein zeigt eher Zonen der Überschneidung als der Trennung zwischen den Erfahrungen beider Elterngruppen auf.

Die große Mehrzahl aller Untersuchten berichtet, daß sie von den Eltern auch mal hart bestraft, geschlagen oder geprügelt wurde. In der Indexgruppe geschah dies praktisch ausnahmslos, in der Kontrollgruppe streuen dagegen die entsprechenden Erfahrungen zwischen erheblichen Gewalttätigkeiten und völliger Gewaltlosigkeit in ihrer Erziehung. Im freien Interviewteil erzählten (mit einer Ausnahme) alle Befragten von erlittenen Schlägen. Zwölf von ihnen waren sehr oft geschlagen worden, vier gelegentlich, sechs selten; nur eine einzige hatte überhaupt keine Erinnerungen an Schläge.

Auch das restliche Bild der Eltern schillert in einmal mehr, einmal weniger vorteilhaften Farben: Die überwiegende Mehrzahl aller erinnert sich, oft getadelt worden zu sein, die meisten geben an, als Kind nie in den Arm genommen worden zu sein und daß die Eltern nie mit ihnen schmusten (am ehesten noch in der Indexgruppe). Viele fühlten sich als Kind manchmal verlassen und von den Eltern überfordert (in der Kontrollgruppe mehr als in der Indexgruppe). Die Personen der Indexgruppe zeigten durchschnittlich eindeutiger an, daß Eltern mit Liebesentzug reagiert hatten, wenn sie als Kind etwas Schlimmes getan hatten, und man ließ sie weniger selbstständig aufwachsen als in der Kontrollgruppe. Verbreitet ist auch das Gefühl, daß man in den Elternhäuser keine Zeit für einander hatte (in der Indexgruppe werden dabei die krasseren Fälle berichtet).

Auch die Erinnerung an das *Verhältnis zu anderen Kindern* in der Kindheit ist vielgestaltig. Die meisten waren oft mit anderen Kindern zusammen und hatten selten vor ihnen Angst (am ehesten noch in der Indexgruppe). In der

Indexgruppe war man häufiger Anführer bei Kinderspielen: frühe Selbstbehauptungsversuche oder eine kompensatorische Erinnerungsverzerrung? Auffällig ist, daß die Mehrzahl angibt, als Kind nicht so selbstsicher, doch oft traurig gewesen zu sein; ihr Selbstwertgefühl als Kind schätzt die große Majorität als eher niedrig ein, und die Indexgruppe schneidet jedesmal besonders negativ ab.

Insgesamt ergibt sich also ein komplexes Bild der Kindheitserinnerungen, aber es deuten sich doch erste Spuren eines negativeren Selbstbewußtseins bei den Angehörigen der Indexgruppe an. Dies mag auf spezifische Konstellationen im Elternhaus (z. B. Kombination väterlicher und mütterlicher Erziehungsstile) und andere Kovariationen innerhalb der unabhängigen Variablen des Sozialisationsmilieus der Teilgruppen zurückzuführen sein, was besonders bei der kleinen Fallzahl methodisch schwer zu analysieren ist (vgl. auch Bertram 1982, S. 50).

Der Eindruck differentieller Entwicklungen des Selbstbewußtseins in den Vergleichsgruppen wird verstärkt, wenn man sich Aussagen über die *Jugendphase* der Untersuchten anschaut. Unter anderem wurde hierzu nach der Einschätzung der Zeit gefragt, in der die ersten Erfahrungen mit der *Arbeitswelt* gemacht worden waren.

Diagramm 7

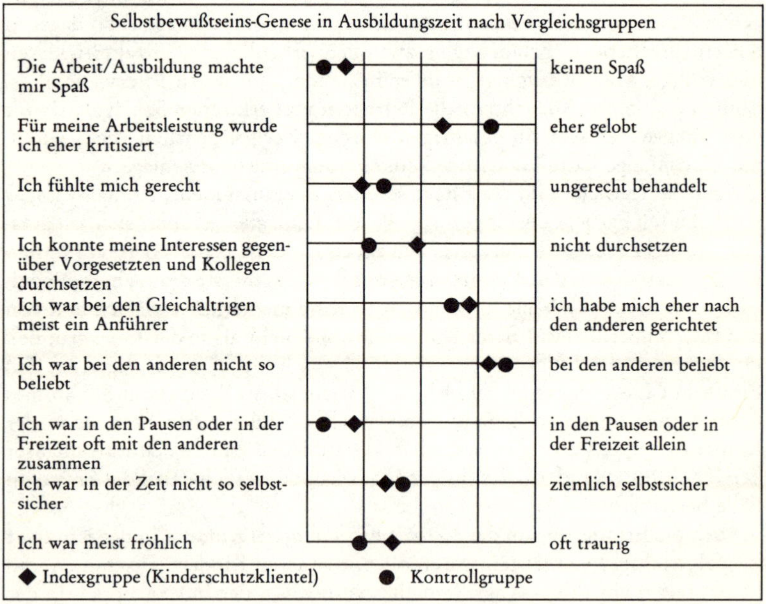

Die Gegenüberstellung der Mittelwerte der Vergleichsgruppen in Diagramm 7 gibt darüber Aufschluß:

Zunächst fällt hier auf, daß diese Periode im Gegensatz zur Kindheit insgesamt viel positiver erlebt wurde. Allen Befragten machte die Ausbildung oder erste Arbeit Spaß, fast alle waren bei den anderen beliebt und oft mit ihnen zusammen, die Mehrzahl wurde für ihre Arbeitsleistung eher gelobt, sie fühlte sich gerecht behandelt und konnte sich durchsetzen. Aber obgleich im Einklang mit diesem rosigen Gesamtbild die Majorität angibt, meist fröhlich gewesen zu sein, neigt sich die Waage bei der Einschätzung der Selbstsicherheit auch noch in jener Zeit eher auf die negative Seite.

Mit einer Ausnahme fallen die Werte für die Indexgruppe weniger positiv aus als für die Kontrollgruppe. Insofern wiederholt sich auch hier das „Kindheitsmuster“: trotz einer Reihe positiver Erfahrungen im Sozialisationsmilieu auch der Indexgruppe schlagen sich diese doch nicht ebenso positiv in den rückblickend eingeschätzten Werten für Selbstsicherheit oder Selbstbewußtsein nieder. Eine Hypothese dazu wäre, daß die Kindheitserfahrungen — besonders im Falle der Indexgruppe — doch so nachdrücklich negativ vorhalten, daß in der Jugend, trotz positiver Momente im neuen Milieu der Arbeitswelt, das Ausgangsniveau der Selbsteinschätzung nicht ausreichend kompensiert wird. Eine solche Annahme kann durch die Gegenüberstellung der Einschätzungen der eigenen Selbstsicherheit in unterschiedlichen biographischen Phasen illustriert werden (vgl. Diagramm 8).

Diagramm 8

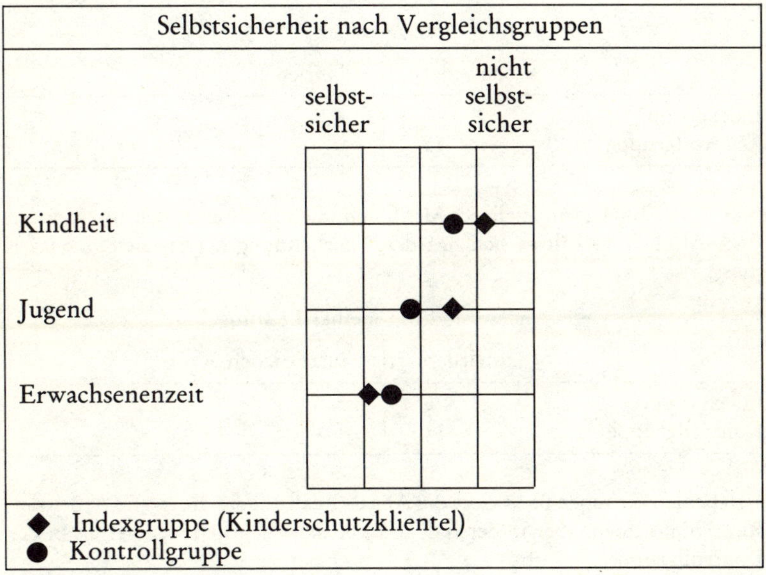

In der Kontrollgruppe verwandelt sich der negative Mittelwert (nicht selbstsicher) in der Kindheit in einen leicht positiven in der Jugend und einen noch positiveren in der Gegenwart. Bei der Indexgruppe wird aus dem ganz negativen Mittelwert in der Kindheit in der Jugend ein weniger negativer, um sich in der Gegenwart sogar in einen erstaunlich positiven zu verwandeln. In beiden Vergleichsgruppen wird also das Verhältnis positiver, aber die Ausgangslage in der Indexgruppe ist so negativ, daß sich der „Fortschritt" nicht so gut bemerkbar macht. Erst im Erwachsenenalter haben sich die Verhältnisse in beiden Gruppen geradezu umgekehrt.[18]

Neben Erfahrungen aus Kindheit und Jugend interessierten uns auch Parameter der subjektiv erlebten *aktuellen Situation* in der Familie, der Arbeitswelt, in bezug auf Verwandte, Nachbarn etc. Nach Schule und Lehre bzw. der ersten Zeit beruflicher Arbeit machten die Befragten unterschiedliche Erfahrungen mit dem „Ernst des Lebens".

So waren immerhin bereits sechs von 23 Personen schon längere Zeit arbeitslos, eine hatte nur Gelegenheitsjobs, vier wurden Hausfrauen. Zum Untersuchungszeitpunkt waren zwei Männer der Indexgruppe erwerbslos. Bei den Frauen war die Mehrzahl in der Indexgruppe Hausfrauen, in der Kontrollgruppe überwogen die teilzeiterwerbstätigen Frauen. Die *Zufriedenheit mit* ihrer jetzigen *Arbeit* — sei es im Erwerbsberuf, sei es als Hausfrau — beurteilen die beiden Gruppen (ohne Erwerbslose) so:

Jetzige Arbeit

	befriedigt	befriedigt nicht
Indexgruppe	5	4
Kontrollgruppe	12	0

Nur in der Indexgruppe gibt es Menschen, die mit ihrer Arbeit unzufrieden sind. Ähnlich verhält es sich mit der Anerkennung der eigenen *Arbeitsleistung*:

Andere sind mit meiner Leistung

	zufrieden	unzufrieden
Indexgruppe	6	5
Kontrollgruppe	11	1

In beiden Gruppen überwiegt die Angabe, daß andere die eigene Arbeitsleistung honorieren, aber in der Indexgruppe ganz deutlich weniger als in der Kontrollgruppe.

Jenseits der Arbeitswelt und des Binnenraums der Familie können *Bekannte und Freunde* als soziales Netz, als Ressource für die eigene Lebensbewältigung und Bestätigung, aber auch als Last, als Kritiker oder als Streßfaktoren fungieren. Es fühlten sich :

	von Freunden und Bekannten anerkannt	nicht anerkannt
Indexgruppe	8	3
Kontrollgruppe	11	1

Wiederum liegen die Werte der Indexgruppe im Durchschnitt hinter denen der Kontrollgruppe zurück, kommt also bei der Klientel des Kinderschutzes etwas öfter das Gefühl mangelnder Anerkennung auf.

Auch bei der Beurteilung *staatlich-politischer Ressourcen* für die Bewältigung des eigenen Lebens werden Unterschiede markant:

	In der Zukunft fühlen sich im Sozialstaat sicher	nicht sicher
Indexgruppe	4	7
Kontrollgruppe	6	5

Die Mitglieder der Indexgruppe fühlen sich mehrheitlich nicht sicher im Sozialstaat, in der Kontrollgruppe ist das Verhältnis umgekehrt. Die Ressourcen der sozialen Umgebung — hier exemplarisch an der Arbeitswelt, den Freunden und Bekannten und an den Sicherheiten des Sozialstaats vorgeführt — werden insgesamt also von der Indexgruppe, den Klienten des Kinderschutzzentrums, skeptischer und negativer beurteilt als von Personen einer Kontrollgruppe. Ihre unmittelbare gesellschaftliche Umgebung ist den Eltern, die wegen Gewalttätigkeiten gegenüber ihren Kindern in der Beratung sind, seltener eine Quelle sozialer Anerkennung und ebenso seltener ein sicherheitsverbürgender Faktor wie der Sozialstaat.

Die Klienten des Kinderschutzes (Indexgruppe) sehen auch ihre *Beziehung als Erwachsene gegenüber den Kindern* in vielen Punkten anders als die Angehörigen der Kontrollgruppe (vgl. Diagramm 9).

Dieses Ergebnis birgt zunächst einige Überraschungen. So scheint die *Klientel des Kinderschutzes (Indexgruppe) weniger hohe Erwartungen in bezug auf die Kinder* zu haben, sie nicht so mit Hoffnungen auf Sinngebung für ihre eigene Existenz zu überfrachten wie die Eltern der Kontrollgruppe (a,b,i,j,k,l). Das erscheint weniger als Ausdruck mangelnder Kinderliebe, sondern eher als realistische Empfindung angesichts der Situation von Familien mit Kindern heute. In der Indexgruppe kommt es auch nicht vor, daß die Kinder der letzte Kitt

Diagramm 9

Eltern-Kind-Beziehung nach Vergleichsgruppen

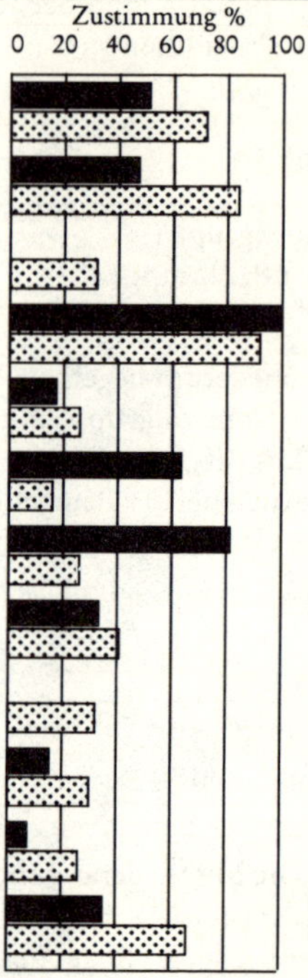

a Viele Leute meinen, ohne Kinder hätte ein Leben in der Familie keinen Sinn. Was meinen Sie dazu?

b Ein Leben ohne Kinder kann ich mir nicht vorstellen.

c Nur weil ich Kinder habe, lebe ich mit meinem Partner zusammen.

d Obwohl das Leben mit Kindern viel Ärger und Einschränkungen mit sich bringt, möchte ich nicht ohne meine Kinder leben.

e Wenn ich wählen könnte, würde ich keine Kinder haben.

f Manchmal sind Kinder eine solche Belastung, daß ich sie — oder eines von ihnen — am liebsten los sein will.

g Seit die Kinder auf der Welt sind, muß ich zu viele eigene Bedürfnisse und Interessen zurückstellen.

h Mit meinen Kindern fühle ich mich für viele Jahre angebunden.

i Meine Kinder sind der einzige Lichtblick in meinem Leben.

j Weil ich Kinder habe, werde ich im Alter nicht allein sein.

k Weil ich Kinder habe, werde ich wirtschaftlich immer gesichert sein.

l In meinen Kindern lebe ich weiter.

■ Indexgruppe (Kinderschutzklientel) ⊡ Kontrollgruppe

einer gescheiterten Partnerbeziehung sind. Nur bei den Fragen der *Belastung durch die Kinder* (d-h) ergibt sich für diese Gruppe ein ambivalentes Profil: einerseits will sie trotz Ärger und Einschränkungen mit ihren Kindern leben, andererseits äußert sie *deutlich* häufiger die Empfindung, der Kinder wegen eigene Bedürfnisse und Interessen zurückstellen zu müssen und das Kind manchmal lossein zu wollen. In Antworten zu anderen Fragen im Interview gaben Klienten des Kinderschutzes auch signifikant häufiger an, daß sie sich oft von einem ihrer Kinder ausgenutzt fühlen. Jeweils etwas häufiger als andere Eltern meinten sie auch, daß es oft vorkomme, daß sie eines der Kinder überhaupt nicht begreife, sie ablehne, verletze, kränke oder unter Druck setze. Sie scheinen also die Lektion des modernen Menschenbildes besonders gut gelernt zu haben, daß man eigene Bedürfnisse und Interessen entwickeln darf und soll, und nun sehen sie diese Ambition in der Realität des Alltags mit Kindern nachhaltig gestoppt (wie bei den Müttern in Exempel I). Das in der psychiatrischen Literatur beschriebene Syndrom der Rollenumkehr bei Eltern, die ihre Kinder mißhandeln, findet dagegen in diesen Resultaten nur partielle

Bestätigung: Solche Eltern wiesen hier keine *allgemein* überhöhten Erwartungen gegenüber den Kindern auf, fühlten sich aber doch häufiger frustriert durch das Verhalten ihrer Kinder als andere Eltern, indem sie sich — kindergleich? — als verletzbarer empfanden.

Wenden wir uns nun der *Beziehung der Partner* untereinander zu. Das Profil dieser Beziehungen in den beiden Vergleichsgruppen ist Diagramm 10 zu entnehmen.

Diagramm 10

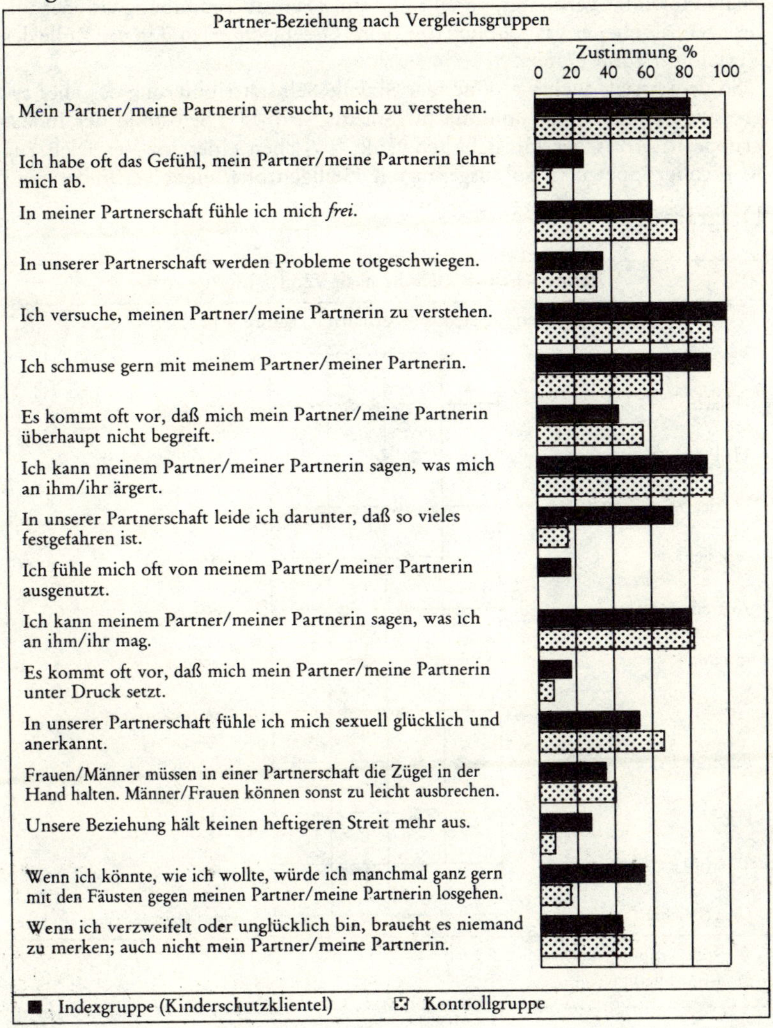

Die auffälligsten Unterschiede zeigen sich darin, daß in der Klientel des Kinderschutzes viel häufiger als in der Kontrollgruppe das Gefühl verbreitet ist, daß in der Partnerschaft vieles festgefahren sei und die Beziehung keinen heftigeren Streit mehr aushalte, daß man andererseits doch manchmal gerne mit den Fäusten auf den anderen losginge. In anderen Dimensionen sind die Gruppenunterschiede wesentlich geringer, aber meist sind es auch hier die Angehörigen der Indexgruppe, die ihre Partnerschaft etwas negativer beschreiben als die anderen. Betrachtet man zusätzlich die Dimensionen von *Dominanz und Erotik* (Diagramme 11 und 12), so ist in der Indexgruppe etwas mehr Hostilität verbreitet, vereint mit einer Selbstbeschreibung als eher unterlegen, als eher etwas weiblich (für beide Geschlechter) und in der Rolle des Verteidigers und Opfers.

So deutet sich auch hier eine tendenzielle Selbstattribuierung der eher aggressiven Personen als „ohnmächtige Täter" an. Das Selbstbild der Indexgruppe in erotischer Hinsicht schwankt zwischen einer im Vergleich zur Kontrollgruppe nicht so ausgeprägten Heiligenrolle, einer verbreiteteren

Diagramm 11

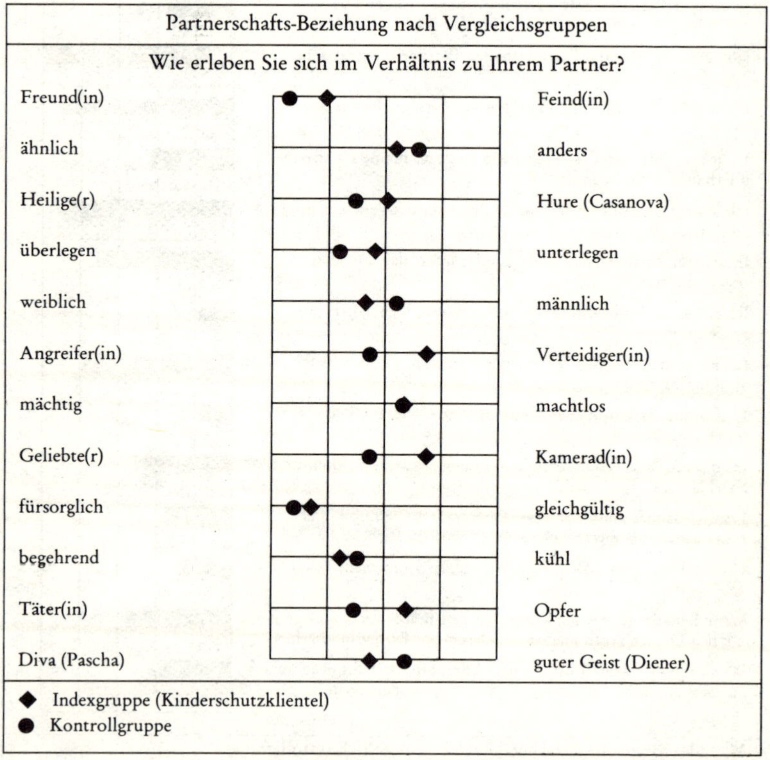

Diagramm 12

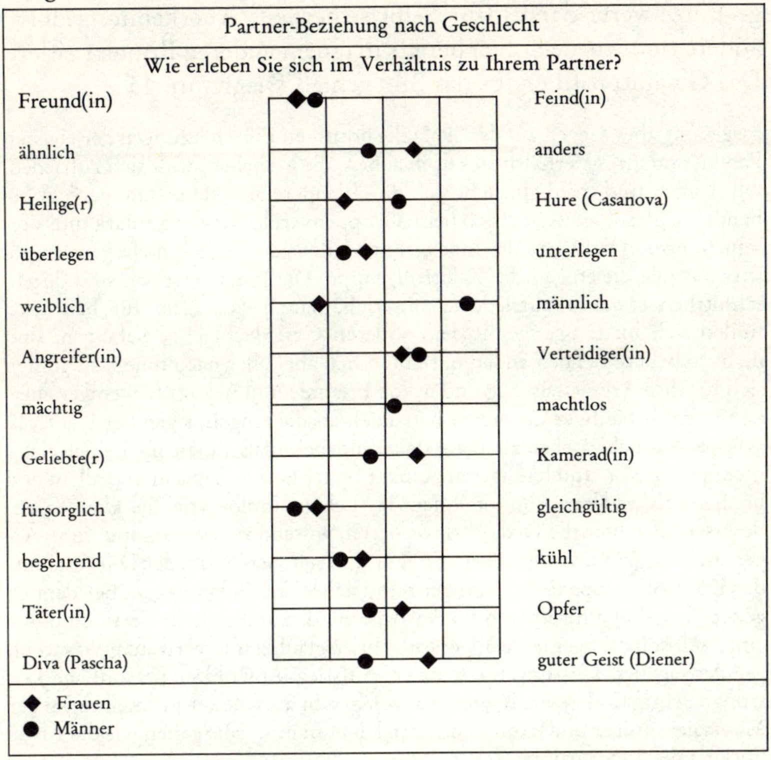

Diva/Pascha-Rolle einereits und eine betonten Kameradenrolle andererseits. — Männer sehen sich *insgesamt* eher als Casanova und Pascha, Frauen als Heilige und guter Geist. Männer fühlen sich durchschnittlich auch als überlegene Täter, gleichwohl aber auch etwas eher in einer Verteidigerrolle als die Frauen.

Selbstbild und Umweltbezug

Kommen wir nun zu dem Variablenkomplex, der die Indikatoren für Selbstbewußtsein und Selbstverortung in der sozialen Umwelt umfaßt. Dazu wurden u. a. die o.e. Skalen eingesetzt, die ein ichbezogenes Selbstkonzept (Beurteilung und Gefühle in bezug auf die eigene Person), ein sozial-bezogenes Selbstkonzept (Verhältnis zu anderen und wahrgenommenes Fremdbild), das Verhältnis des Individuums zu Gesellschaft und Staat mit ihren modernen Verheißungen und ein globaler Index für das Selbstbewußtsein (Eigenbeurteilung, wahrgenommene Fremdbeurteilung, Verhältnis zur

Verhältnis zur gesellschaftlichen Umwelt) aufdecken sollten. Einige Einzelwerte daraus (für Selbstsicherheit, Anerkennung durch andere etc.) wurden oben bereits in einem anderen Kontext zitiert. Das Gesamtprofil ergibt das Bild gemäß Diagramm 13.

Insgesamt überwiegen auf der Skala die positiven Einschätzungen der eigenen Person und ihres Verhältnisses nach außen, die Mehrheit fühlt sich zufrieden, selbstsicher und fröhlich, sieht sich durch andere anerkannt und gerecht behandelt. Allerdings zeigen sich beim Gruppenvergleich wieder markante Verschiebungen: Die Werte der Indexgruppe fallen gewöhnlich nicht ganz so positiv aus wie diejenigen der Kontrollgruppe. Die Indexpersonen sind durchschnittlich etwas unzufriedener mit sich, halten sich öfter für bedrückt, fühlen sich im Umgang mit dem anderen Geschlecht eher befangen, sind nicht so beliebt bei den anderen, richten sich aber eher nach ihnen, sie fühlen sich für ihre Arbeitsleistung und durch Freunde und Bekannte weniger anerkannt, dafür häufiger ungerecht behandelt als die Angehörigen der Kontrollgruppe. Sie haben eher als diese den Eindruck, daß ihnen im Leben vieles nicht gelingt, sie sind häufiger angespannt oder nervös, einsam und allein und häufiger als anderen kommt ihnen das Leben sinnlos vor. Sie glauben andererseits, leichter die Geduld zu verlieren, wütend zu werden und ihren Ärger abzureagieren. Umgekehrte Effekte sind seltener. So ist der Durchschnitt der Kontrollgruppe etwas weniger selbstsicher, kritischer gegenüber dem eigenen Aussehen und etwas öfter der Ansicht, daß andere kein Verständnis für einen selbst hätten; er ist weniger fortschrittsgläubig und vertraut etwas weniger der eigenen Leistung für sozialen Aufstieg (obwohl er persönliche Leistung wichtig findet, wie oben erwähnt), glaubt also diesen Verheißungen der Moderne weniger und kann so nicht so leicht in ihre Falle gehen wie die Angehörigen der Indexgruppe.

Hängen die Angehörigen der Indexgruppe also noch eher dem Mythos der Moderne an, dem Fortschritts- und Leistungsglauben, bei gleichzeitiger Skepsis gegenüber der Zukunftssicherung im Sozialsstaat? Sind ihre stärker entwickelten individuellen Bedürfnisse nach Verwirklichung eigener Interessen und Anerkennung durch andere (vgl. oben), die sie dem modernen Menschenbild entnehmen, in mehr Punkten unbefriedigt geblieben als bei anderen Personen? Jedenfalls zeigen sie über weite Dimensionen hinweg ein weniger positives Bild von sich und ihrer unmittelbaren Umwelt als die Angehörigen der Kontrollgruppe.

Berechnet man zusammenfassend die erwähnten *Indizes* dieses Bildes, wird dieser impressionistische Eindruck aus den verschiedenen Einzelskalen untermauert. Wir fassen dazu Items der obigen Liste wie folgt zu Indizes zusammen[19]:

— „Ich-bezogenes Selbstbewußtsein" ,ISB (a,b,c,h,i,l,n,q,s);
— „Sozial-bezogenes Selbstbewußtsein", SSB (d,e,f,j,k,m,o,p,r);
— „Gesellschaftlich-politisches Vertrauen", GPV (t,u,v,x);
— „Globales Selbstbild", GSB (alle Items außer g,w).

Diagramm 13

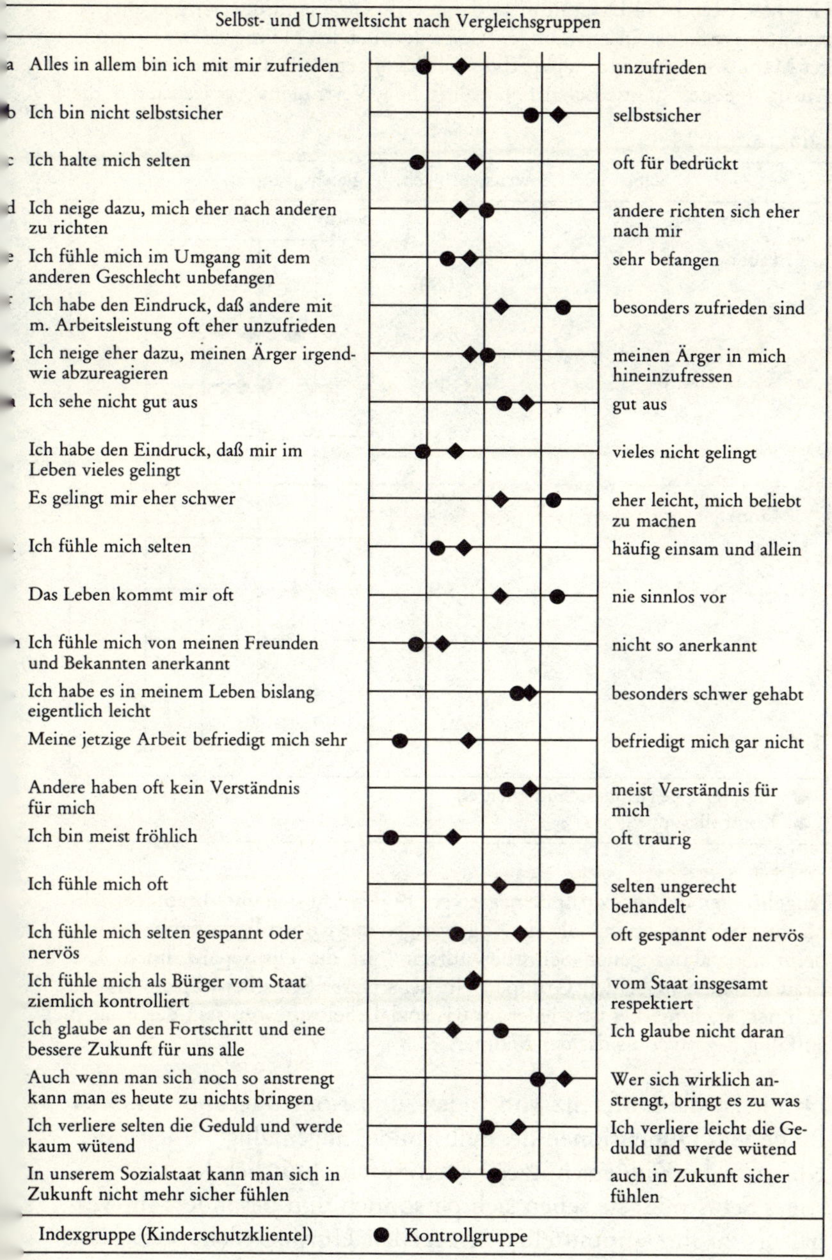
Selbst- und Umweltsicht nach Vergleichsgruppen
Alles in allem bin ich mit mir zufrieden
unzufrieden
Ich bin nicht selbstsicher
selbstsicher
Ich halte mich selten
oft für bedrückt
Ich neige dazu, mich eher nach anderen zu richten
andere richten sich eher nach mir
Ich fühle mich im Umgang mit dem anderen Geschlecht unbefangen
sehr befangen
Ich habe den Eindruck, daß andere mit m. Arbeitsleistung oft eher unzufrieden
besonders zufrieden sind
Ich neige eher dazu, meinen Ärger irgendwie abzureagieren
meinen Ärger in mich hineinzufressen
Ich sehe nicht gut aus
gut aus
Ich habe den Eindruck, daß mir im Leben vieles gelingt
vieles nicht gelingt
Es gelingt mir eher schwer
eher leicht, mich beliebt zu machen
Ich fühle mich selten
häufig einsam und allein
Das Leben kommt mir oft
nie sinnlos vor
Ich fühle mich von meinen Freunden und Bekannten anerkannt
nicht so anerkannt
Ich habe es in meinem Leben bislang eigentlich leicht
besonders schwer gehabt
Meine jetzige Arbeit befriedigt mich sehr
befriedigt mich gar nicht
Andere haben oft kein Verständnis für mich
meist Verständnis für mich
Ich bin meist fröhlich
oft traurig
Ich fühle mich oft
selten ungerecht behandelt
Ich fühle mich selten gespannt oder nervös
oft gespannt oder nervös
Ich fühle mich als Bürger vom Staat ziemlich kontrolliert
vom Staat insgesamt respektiert
Ich glaube an den Fortschritt und eine bessere Zukunft für uns alle
Ich glaube nicht daran
Auch wenn man sich noch so anstrengt kann man es heute zu nichts bringen
Wer sich wirklich anstrengt, bringt es zu was
Ich verliere selten die Geduld und werde kaum wütend
Ich verliere leicht die Geduld und werde wütend
In unserem Sozialstaat kann man sich in Zukunft nicht mehr sicher fühlen
auch in Zukunft sicher fühlen
Indexgruppe (Kinderschutzklientel)
Kontrollgruppe

Die Tabellierung dieser Indizes nach Kontroll- und Indexgruppe sowie nach Geschlechtern ist in Diagramm 14 dargestellt. Insgesamt überwiegen eher etwas positive Selbsteinschätzungen, besonders bei den Männern (nur ein einziger Mann weist ein extrem negatives Selbstkonzept auf). Bei allen Indizes mit Ausnahme des „Gesellschaftlich-politischen Vertrauens" präsentieren die

Diagramm 14

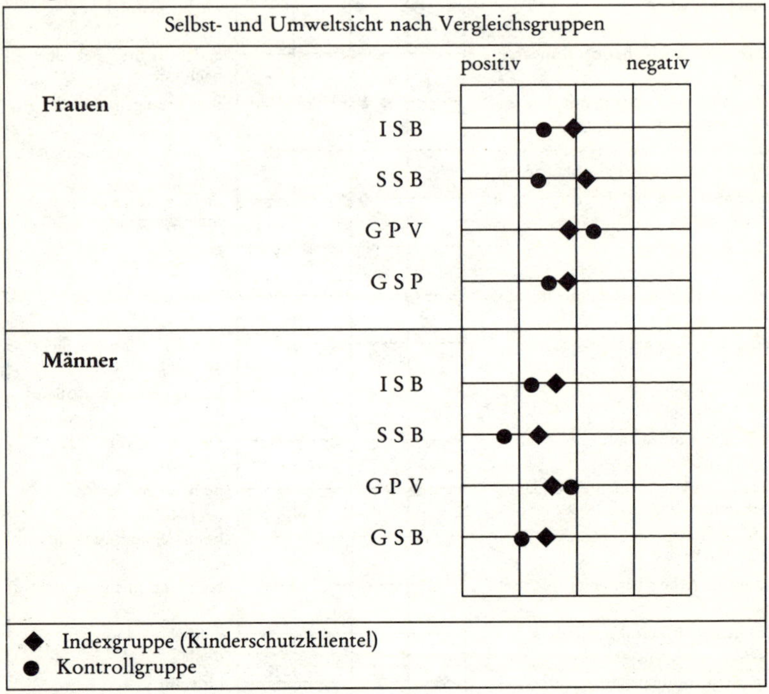

Angehörigen der Indexgruppe negativere Bilder von sich und ihrem Verhältnis zur sozialen Umwelt als die Angehörigen der Kontrollgruppe; besonders beim „Sozial-bezogenen Selbstbewußtsein" ist die Diskrepanz hoch. Die Frauen haben in beiden Gruppen ein negativeres Selbstbewußtsein als die Männer, auch hierbei ist wiederum das soziale Selbstbewußtsein der Frauen auffällig negativer als das der Männer.

Damit ist die Differenz von Index- und Kontrollgruppe in einer Reihe von Dimensionen des Selbstbildes augenfällig:
Klienten des Kinderschutzes haben durchschnittlich kein so günstiges Selbstbild, sie sehen sich persönlich und besonders im Verhältnis zu ihrer unmittelbaren sozialen Umwelt nicht so positiv

wie andere Personen dies tun. Daneben tritt ein geschlechtsspezifischer Faktor zutage: Frauen aller Gruppen zeigen weniger günstige Selbstkonzepte als die Männer, besonders im Verhältnis zur sozialen Umwelt und dem dort vermuteten Fremdbild von sich. Gesellschaftlich verbreitete evaluative Codierungen der Geschlechter, spezifische Erfahrungen im gesellschaftlichen Leben und erhöhte Sensibilität für Reaktionen ihrer Umgebung mögen bei Frauen in diese Resultante münden.

Gewalt in der Familie

Nun können wir uns dem letzten für unser theoretisches Modell wesentlichen Variablenkomplex zuwenden, den Indikatoren für familiale Gewalt: Gewalttätigkeit gegen kleine und größere Kinder bzw. Jugendliche und Gewalttätigkeiten zwischen den erwachsenen Partnern.

Betrachtet man zunächst die Frage, *wie weit gewalttätige Mittel für die Eltern zur „Normalität" eines Erziehungsalltags gehören* und wie ihr pädagogisches Konzept für den Einsatz von Schlägen aussieht, so ergibt sich ein interessantes Bild (vgl. Diagramm 15).

Eltern der Kontrollgruppe polarisieren sich dabei selbstbewußter in die klaren Ansichten, eine Ohrfeige oder ein Klaps gehöre zur Kindererziehung dazu *oder* das gehöre nicht dazu, während Eltern der Indexgruppe häufiger dazu tendieren, solche Dinge „zu erklären", evtl. zu rationalisieren — als Mittel in außergewöhnlichen Situationen oder als Ausrutscher. Auch bei anderen Fragen ergibt sich bei der Kontrollgruppe eher eine Polarisierung in solche Eltern, die gelegentliche Schläge als unvermeidlich betrachten und solche, die Schläge grundsätzlich ablehnen, während Eltern der Indexgruppe „vorsichtiger" antworten. Vielleicht ist dies schon eine Antwort auf die Tatsache, daß die diesbezüglichen Schwierigkeiten solcher Eltern im Kontakt mit den Beratern des Kinderschutzzentrums besprochen wurden.

Wie unterscheiden sich die Eltern beider Gruppen nun in ihrem *Verhalten bei Konflikten mit den Kindern*? Welche Arten von Gewalttätigkeit werden dabei genannt? Da sich die Situation und das entsprechende Verhalten nach dem Alter des Kindes unterscheiden, wurden entsprechend angepaßte Fragebatterien für Familien mit kleinen Kindern (bis drei Jahre) und/oder für Familien mit größeren Kindern (mindestens drei Jahre bis ins Jugendalter) vorgelegt. Für eine kompakte Darstellung werden die Ergebnisse für beide Altersgruppen der Kinder hier wieder zusammengefaßt (soweit identische oder vergleichbare Items in beiden Instrumenten vorhanden waren). Die elterlichen Taktiken bei Konflikten mit den Kindern in der Index- und in der Kontrollgruppe sind in Diagramm 16 aufgeführt.

Diagramm 15

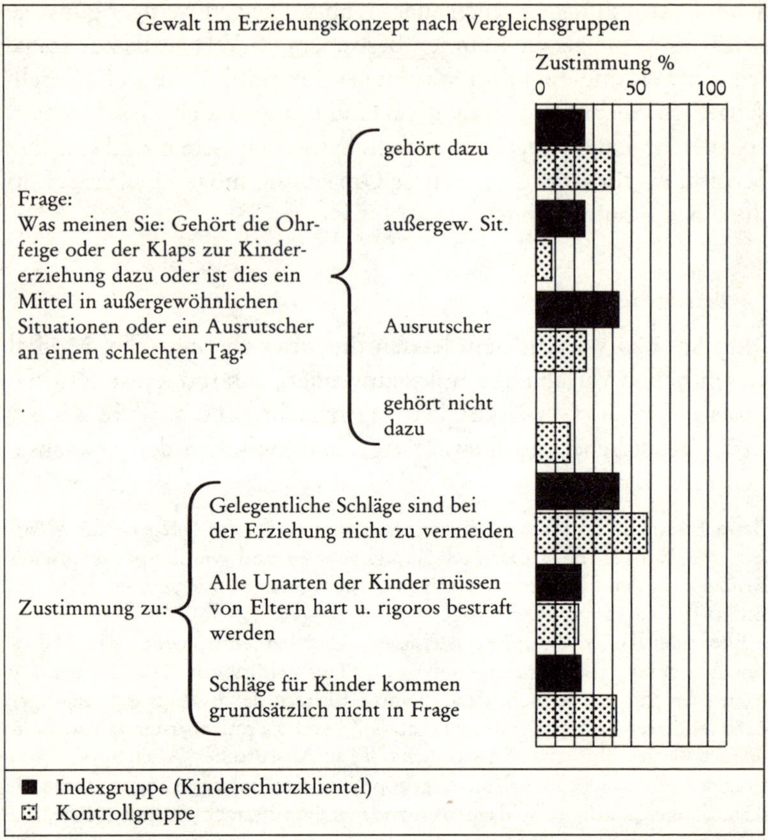

Verschiedene Varianten einer „sanften Pädagogik" (a-e) im Falle von Konflikten mit den Kindern finden sich in beiden Gruppen, die Klienten des Kinderschutzes (Indexgruppe) vermelden sogar etwas häufiger, gar nichts getan zu haben, da sie das Verhalten des Kindes normal fanden. In der Kontrollgruppe wird jedoch häufiger angegeben, dem Kind in solchen Situationen mit Liebe (auf den Arm nehmen, an sich drücken) statt mit Sanktionen begegnet zu sein. Die Indexgruppe wendet die unterschiedlichsten Formen kommunikativer Aggression (f-i) durchaus etwas häufiger an als die Kontrollgruppe, und bei den Formen körperlicher Aggression (k-p) sind die Differenzen noch ausgeprägter: Klienten des Kinderschutzes gebrauchen in der Tat körperliche Mittel z. T. deutlich häufiger als andere Eltern. Angesichts der geringen Fallzahlen und der Rekrutierung der Fälle dürfen die ermittelten Häufigkeiten der einzelnen Konflikttaktiken selbstverständlich nicht hochgerechnet werden auf bestimmte Bevölkerungsgruppen.

Diagramm 16

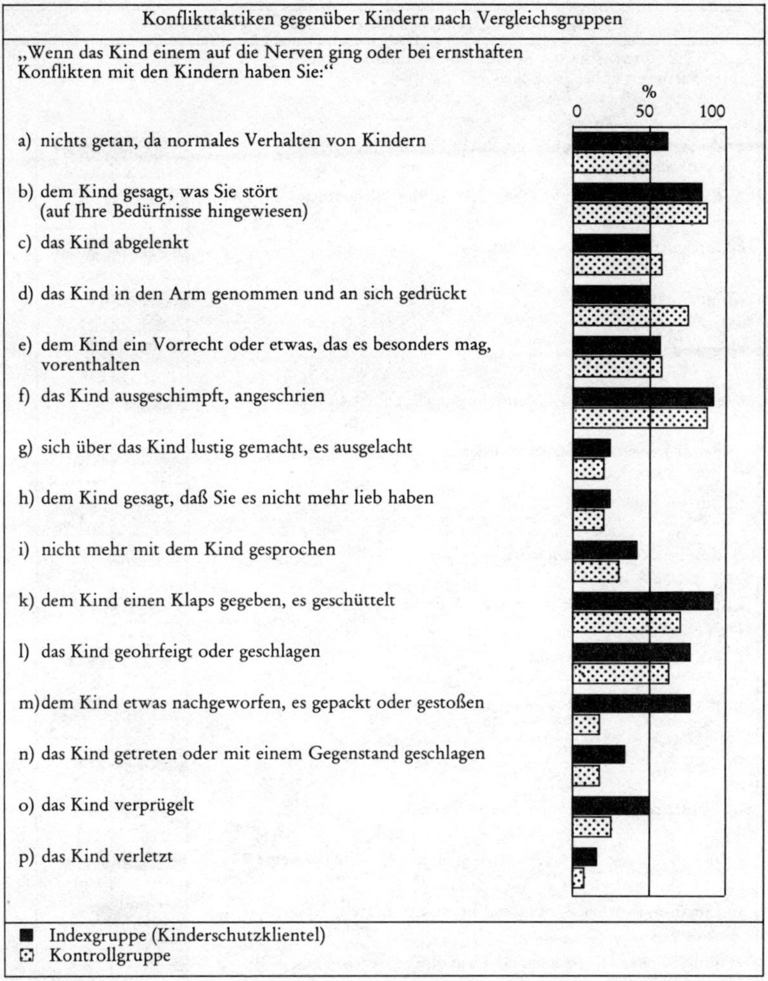

Das *Konfliktverhalten zwischen Männern und Frauen* — ermittelt über Konflikttaktik-Skalen — stellt sich gemäß Diagramm 17 dar.

Bei den nicht-aggressiven Taktiken bei Konflikten zwischen den Partnern (a-f) zeigen sich zwischen beiden Vergleichsgruppen keine eindeutig interpretierbaren Unterschiede. Die Klienten des Kinderschutzes geben besonders häufig an, ihren Ärger herunterzuschlucken, andererseits löst sich bei ihnen ein Konflikt seltener in einer Umarmung auf. Bei den kommunikativen Aggressionsformen (g-n) fällt auf, daß es in der Kontrollgruppe verbreitet zu Be-

Diagramm 17

Konflikttaktiken gegenüber Partner/in nach Vergleichsgruppen

„Im Falle von ernsthaften Konflikten mit Ihrem Partner/ Ihrer Partnerin haben/sind Sie:“

a) die strittige Sache ruhig mit Ihrem Partner/Ihrer Partnerin besprochen
b) dem Partner gesagt, was Sie stört; auf Ihre Bedürfnisse hingewiesen
c) Ihren Ärger runtergeschluckt
d) ihn/sie umarmt
e) geweint
f) jemanden hinzugezogen, um die Angelegenheit zu klären
g) dem Partner/der Partnerin ordentlich die Meinung gesagt, ihn/sie beschimpft
h) ihn/sie angeschrien
i) ihn/sie lächerlich gemacht
k) nicht mehr mit dem Partner/der Partnerin gesprochen
l) aus dem Zimmer gerannt
m) ihm/ihr gesagt, daß es so nicht mehr weitergeht
n) ihm/ihr gedroht
o) den Partner/die Partnerin seelisch verletzt
p) sich gegen den Partner/die Partnerin handgreiflich gewehrt
q) ihm/ihr etwas nachgeworfen, ihn/sie geschüttelt, gepackt, gestoßen
r) ihn/sie getreten, gebissen oder mit einem Gegenstand geschlagen
s) den Partner/die Partnerin verprügelt
t) ihn/sie körperlich verletzt

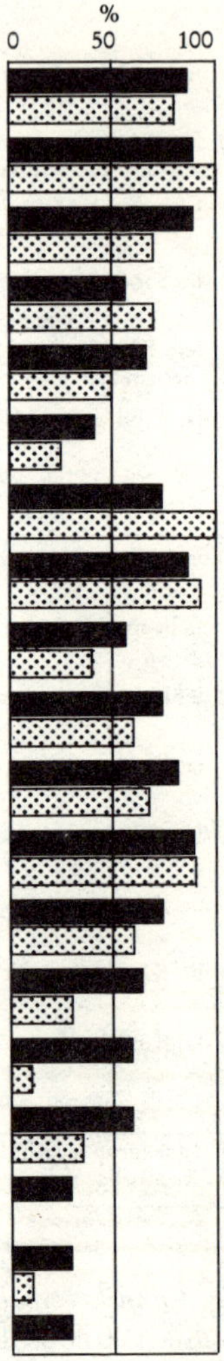

■ Indexgruppe (Kinderschutzklientel)
⚃ Kontrollgruppe

schimpfungen oder zum Anschreien des Partners/ der Partnerin gekommen ist (doch hat sich dies meist auf ein oder wenige Male beschränkt, während es in der Indexgruppe häufiger vorkam). Alle anderen Varianten kommunikativer Aggression sind in der Indexgruppe ohnehin verbreiteter und in besonders ausgeprägtem Maße gilt das für Formen körperlicher Aggression. *Obgleich die Klienten des Kinderschutzes primär wegen bestimmten Formen körperlicher Gewaltanwendung zwischen Eltern und Kindern Kontakt zur Beratungsstelle haben, sind bei ihnen also auch Aggressionen zwischen Mann und Frau verbreiteter als in der Vergleichsgruppe.*

Neben der Ermittlung von Konflikttaktiken zwischen den Familienmitgliedern mittels dieser Skalen wurden auch die in den *wenig strukturierten Interviewteilen* berichteten Formen der Auseinandersetzung analysiert. Die dort geschilderten Vorkommnisse haben den Vorteil, daß die Situationsmerkmale deutlicher werden und der Konflikt selbst plastischer beschrieben wird. Insgesamt wurden dazu *drei Klassen* gebildet:

(1) *massive Gewalttätigkeit* (heftige Prügel bis zu Verletzungen in Gegenwart oder noch lebendiger Vergangenheit

(2) *mittlere Gewalttätigkeit* (kräftige Ohrfeigen, Stoßen, Schläge auf Po in Gegenwart oder noch lebendiger Vergangenheit)

(3) *höchstens schwache gegenwärtige Gewalttätigkeit* (Klaps) oder länger vergangene mittlere Gewalttätigkeit (kräftige Ohrfeigen etc.).

Die jeweils *stärkste* von einer Person begangene Gewalttätigkeit, von der sie berichtete, getrennt nach Gewalt gegen Kinder und Gewalt gegen Partner, wurde der Auszählung zugrunde gelegt. Der Zeitfaktor (Gegenwart, noch lebendige Vergangenheit, länger vergangene Ereignisse) wurde einbezogen, weil unterstellt wird, daß auch frühere Gewaltepisoden — wenn auch wahrscheinlich in abgeschwächter Form — für das gegenwärtige Selbstbild und die aktuelle Familiensituation noch relevant sein können. Danach ergab sich das Bild in Diagramm 18 für die Index- und für die Kontrollgruppe und für Frauen und Männer:

Im Verhältnis der Eltern zu den Kindern wie im Verhältnis der Partner untereinander sind es demnach die *Männer*, die im Durchschnitt massiver gewalttätig sind als die Frauen. Im Eltern-Kind-Verhältnis gibt es kaum einen Unterschied bei den Durchschnittswerten der Mütter aus der Kontroll- und der Indexgruppe, wohl aber bei den Vätern: diejenigen der *Indexgruppe* liegen durchschnittlich im oberen Mittelbereich von Gewalttätigkeit, diejenigen der Kontrollgruppe genau zwischen Mittel- und Unterbereich, sogar niedriger als die Mütter ihrer Gruppe. Bei dem Verhältnis der Männer und Frauen untereinander weisen die Männer der Indexgruppe wiederum Durchschnittswerte im oberen Mittelbereich der Gewalttätigkeit auf, während diejenigen der Kontrollgruppe dabei etwas über dem unteren Bereich liegen. Bei den Frauen wiederholt sich dieses Bild mit einer gewissen Koordinatenverschiebung: Diejenigen der Kontrollgruppe bleiben voll an der unteren Grenze (keine oder länger zurückliegende mittlere Gewalttätigkeit), während diejenigen der Indexgruppe auf einen Durchschnitt im unteren Mittelbereich kommen.

Diagramm 18

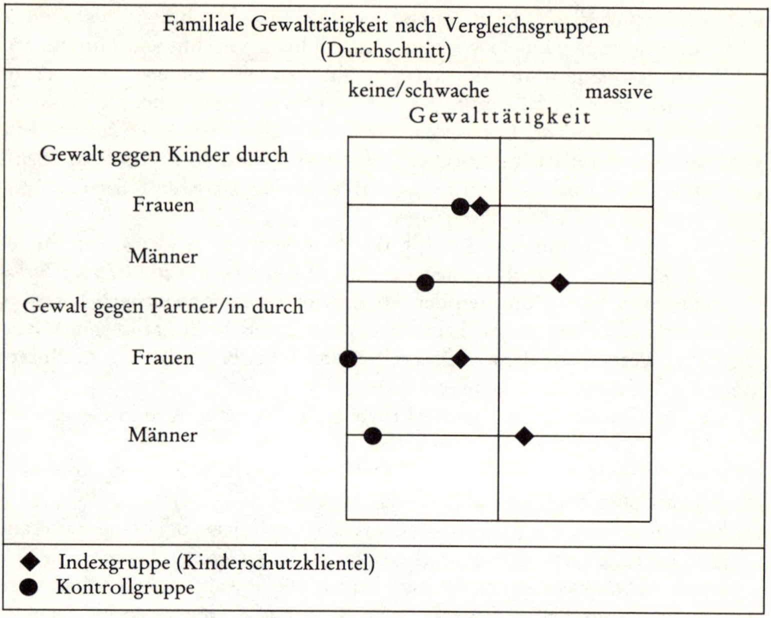

Es wird also häufiger berichtet, daß Männer ihre Frauen — auch massiv verletzend — gewaltförmig angegriffen haben, andererseits findet sich auch die umgekehrte Version, daß Frauen ihre Männer angriffen, im Untersuchungsmaterial in einigen Fällen (von der Ohrfeige und dem Stoß bis zum tatsächlichen Verprügeln des Mannes). Somit bestätigt der Gruppenvergleich einerseits, daß die Klientel des Kinderschutzes in der Studie insgesamt gewalttätigere Umgangsformen aufweist als die Kontrollgruppe, daß aber auch in dieser, zumindest gegenüber den Kindern, durchaus heftige Formen der Erziehung bzw. Interaktion zu finden sind.

2.2 Fallstudien: Versuche der Lebensbewältigung

Der Vergleich der Klientel des Kinderschutzzentrums mit anderen Familien ergab teils markante Unterschiede zwischen den beiden Gruppen. Uns interessierten jedoch darüber hinaus die Verhältnisse im *Einzelfall.* Zur empirischen Überprüfung der Theorie der Modernisierungsfalle durch den *mikroanalytischen Blick* auf lebensgeschichtliche Zusammenhänge von Individuen werden daher im folgenden einige *Fallstudien* präsentiert. In diesen wird der sozialbiographischen Genese von Selbstbewußtsein, der subjektiven Bilanz der Verheißungen der Moderne und ihrer Realisierung im Leben des Individuums (Lebenshoffnungen und -werte und ihre Verwirklichung), der aktuellen Situation in der Familie und sozialen Umwelt des Betreffenden und der Frage möglicherweise gewaltförmigen Umgangs in der Familie nachgegangen. Die Auswahl der Fälle folgt unserem Theorieinteresse und daraus resultierenden methodischen Kriterien: Zunächst werden solche Personen vorgestellt, deren Muster an Merkmalen *hypothesenkonform* sind. Die ersten beiden Fälle — Frau L. und Herr J. — vereint die Kombination von vielen nicht eingelösten Versprechungen der Moderne bezüglich der Teilhabe an den Segnungen des Fortschritts und Familienglücks, von niedrigem Selbstbewußtsein und relativ starker Aggressivität bzw. Gewalttätigkeit; im dritten Fall — Frau F. — liegt das ebenso hypothesenkonforme Gegenstück vor: weitgehend realisierte Lebenshoffnungen mit positivem Selbstbewußtsein und gepaart mit weitgehender Gewaltfreiheit. Schließlich wird aber auch ein Fall geprüft, der auf den ersten Blick *hypothesenkonträr* erscheint: Bei Frau A. verbinden sich ein hoher Grad erfüllter Lebenswünsche und ein positives übersituatives Selbstbewußtsein mit dennoch vorkommender Gewalttätigkeit. Wie jedoch zu zeigen sein wird, können indes in brisanten Episoden Momente am Werk sein, die das global positive Selbstbewußtsein einer Person so sehr provozieren, daß die dann folgende Aggressivität immer noch theoriekonform erklärbar ist.[20]

Frau L. oder die gesellschaftliche Verhinderung von Selbstbewußtsein

„Ich bin sehr verletzbar und verletzend."

Der Fall von Frau L. steht für die hypothesenkonforme Kombination unzureichend erfüllter Verheißungen der Moderne in bezug auf individuelle Autonomie, Familienglück und Teilhabe an den Versprechungen des Fortschritts, eines sehr negativ ausgeprägten Selbstbewußtseins und von Neigungen, mit Kindern und Ehemann körperlich gewalttätig umzugehen.

Frau L. ist zum Zeitpunkt der Untersuchung 33 Jahre alt und Hausfrau. Ihr Mann ist 34 Jahre alt und als Beamter des mittleren Dienstes im Gewerbeaufsichtsamt beschäftigt. Das Ehepaar hat zwei Söhne im Alter von neun und zehn Jahren; Frau L. ist schwanger und erwartet in einigen Monaten ein weiteres Kind. Es besteht Kontakt zum Kinderschutzzentrum.

Frau L. ist auf einem kleinen Bauernhof in Unterfranken aufgewachsen. Sie wohnte dort mit ihren Eltern, einer um einige Jahre jüngeren Schwester und mit einer Tante, der dieser Hof gehörte, nachdem ihr Mann im Krieg gefallen war. Frau L. lebte als Kind bis zum Alter von 14 Jahren auf diesem Bauernhof und besuchte in dieser Zeit die achtklassige Volksschule. Das Klima in ihrem Elternhaus beschreibt sie so:

„Ich habe das Gefühl gehabt, meiner Mutter war alles zuviel, die war total nervlich am Ende. Ich habe immer das Gefühl gehabt, wir sind dauernd im Weg und zuviel, besonders ich... Sehr hektisch ging halt immer alles ab (...), daß wir eine totale Last waren und daß sie überhaupt nicht fertig geworden ist mit uns, überhaupt nicht. Sie konnte sich nicht durchsetzen, sie konnte nicht konsequent sein" (Teil A des Interviews, Tonbandstelle 001; im folgenden so abgekürzt: A, TB 001).

„Wir (die Kinder — K.W.) waren halt, so wie ich höre, sehr faul und haben nichts machen wollen, weil, wir haben ja nichts recht gemacht (...) Ich war total dürr und mager und bin dauernd geschont worden und sollte mich wenig bewegen, damit ich nicht noch dürrer werde, hat es immer geheißen (...) (Die Eltern) haben mir überhaupt nichts zugetraut, sondern immer Angst gehabt um mein Leben: ich könnte hier versumpfen im Sumpf oder hier in die Jauchegrube fallen oder ich könnte mir einen Hammer oder irgendwas draufhauen oder die Sense, wenn ich da zu nahe hingehe, die waren in totaler Angst und Panik dauernd, daß ja nichts passiert und übervorsichtig, in einer Tour bloß geschaut, was ich machte und alle Augenblicke gefragt, wo gehst du hin, was machst du denn, was tust du denn?" (A, TB 013).

Ihr Vater habe sich überhaupt nicht in ihre Erziehung eingemischt und sich um nichts gekümmert. Aber alle Vierteljahre habe er „seine Tobsuchtsanfälle gekriegt und dann gedroschen wie ein Wahnsinniger". Ihm gegenüber mußten sich die Kinder stets ruhig verhalten, weil er magenkrank war. Auch er sei unter dem Kommando ihrer Mutter, seiner Frau gestanden.

Auf Nachfrage des Interviewers, wie sich Frau L. dieses elterliche Verhalten ihr gegenüber erkläre, meint sie, daß ihre Mutter, obwohl schon knapp 40 Jahre alt, als sie sie geboren habe, für Kinder „nicht reif" genug gewesen sei. Ihre Mutter sei als jüngstes Kind ihrer Eltern (zwölf Jahre nach dem vorherigen Kind) wahrscheinlich nicht so erwünscht gewesen, sie habe sehr schwer arbeiten müssen, nie etwas vom Leben gehabt. Sie kam ihr immer belastet und unzufrieden vor, als eine Frau, die nur an andere, nicht an sich selbst denke. Ihr Mutter sei in ihrer Kindheit sehr autoritär aufgezogen worden, „dressiert wie Hitler", sie habe immer ja sagen müssen, durfte nie widersprechen. Offenbar ist das Verhältnis zwischen Eltern und Kindern, das zwischen Frau L.

und ihren eigenen Kindern schwierig ist, wie wir sehen werden, schon in der Beziehung zu ihren eigenen Eltern und mindestens eine Generation früher auch schon sehr belastet gewesen — eine Art sozialer Vererbung problematischer Erfahrungen familialer Sozialisation.

Lichtblicke ihrer Kindheit waren für Frau L. die Zeiten, als Sommergäste auf dem Bauernhof waren. Sie hat dann mit deren Kindern spielen können und wegfahren dürfen. Auch eine alte Künstlerin, die auf dem Hof lebte, ist ihr in guter Erinnerung, sie war sehr freundlich zu ihr und sie durfte mit ihr malen. Die übrigen Zeiten waren dafür um so mehr umschattet, „meine Mutter hat halt Drohungen gemacht, sie bringt sich um oder hängt sich auf oder verirrt sich im Wald und kommt nimmer (...), falls wir nicht folgen". Die Mutter habe Krankheiten bis zum Herzinfarkt vorgetäuscht und öfter Selbstmord angekündigt, lebe aber heute noch. Sie sei sehr unzufrieden und verklemmt. Ihr religiöser Glaube sei ihr „ein und alles", was immer der Pfarrer daherrede, sie glaube es.

Platz zum Spielen im Haus habe Frau L. in ihrer Kindheit nicht gehabt, es habe kein Kinderzimmer gegeben, weil man dies als Gästezimmer vermieten wollte. Bis zu ihrem zehnten Lebensjahr habe sie wie ihre Schwester im elterlichen Schlafzimmer geschlafen. Im Winter sei das erklärlich, weil das der einzige geheizte Raum war, aber in der übrigen Zeit seien die Eltern wohl nur besorgt gewesen, den Kindern könne irgend etwas passieren, wenn sie alleine in einem Zimmer schliefen. Als allgemeine Erfahrung ihrer Kindheit war beherrschend, „daß kein Platz da war für mich".

Über ihr Sorgen und die Probleme mit den Eltern konnte Frau L. als Kind praktisch mit niemanden reden, höchstens gelegentlich mit einer Freundin. Sie hatte keinen Mut zur Rebellion gegen ihr Schicksal, „ich war ein totaler Feigling". Aber nicht nur im Elternhaus fühlte sie sich verlassen, auch andere beschwerten sich über sie, die Lehrer, die Nachbarn, der Pfarrer, sie fühlte alle gegen sich. Nur in der Sommerzeit, wenn Gäste auf den Hof kamen und Kinder mitbrachten, konnte sie mit anderen Kindern spielen.

Die lebensgeschichtlichen Schilderungen von Frau L. finden ihre Entsprechung auf der Skala, die das Verhältnis zu den Eltern, zu anderen Kindern und die eigenen Gefühle in der Kindheit zum Thema hat. Sie sieht im Falle von Frau L. so aus, wie in Diagramm 19 dargestellt.

Frau L. berichtet auch von vielen *Schlägen* in ihre Kindheit:

„Vor allen vom Lehrer voll an die Tafel geprügelt mit dem Stock, an die Wand gehauen. Von den Eltern täglich (...) Meist wenn wir zu laut waren oder gestritten haben oder nicht gefolgt haben (...) Die Schläge waren mir dann wurscht, ich habe halt trotzdem nicht gefolgt."
Interviewer: „Also das war Ihre Sorte von Widerstand (...)"
Frau L.: „Ich war scharf darauf, glaube ich, auf die Schläge, ich weiß nicht."

Diagramm 19

Selbstbewußtseins-Genese
Meine Mutter war meist ausgeglichen, mit sich zufrieden, glücklich
meist nervös, aufgeregt, unzufrieden
Mein Vater war meist ausgeglichen, mit sich zufrieden, glücklich
meist nervös, aufgeregt, unzufrieden
Meine Mutter war mir gegenüber unberechenbar
hatte mir gegenüber klare Regeln
Mein Vater war mir gegenüber unberechenbar
hatte mir gegenüber klare Regeln
Meine Mutter behandelte mich liebevoll
wies mich zurück
Mein Vater behandelte mich liebevoll
wies mich zurück
Meine Mutter kontrollierte und kommandierte mich
half mir, unterstützte mich
Mein Vater kontrollierte und kommandierte mich
half mir, unterstützte mich
Meine Mutter interessierte sich gar nicht für das, was mich bewegte
interessierte sich zu sehr dafür
Mein Vater interessierte sich gar nicht für das, was mich bewegte
interessierte sich zu sehr dafür
Mutter oder Vater bestraften mich praktisch nie hart, schlugen mich nie
bestraften mich auch mal hart, schlugen oder prügelten mich
Als Kind wurde ich von Mutter oder Vater oft getadelt
oft gelobt
Mutter oder Vater zeigten mir, daß sie mich nicht mehr mochten, wenn ich was Schlimmes getan hatte
zeigten mir, daß sie mich auch dann noch mochten
In meiner Familie ließ man mich selbständig etwas tun, ersparte mir nicht alle Schwierigkeiten
tat man alles für mich, wurde ich vor allen Schwierigkeiten bewahrt
Ich hatte Angst vor Vater und Mutter
Ich hatte keine Angst
Meine Mutter oder mein Vater nahmen mich auch mal in den Arm, schmusten mit mir
nahmen mich praktisch nie in den Arm, schmusten nicht mit mir
Ich fühlte mich als Kind manchmal verlassen
es hat sich immer jemand um mich gekümmert
Meine Mutter oder mein Vater nahmen meist Rücksicht auf mich als Kind
Ich fühlte mich oft durch M. oder V. überfordert
In meinem Elternhaus hatte man keine Zeit füreinander
hatte man Zeit füreinander
Als Kind hatte ich selten Angst vor anderen Kindern
oft Angst vor anderen Kindern
Beim Spielen mit anderen Kinder habe ich eher getan, was die anderen taten
war ich oft der Anführer
Bei anderen Kindern war ich beliebt
nicht so beliebt
Andere Kinder machten sich öfter über mich lustig
kaum über mich lustig
Ich war als Kind selbstsicher
nicht so selbstsicher
Ich war als Kind oft traurig
meist fröhlich
Ich war oft mit anderen Kinder zusammen
oft alleine
Mein Selbstwertgefühl als Kind war eher niedrig
eher hoch
◆ Durchschnitt aller Befragten
● Frau L.

Interviewer: „Wie bitte?“
Frau L.: „Scharf auf die Schläge.“
Interviewer: „Sie sind gern geschlagen worden?“
Frau L.: „(...unverständlich...)schon, das ist provoziert total, täglich (...)‘ (A, TB 082).

Einer Freundin habe sie einmal gesagt, die kriegen mich nicht klein, ich weine nicht, die können machen, was sie wollen. Aber gewehrt habe sie sich auch nicht, sie sei dann immer krank gewesen und zu Hause „herumgehängt“ und schüchtern gewesen. „Die ganze Wut kam erst Jahre später raus“, mit achtzehn, zwanzig Jahren und gegenüber den eigenen Kindern. Damals sei sie aber „total verstockt“ gewesen, auch im Sportunterricht in der Schule nur immer in der Ecke herumgestanden.

Diese reale „Ecke“ ist gleichzeitig eine Metapher für die gesamte persönliche Situation, in der sich für Frau L. die eigene Kindheit symbolisiert. Sie war in diese Ecke hineinerzogen, mit Drohungen und Erpressungen hineingedrängt und auch massiv hineingeprügelt worden. Es gab keinen Ausweg aus dieser Ecke heraus, keine Fluchtmöglichkeit, denn sie war umstellt von Erwachsenen, den Eltern, Lehrern, Nachbarn usw. Ihre Reaktion darauf: resignieren, sich mit diesem Platz im Abseits abfinden, ihn vielleicht sogar suchen, die Wut wegstecken, sie eventuell in Krankheiten „verarbeiten“ und für spätere Eruptionen aufbewahren. So sehr die Selbstachtung des Kindes durch die gesamten Lebensumstände und die Art der Erziehung in dieser Zeit auch gebrochen wurde, ein Funken von Selbstbehauptung glomm weiter, das trotzige Wegstecken der Schläge, ohne zu weinen, nach dem Motto „die kriegen mich nicht klein“.

Auf Fragen nach äußeren Anlässen und Bedingungen für das Verhalten ihrer Eltern ihr gegenüber meint Frau L.: „Die waren überlastet mit allem, haben sich zuviel Arbeit gemacht, alles zu ordentlich für die Nacht, damit dann alles schön ausschaut (für die Gäste — K.W.). Die haben sich also mehr Arbeit gemacht, als wie (...) Denn damit die anderen nichts reden können, daß es schlampig ist“ (A, TB 107).

Herr L., der bei diesem Interview zur Lebensgeschichte gemäß unserem methodischen Arrangement ja auch anwesend ist, wirft an dieser Stelle eine aufmerksame Interpretation ein: „Da sehe ich jetzt gerade vielleicht eine Parallele. Deine Tante wird auch gesagt haben, ich laß’ mir nicht nachsagen, der Hof schaut schlampig aus, und du hast gesagt, ich laß’ mich hauen und ich weine nicht, denen zeige ich es. Also immer ein gewisses ... (Herr L. deutet seine Aussageabsicht durch eine Geste des „Dennoch“ an, ein angestrengtes Zusammenpressen des ganzen Körpers samt einem trotzig-fauchenden Laut —

K.W.), ja die wollen sich nichts nachreden lassen, wir schaffen das schon, auch wenn der Mann gefallen ist im Krieg, bei uns vergammelt nichts" (A, TB 108).

Beide, Herr und Frau L. bestätigen, daß es auf dem Land sehr wichtig sei, daß die Nachbarn oder sonst jemand einem nichts nachsagen können. Die Gemeinsamkeit zwischen dem Handeln der Erwachsenen und von Frau L. damals als Kind, auf die ihr Mann hinweist, liegt im Bemühen, nach außen eine Fassade autonomer Leistung, Lebensbewältigung und Unerschütterlichkeit (Attribute der bürgerlichen Anthropologie) zu dokumentieren, die aber angesichts der gegebenen Lebensumstände diesen abgetrotzt erscheint und nur durch übergroße Anstrengung ermöglicht wird. Den normativen Druck der Dorfbevölkerung gegenüber der Witwe, die selbst ihren Hof mustergültig und eben „wie ein Mann" bewirtschaften muß, machen sich auch Frau L.s Eltern zu eigen, die soziale Konstruktion der Wirklichkeit erscheint als das schlechterdings Vernünftige, das zu internalisieren ist. Der damit geschaffene Sozialcharakter, der darin aufgeht, permanent die makellose Fassade nach außen produzieren zu müssen, richtet sich auch gegen die Kinder, unterwirft diese dem normativen Druck ebenso wie die Erwachsenen, beläßt ihnen keinen eigenen Raum und bringt sie bei der kleinsten Abweichung massiv zur Räson. Um den Schein der Autonomie und perfekter Organisation nach außen aufrechtzuerhalten, bedarf es innerhalb des Familiensystems strenger Zucht und rigider Kontrolle. Die Überforderung von außen mündet im Rückgriff auf autoritäre Innenverhältnisse, als Regreß auf eine niedrigere Stufe der Problembewältigung (vgl. Weick 1971, S.22 ff.). Dem Kind bleibt dann — so Herr L.s plausible Deutung —, entsprechend, wenn auch auf seine Weise, zu reagieren, nämlich durch die analoge Geste der zwanghafter Selbstbehauptung, „denen zeige ich es".

In der *Jugendzeit* wurde für Frau L. alles noch schwieriger, sie war „grantig", einsam, konnte mit niemandem reden. Sie durfte nicht ausgehen, weil die Eltern befürchteten, sie könne ein Kind bekommen. Mit 14 Jahren, als sie die Volksschule beendet hatte, wollten die Eltern sie in eine Klosterschule schicken. Dort habe sie es aber nur eine Woche ausgehalten. Die Eltern wollten sie aber auch zu Hause nicht mehr haben, „weil sie zu frech sei". So arbeitete sie dann als Dienstmädchen ein Jahr in einem Akademikerhaushalt und anschließend als Zimmermädchen in einem Sanatorium. Dort konnte sie dann auch ein eigenes Zimmer beziehen.

Damit begann nun eine freiere Zeit für Frau L., fast jeden Abend sei sie ausgegangen, mit Kurgästen, die sie einluden oder mit Freundinnen. Sie habe sich dann sehr an die Kurgäste geklammert, die sie gemocht hätten und mit ihr redeten. Wenn diese nach ein paar Wochen wieder abgereist seien, wurde sie

Diagramm 20

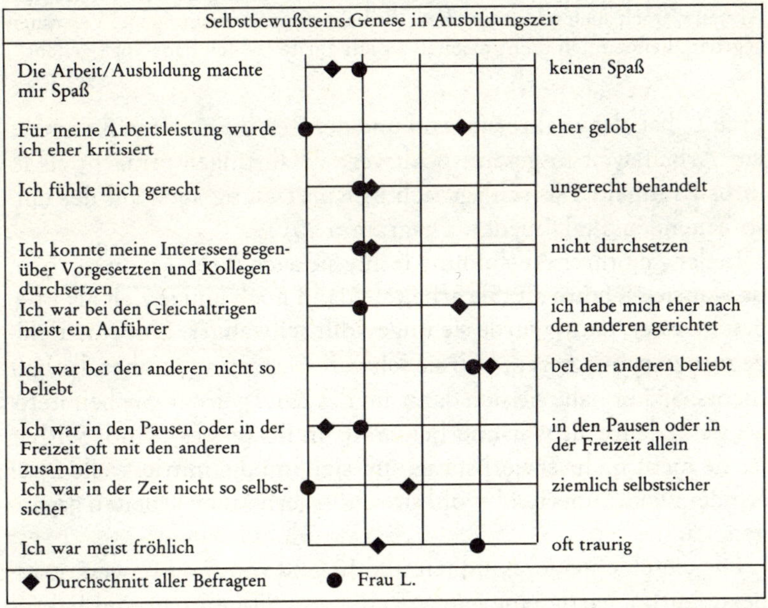

traurig: „Da war ich todkrank und habe ich geheult, den ganzen Tag". Die Kurgäste und eine Kollegin, mit der sie reden konnte, waren ein Mittel gegen die bis dahin empfundene Einsamkeit. Aber eine Identität hatte sie in der Zeit auch nicht gefunden, einmal war ihr alles egal, sie fühlte sich weder als Frau noch als Mann, genierte sich, „mich mag ja eh' keiner". Dann wieder wollte sie sich chic anziehen, um den Männern zu gefallen. Ihre ersten Kontakte mit dem anderen Geschlecht waren männliche Sanatoriumsgäste, für sie als junges Mädchen „alte Männer" zwischen dreißig und vierzig Jahren, die gleichzeitig eine Art Vaterersatz für sie gewesen seien, aber sie auch verführen wollten. Sie dachte, sie seien nett und redeten mit ihr und kümmerten sich um sie, bis sie bemerkte, daß diese Männer sich einfach einen Spaß während ihrer Kur leisten wollten und ihre Einsamkeit ausnutzten. Die Kontrolle ihrer Eltern reichte bis in diese Zeit. Gelegentlich kamen sie abends beim Sanatorium vorbei, um nachzusehen, ob sie zu Hause sei. Sie waren der Ansicht, die Männer hätten ihre Tochter ganz verdorben.

Später wechselte Frau L. dann zu einem Krankenhaus in die Großstadt über und besuchte die Schwesternschule, um als Pflegeschwester ausgebildet zu werden. Ihr neuer Status hob ihr Selbstbewußtsein:

„Ich habe mich schon besser gefühlt, weil da habe ich was machen dürfen, war auch ein bißchen angesehen bei den Leuten im Krankenhaus, die waren ja auf mich angewiesen und es war ganz toll, daß ich einmal was zu sagen habe (...) Ich habe Glück gehabt, ich durfte immer selbständig arbeiten (...) Bei den Ärzten war ich auch sehr angesehen, die haben mir wahnsinnig viel Vertrauen gegeben, ließen mich mehr machen als ich dürfte (...) Ich habe Spaß gehabt".

Frau L. hat also in ihrer Jugend und der Zeit ihrer ersten Kontakte zur Arbeitswelt insgesamt positivere Erfahrungen gemacht als in ihrer Kindheit. Das schlägt sich in Kurzfassung auch auf der entsprechenden Skala nieder (Diagramm 20).

In der Zeit ihrer Ausbildung lernte sie auch ihren Mann kennen, da war sie 18 Jahre alt. Sie arbeitete dann noch einige Zeit als Pflegeschwester, dann wurde sie ungewollt schwanger. Um eine Fehlgeburt zu provozieren, hob sie schwere Gegenstände, aber das half nichts. Später habe sie sich dann auf das Kind gefreut. Sie heiratete, als sie 22 jahre alt war und bekam dann ihr (erstes) Kind. Seither ist sie nicht mehr erwerbstätig, um sich um die mittlerweile zwei Kinder zu kümmern, obwohl sie schon gerne auch arbeiten gegangen wäre.

Die Geschichte der Kindheit und Jugend von Frau L. weist geradezu lehrbuchartig eine ganze Reihe von Situationen und Faktoren auf, die die Entwicklung eines positiven Selbstbewußtseins, eines von anderen geschätzten und sich selbst akzeptierenden Individuums verhindern können und im Gegenteil ein negatives Selbstwertgefühl produzieren: Eltern, insbesondere die Mutter, die als kontrollierend und kommandierend empfunden werden, gleichzeitig aber kein Interesse an dem hatten, was das Kind wirklich bewegte, die unberechenbar und unzufrieden waren, viel tadelten und zuschlugen, so daß Gefühle der Angst, der Trauer, des Verlassenseins und auch der Überforderung entstanden, obgleich das Kind andererseits auch überbehütet und vor allen schwierigen Dingen bewahrt wurde. Die Aufgaben auf dem Bauernhof und die Anstrengung der Erwachsenen, diesen stets in makellosem Zustand zu erhalten, fraßen die Ressource Zeit auf — im Elternhaus hatte man keine Zeit füreinander. Das Verhältnis zu anderen Kindern — ohnehin meist auf saisonale Höhepunkte (Ferien) beschränkt — war auch nicht rosig: die Kinder machten sich öfter über sie lustig, sie war bei ihnen nicht so beliebt, hatte Angst vor ihnen, war oft traurig, nicht selbstsicher, obwohl sie sich auch (der Heimvorteil?) als Anführerin hervortat.

In der Jugendphase und besonders in der Zeit ihrer Berufsausbildung besserte sich ihre Situation. Die Arbeit machte ihr Spaß, sie war bei den anderen eher beliebt, konnte bei Vorgesetzten und Kollegen ihre Interessen besser durchsetzen und fühlte sich auch gerechter behandelt als vorher zu Hause. Die sozialen Voraussetzungen zur Verbesserung ihres Selbstwertgefühls waren also eher gegeben als in der Kindheit, dennoch beschreibt sich Frau L. für die Zeit ihrer Berufsausbildung immer noch als nicht selbstsicher und oft traurig. Offenbar ist die prägende Kindheitserfahrung noch nicht kompensiert.

Geht man in der Betrachtung der Persönlichkeitsentwicklung Frau L.s weiter bis zur Gegenwart, so zeigt das Profil ihrer Empfindungen und Selbstbeschreibungen in einigen Bereichen eine Besserung des Selbstbildes, aber auch noch einige charakteristische Schattenseiten (vgl. Diagramm 21).

Obgleich jetzt insgesamt zufriedener und selbstsicherer, zeigt Frau L. viele depressive Momente, hält sich oft für bedrückt, einsam, traurig, gespannt oder nervös, bei anderen nicht so beliebt und anerkannt, dagegen von der Umwelt mit wenig Verständnis betrachtet und ungerecht behandelt. Das Leben kommt ihr oft sinnlos vor. Verglichen mit dem Durchschnitt aller Befragten liegt ihr Selbstkonzept und Selbstwetrtgefühl deutlich im negativen Bereich.

Hier spielen nun auch Erfahrungen hinein, die aus der derzeitigen Situation von Frau L. herrühren, insbesondere in ihrer Familie. So wäre sie zwar einerseits gerne erwerbstätig geblieben, ihre Berufsphase war für ihr Selbstbewußtsein ja auch entschieden besser als alle vorherigen Zeiten, aber der Kinder wegen blieb sie seither zu Hause. Einerseits befriedigt sie zwar die Hausarbeit einigermaßen, sie hat aber auch das Gefühl, daß die nicht so recht gewürdigt wird — ein klassisches Hausfrauenproblem, wie es verschiedene Untersuchungen immer wieder nachwiesen (vgl. z. B. Pross 1975; Wahl et al. 1980, S.211).

Die schlimmen Erfahrungen des gebrannten Kindes zeigen sich nicht nur in den Interviewpassagen und Skalen über den Selbstwert und seine lebensgeschichtliche Genese, sie lassen sich auch aus Frau L.s *Wertepräferenzen* ablesen. Auf die Frage, welche Verheißungen der Moderne (aus der Auswahlliste

Diagramm 21

Selbst- und Umweltsicht
Alles in allem bin ich mit mir zufrieden
unzufrieden
Ich bin nicht selbstsicher
selbstsicher
Ich halte mich selten
oft für bedrückt
Ich neige dazu, mich eher nach anderen zu richten
andere richten sich eher nach mir
Ich fühle mich im Umgang mit dem anderen Geschlecht unbefangen
sehr befangen
Ich habe den Eindruck, daß andere mit m. Arbeitsleistung oft eher unzufrieden
besonders zufrieden sind
Ich neige eher dazu, meinen Ärger irgendwie abzureagieren
meinen Ärger in mich hineinzufressen
Ich sehe nicht gut aus
gut aus
Ich habe den Eindruck, daß mir im Leben vieles gelingt
vieles nicht gelingt
Es gelingt mir eher schwer
eher leicht, mich beliebt zu machen
Ich fühle mich selten
häufig einsam und allein
Das Leben kommt mir oft
nie sinnlos vor
Ich fühle mich von meinen Freunden und Bekannten anerkannt
nicht so anerkannt
Ich habe es in meinem Leben bislang eigentlich leicht
besonders schwer gehab
Meine jetzige Arbeit befriedigt mich sehr
befriedigt mich gar nich
Andere haben oft kein Verständnis für mich
meist Verständnis für mich
Ich bin meist fröhlich
oft traurig
Ich fühle mich oft
selten ungerecht behandelt
Ich fühle mich selten gespannt oder nervös
oft gespannt oder nervö
Ich fühle mich als Bürger vom Staat ziemlich kontrolliert
vom Staat insgesamt respektiert
Ich glaube an den Fortschritt und eine bessere Zukunft für uns alle
Ich glaube nicht daran
Auch wenn man sich noch so anstrengt kann man es heute zu nichts bringen
Wer sich wirklich anstrengt, bringt es zu wa
Ich verliere selten die Geduld und werde kaum wütend
Ich verliere leicht die G duld und werde wüten
In unserem Sozialstaat kann man sich in Zukunft nicht mehr sicher fühlen
auch in Zukunft sicher fühlen
◆ Durchschnitt aller Befragten
● Frau L.

von 29 wünschbaren Dingen) sie selbst wichtig finde, nennt sie gute Beziehungen zu Mann und Kindern (wie alle Befragten) sehr wichtig, aber auch (mehr als der Durchschnitt aller und selbst der Indexgruppe) noch, gute Freunde/Freundinnen zu haben, trotz der eigenen Schwächen von anderen akzeptiert zu werden und mit dem Partner über die eigenen Gefühle und Interessen sprechen zu können. Alle diese Wünsche, die um ein gutes Auskommen mit anderen kreisen, konnten in ihrer Kindheit nicht realisiert werden. Alle diese Dinge bezeichnet sie gleichzeitig heute als eher verwirklicht. Dagegen vermißt sie besonders (wiederum mehr als der Durchschnitt aller und auch der Indexgruppe), daß sie keine gute Schulbildung hat, nicht viel verdient, nicht beruflich vorankommt und kein Eigentum besitzt, also Elemente, die an ihre positiven Erfahrungen in der beginnenden Berufslaufbahn mit ihren Versprechen auf materielle Gratifikationen anknüpfen. Die Realisierung dieser Wünsche wurde zumindest vorläufig beendet, als ihre jetzige Familie gegründet wurde.

Analysiert man diese *Erfahrungen aus ihrer gegenwärtigen Familie* genauer, muß die globale Aussage von Frau L., sie habe insgesamt ihre Wünsche nach guten Beziehungen zu Mann und Kindern eher verwirklicht, sehr eingeschränkt werden[21]. So drückt sich etwa in Frau L.s *Verhältnis zu ihren Kindern* eine starke Ambivalenz aus. Allen folgenden Statements stimmt sie zu:

— Obwohl das Leben mit Kindern viel Ärger und Einschränkungen mit sich bringt, möchte ich nicht ohne Kinder leben.
— Wenn ich wählen könnte, würde ich keine Kinder haben.
— Manchmal sind Kinder eine solche Belastung, daß ich sie — oder eines von ihnen — am liebsten los sein will.
— Seit die Kinder auf der Welt sind, muß ich zu viele eigene Bedürfnisse und Interessen zurückstellen.
— Mit meinen Kindern fühle ich mich für viele Jahre angebunden.

An anderen Stellen der Gespräche mit Frau L. wird ihre zwiespältige Einstellung zu ihren Kindern weiter ausgemalt. So hat sie z. B. oft das Gefühl, daß eines der Kinder sie überhaupt nicht begreift, sie verletzt oder kränkt, sie unter Druck setzt und ausnutzt, andererseits lacht sie und schmust sie gerne mit ihnen und stimmt sogar — ein seltener Fall in der gesamten Untersuchungsgruppe — dem Statement zu „Manchmal wirkt eines meiner Kinder sexuell anziehend auf mich". Dies wird aber auch gleich wieder durch ihr Bekenntnis kommentiert, daß es ihr um so schwerer falle, ihrem Sohn gegenüber zärtlich zu sein, je älter er werde.

Durch ihre Kinder, erzählt Frau L., seien ihre eigenen Schwierigkeiten aus ihrer Kindheit wieder aktualisiert worden. Sie könne Geschrei, Eifersucht, Streit und Schlagen unter den Kindern nicht ertragen. Es ging ihr da genauso wie ihrer eigenen Mutter mit ihr. Sie wolle zwar alles anders machen bei ihren Kindern als sie es selbst erlebt habe, doch dieses Gegenprogramm von Erziehung klappe nicht, und das habe sie ganz depressiv gemacht. Sie suchte dann Hilfe von Experten, ging zur Erziehungsberatung, als die Kinder im Babyalter waren, suchte weitere sechs oder sieben Stellen auf, machte — mit Unterbrechungen — zehn Jahre verschiedene Therapien durch, sei „rumgerannt wie eine Wahnsinnige", habe sich als „*Versager*" erlebt und niemanden was davon erzählt. Mittlerweile fühle sie sich besser, könne sich auch selbst helfen, allerdings kämen auch ab und zu noch depressive Phasen (Frau L.s Stimme hat auch einen sehr depressiven Grundton während der gesamten Interviewserie mit ihr).

Hinweise auf die Hintergründe ihres ambivalenten Verhältnisses zu ihren Kindern ergeben sich aus ihren Antworten auf die Fragen, die gemäß dem Theorem der „*Rollenumkehr*" (Morris, Gould 1963) auf Verwechslungen der Eltern- und der Kinderrolle zielten. Danach kann u. a. ein Motiv dafür, sich als Vater oder Mutter in eine gewünschte Kindesrolle hineinzuprojizieren, der Neid auf den Status und die Privilegien eines Kindes sein. Tatsächlich gibt Frau L. denn auch an, daß sie manchmal neidisch auf ihre Kinder sei und gerne mit ihnen tauschen würde, weil sie dann wie ein Kind frei von Verantwortung wäre, umsorgt und gehegt würde, tun könne, worauf sie Lust habe und ungehemmt auf andere zugehen, sie streicheln, umarmen und mit ihnen reden könne. Neben dem neidischen Wunsch, selbst an Stelle des Kindes zu sein, gehört zur Hypothese der 'Rollenumkehr" als Kehrseite auch, daß das Kind sich erwachsenengleich verhalten solle. Entsprechenden Statements stimmt Frau L. dann auch konsequent zu: Kinder müßten sich auf Erwachsene einstellen und etwas vernünftiger sein; als Erwachsener müsse man seinen Willen ihnen gegenüber durchsetzen, weil sie einen sonst zum Narren hielten; es gebe Situationen, in denen sie nur noch durch ihr Kind getröstet werde; sie verstehe nicht, warum ihr Kind manchmal alles ablehne, womit sie ihm etwas Gutes tun möchte. Frau L. bedauert auch, daß das Kind, mit dem sie am meisten Probleme habe, ihr in negativen Merkmalen zu ähnlich sei, z. B. aggressiv und laut.

Die Schwierigkeiten in den Beziehungen zu ihren Kindern, von denen Frau L. berichtet, sind nicht nur eine Hypothek, die sie aus ihrer eigenen Kindheit geerbt hat, sie werden auch durch andere Faktoren beeinflußt. So ist sie beispielsweise sehr unglücklich über die Umgebung, in der ihre Familie wohnt.

Es handelt sich um einen mehrstöckigen Häuserblock aus den sechziger und siebziger Jahren in einer Siedlung am Stadtrand, mit Blick auf Wiesen und

Wälder, aber auch auf eine vielbefahrene Autobahn mit ihrem nicht überhörbaren Geräuschpegel. Es ist jedoch weniger die topographische Lage der Wohnung, die Frau L. Kummer macht, als der *soziale Kontext*. In dem Mehrfamilienhaus gibt es viel Ärger mit Nachbarn, die sich über ihre Kinder beklagen, wenn sie in der Wohnung, im Treppenhaus oder auf dem Spielplatz zu laut sind. Das ist bereits ein jahrelanger Dauerkonflikt, über den sie sich sehr aufregt. Seit langem sucht sie daher aktiv nach einer Umzugsmöglichkeit. Sie organisierte sich dazu einen großen Bekanntenkreis, über Kurse der Volkshochschule, einen Frauentreffpunkt, die Teilnahme an Gruppentherapien, und sie gab Zeitungsanzeigen auf, in denen sie Leute suchte, um mit ihnen zusammenzuwohnen. Sie habe sogar andere Menschen auf der Straße angesprochen, mit denen sie Kontakt aufnehmen wollte: „Sie sind mir sympathisch, Sie will ich einladen!" Doch all diese sehr bemerkenswerten Aktivitäten stießen an Grenzen. Sie habe viele Bekannte, aber kaum gute Freunde: „Wenn sie sehen, wie es bei uns zugeht...!" Einmal wollten die L.s mit einer Reihe anderer Leute zusammen ein Haus bauen, der Architekt hatte bereits den Plan geliefert, aber dann sei alles wieder an ihren Kindern gescheitert, die auch für die neuen potentiellen Nachbarn zu „aggressiv und auffällig" gewesen seien. Zur Zeit des Interviews bereiten sie nun den Umzug in eine neue Wohnung vor, die noch etwas weiter draußen vor der Stadt in einem Dorf liegt. Frau L.s ganze Hoffnung ist es, dort akzeptable Nachbarn zu finden, so daß es nicht gleich wieder zum Streit wegen der Kinder kommt.

Ein weiteres Moment, das sich auch auf ihre Beziehung zu den Kindern auswirken dürfte, sind die Probleme im *Verhältnis zu ihrem Mann*. Wie bereits erwähnt, klassifiziert sie auch ihre Partnerschaft global gesehen nicht als negativ, wenn man aber die einzelnen Dimensionen der Ehebeziehung betrachtet, werden wiederum Ambivalenzen und Schwierigkeiten deutlich. Sie stimmt allen folgenden Statements zu:

— Mein Partner versucht, mich zu verstehen.
— In meiner Partnerschaft fühle ich mich frei.
— Ich schmuse gern mit meinem Partner.
— Es kommt oft vor, daß mich mein Partner überhaupt nicht begreift.
— Ich kann meinem Partner sagen, was mich an ihm ärgert.
— In unserer Partnerschaft leide ich darunter, daß so vieles festgefahren ist.
— Ich fühle mich oft von meinem Partner ausgenutzt.
— Ich kann meinem Partner sagen, was ich an ihm mag.
— Es kommt oft vor, daß mich mein Partner unter Druck setzt.
— In unserer Partnerschaft fühle ich mich sexuell glücklich und anerkannt.
— Unsere Beziehung hält keinen heftigeren Streit mehr aus.
— Wenn ich könnte, wie ich wollte, würde ich manchmal ganz gern mit den Fäusten gegen meinen Partner losgehen.

Positive und negative Aspekte der Beziehung zum Mann wechseln sich ab, Versuche des Verstehens gehen parallel mit Erfahrungen des Nicht-Begreifens, das Eingeständnis, daß die Beziehung keinen heftigeren Streit mehr aushält wird begleitet vom Wunsch, dennoch manchmal mit den Fäusten auf den Mann loszugehen (was auch wirklich geschieht, wie noch gezeigt wird).

Zwischen welchen Polen Frau L.s Beziehung zu ihrem Mann oszilliert, dokumentiert auch das Instrument, das durch teilweise extreme Gegensatzpaare von Beschreibungen die Möglichkeit zur Selbsteinschätzung des Partnerverhältnisses gibt (vgl. Diagramm 22).

Diagramm 22

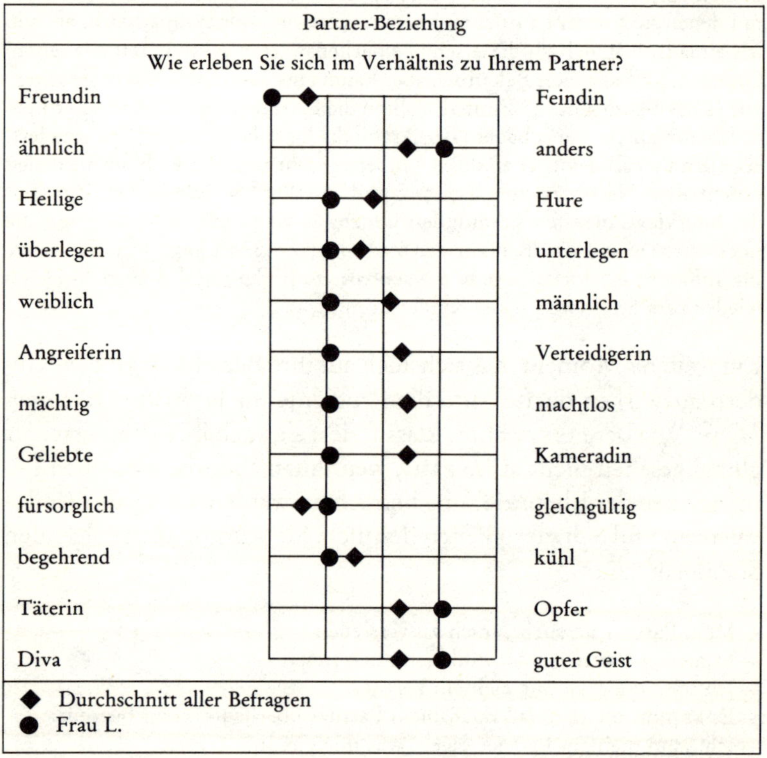

Frau L. empfindet sich *gleichzeitig* als Freundin, eher als begehrende Geliebte und auch eher als Heilige; tendenziell fühlt sie sich überlegen, mächtig, angreifend, aber auch als Opfer. In der Dimension der Erotik wie in der der Macht schwanken ihre Selbsteinschätzungen. An anderer Stelle sagt Frau L. auch, daß sie sich von ihrem Mann (wie von den Nachbarn und anderen Müttern) in Fragen der Kindererziehung nicht anerkannt fühle.

Vom Interviewer auf ihre ambivalente Haltung zu ihrem Partner angesprochen, von dem sie sich einerseits nicht anerkannt fühle, mit dem sie aber dennoch zusammenleben wolle, meint sie: „Ich habe es anscheinend gerne schwierig!" Sie sei selbst sehr „*verletzbar und verletzend*" (Frau L. bedient sich bei Selbstbeschreibungen einer Sprache, die ihre langjährigen Erfahrungen der Selbst- und Fremdanalyse kaum verleugnen kann). Diese Charakterisierung als selbst verletzbar und verletzend fügt sich jedenfalls gut in das Bild ein, das sich aus ihre Lebensgeschichte bisher ergeben hat — das Kind, für das kein Platz da war und dessen Selbstbewußtsein buchstäblich niedergeprügelt wurde, die Wut darüber und die Art später Rache für das, was ihr angetan wurde, gegenüber Personen, die ihr nahestehen. Das Bedürfnis nach Nähe, das früher nicht befriedigt werden konnte, drückt sich noch in seiner aggressivsten Wendung aus — *Frau L. und ihr Mann haben sich jahrelang „blau geschlagen"*, ihren eigenen Part dabei gibt sie ohne weiteres zu, sie habe eine „*tödliche Aggression*" gehabt. Ihren Mann habe sie mit Geschichten über seine Herkunft herausgefordert, bis er sie schlug: „Ich habe das irgendwie gebraucht, also, ich wollte die Schläge haben. Ich hab's ja provoziert". Sie selbst hat ihrem Mann schon einen Zahn herausgeschlagen. Es sei aber auch ganz schön, die Wut herauszulassen; es sei zumindest ein Kontakt zu ihrem Mann gewesen, sie „wollte ihn spüren" und wußte dabei „nicht wohin mit meiner Kraft". Es sei vorgekommen, so berichtet sie selbst, daß sie Stunden nach einem Ehestreit, als ihr Mann schon geschlafen habe, ihn wieder aus dem Bett gezogen und verprügelt habe.

Für die „verletzte Verletzerin" gibt es aber auch noch Schlimmeres als Schläge, für sich wie für ihren Mann:

„Ja, Vorwürfe oder so Heruntermachen, daß ich nichts tue oder wert bin oder so einfach versagt habe in der Kindererziehung — das ist das Schlimmste" (C, TB 236).

Und ihren Mann könne sie stärker als mit Schlägen treffen, wenn sie ihm wegen seiner Mutter, der sie böse Dinge zuschreibt, verletze. Diese Verletzungen verbaler Art treffen das Selbstwertgefühl subjektiv offenbar noch stärker als körperliche Gewalttätigkeiten. Wenn im Falle der Frau die Kompetenzen als verantwortungsvolle und effiziente Mutter bezweifelt werden oder — im Falle des Mannes — die Ehre seiner Mutter gekränkt wird, geht der Angriff aufs eigene Selbstbewußtsein, das verwundet reagiert.

Wenn zum gekränkten Selbstwert bestimmte aktuelle Anlässe oder chronische Belastungen hinzukommen, ist jedenfalls bei Frau L. bald die Schwelle erreicht, wo sie körperlich aggressiv gegenüber Mann und Kindern wird. Bei ihrem Mann stört sie z. B., daß er nicht genug Verantwortung für die Erziehung der Kinder übernimmt und sie anders als sie selbst erziehen möchte; weiter stört sie, daß er sich zu wenig um seine Aufgaben in der Familie kümmert, sich darauf verläßt, daß *sie* Entscheidungen fällt, daß sich ungelöste Probleme von früher aufgestaut haben und er nicht darüber spricht. Einiges davon, die unzureichende Verantwortung für Kinder und Familie, das Schweigen über die angestauten Probleme, führt zum Streit, der dann rasch eskalieren kann — bis zum massiven Prügeln und körperlicher Verletzung des Partners.

Zwischen den *Konflikten mit ihrem Mann* und den damit verbundenen Gefühlen und der *Beziehung zu den Kindern* besteht ein Zusammenhang:

„Schwierigkeiten mit meinem Mann hauptsächlich sind die, die die Kinder angestellt haben. Weil die spüren auch sehr die Spannungen und die Aggressionen, das spüren die sehr viel. — Dann genauso irgendwelche Aggressionen von mir, wenn ich irgendwie unzufrieden und aggressiv und unruhig und dauernd auf der Suche nach was, das spüren die auch" (C, TB 270).

Die Kinder bieten selbst viele Anlässe, über die sich Frau L. ärgert, die sie stören: daß sie nicht genug für die Schule tun, etwas im Laden gestohlen haben, untereinander eifersüchtig sind, daß sie besondere Vorrechte für sich beanspruchen, ihr ihre Mühe nicht danken, patzig sind, lügen, sie beleidigen, auch körperlich angreifen, daß sie Freunde haben, die ihr nicht gefallen, zu spät nach Hause kommen, bei ihren Vorlieben für Kleidung und Musik oder auch den gewünschten Beruf nicht mit den mütterlichen Vorstellungen harmonieren. Massiv wird der Streit mit den Kindern aber besonders, weil noch anderes dazukommt, z. B. der Ärger mit den Nachbarn, von dem schon die Rede war.

Frau L. stört „das Gequietsche und die lauten Schreiereien in der Wohnung und das Stampfen auf dem Boden. Aber ich weiß nicht, ob mich das stört oder ob ich Angst habe, daß die unteren raufkommen. Das kann ich nicht abschätzen, das weiß ich gar nicht" (C, TB 022).

Ihr fragiles Selbstbewußtsein *verstärkt* die Angst vor der sozialen Umwelt: „Ich habe eine wahnsinnige Angst, und was die Leute von uns denken und wie sie sich aufführen, die Kinder". Wenn es dann soweit ist, schreit Frau L. die Kinder häufig an, sie hat sie aber auch schon ein paar mal gepackt und geschlagen, einmal auch wirklich verprügelt und verletzt. Erst am Vortag gab es wieder eine solche Situation, es fing ganz harmlos an:

„Es war gar nichts besonderes. Wir wollten ins Kino gehen und da war der Lars nicht da. Und dann habe ich zu Leo gesagt, er soll den Lars suchen, ich muß kochen und habe keine Zeit jetzt. Und er wollte halt das auch nicht, und dann ist er doch gegangen, und dann war er drunten, ist aber gleich wieder gekommen (...) Ja, und er war halt sauer, er muß jetzt zum dritten Mal, und wenn er den Lars nicht findet, dann können wir nicht ins Kino gehen. Dann habe ich gesagt, geh' halt hinunter und such' ihn, du bist vielleicht ein Depp, du schaust ja nirgends und suchst ihn nicht. Und du brauchst auch nicht ins Kino, das ist gestrichen, wir gehen überhaupt nicht. — Dann war er halt furchtbar wütend und hat sich da aufgeführt und geplärrt. Und da habe ich ihn gepackt und habe ihn bei den Haaren gerissen — und er hat dann immer noch mehr einen Plärranfall gehabt, und mein Mann hat dann auch noch geschrien (...) Na ja, und eigentlich hab' ich mich da wahnsinnig über ihn geärgert (...) Er ist oft vier Stunden weg und kommt nicht. Und da hab' ich ihn halt ungerecht behandelt, daß er halt — war also sauwütend, eigentlich auf den Lars und auf mich. Ich hab's dann an ihm ausgelassen" (C, TB 070).

Solche Situationen können dann weiter eskalieren in der Lautstärke, in der Gewalttätigkeit — und in der Angst, auch vor Dritten, die was mitbekommen könnten:

„Und wenn ich das dann sehe, wenn er dann so wütend ist und alles, und — hab' eine Sauangst, wenn er so schreit. Ich hab' dann Angst, die Nachbarn hören es und schäme mich dann auch und hab' Angst vor seiner Wut, weil er wird dann wahnsinnig wütend. Der haut dann schon auch zu, der haut mich dann. Der geht dann auf mich sehr los, weil sich der wahrscheinlich ungerecht behandelt gefühlt hat, wahrscheinlich" (C, TB 076).

Frau L. sieht also bei ihrem Sohn wieder ähnliche Motive für aggressives Verhalten, wie bei sich selbst — ungerechte Behandlung und gekränktes Selbstbewußtsein. Wiederholt sich diese Art seelischer Verletzung von Generation zu Generation, verletzt der oder die Verletzte wiederum andere? Wird es den Mitarbeitern des Kinderschutzzentrums, zu denen Familie L. Kontakt aufgenommen hat, gelingen, hier etwas zu verbessern, sie aus diesem Zirkel zu befreien?

Die These von der „verletzten Verletzerin", die Frau L. vertritt und zugleich ja verkörpert, formuliert das Problem in *psychologischen Kategorien*. Die verbreitete Tendenz zur Psychologisierung von Tatbeständen und ihr jahrelanges Training in psychotherapeutischen Arrangements mögen eine solche Codierung der Ereignisse und Zusammenhänge gefördert haben. Rekapituliert man aber die Geschichte von Frau L. unter *soziologischen* Gesichtspunkten, werden auch andere Schichten sichtbar, die den Boden für ihre Erlebnisse, Gefühle und Reaktionsformen bilden. Hinter den Kindheitserfahrungen wurden sozialstrukturelle und sozialhistorische Bedingungen deutlich, die sie erklärbar machen. Dazu gehört die Situation auf dem Bauernhof, auf dem die eigenen Eltern in einem unselbständigen, Quasi-Angestelltenverhältnis zur Tante leben. Dies ist eine Frau, die ihrerseits als Kriegerwitwe den normativen Erwartungen des Dorfes und der Gäste nachkommen soll und will, den Hof als Frau genauso gut zu führen wie ein Mann — eine Überanstrengung, die das ganze soziale Klima auf dem Hof, besonders für das Kind, prägt. Der Druck von außen vereinigt sich mit den schweren biographischen Erfahrungen der eigenen Eltern, ihrer Leistungsambitionen, ihrer Zuflucht in einer ebenso rigiden Religiosität und in ihren Bemühungen, ihre Kinder — darunter die spätere Frau L. — durch eine Mischung von autoritärem Zwang, Gewalt, Kontrolle und Überbehütung der als Bestimmung erlebten Sozialstruktur einzupassen. Die Kontrolle über die Kinder geht dabei so weit, daß ihre Kindheit eigentlich geleugnet wird, daß sie verschwindet. *Kurz: die Anpassung an die Sauberkeits- und Perfektionsnormen von Dorf und Gästen gelingt nur durch Autoritarismus nach innen, und der Preis dafür ist u. a. die Verhinderung einer Kindheit.*

Auf der Folie dieser frühen düsteren Erfahrungen von Frau L. zeichnen sich gleichwohl — ex negativo — noch im Versuch einer letzten Resistenz des „die kriegen mich nicht klein" Spuren eines ansonsten niedergehaltenen Selbstbewußtseins ab, verbunden mit einer auf Jahrzehnte hinaus bestimmenden Gemengelage von Depression und Aggression. Nahrung erhält Frau L.s Selbstachtung erst in ihrer Jugendzeit, im Kontext der Erfahrungen mit ihren ersten Arbeitstellen und Ausbildungsplätzen. Hier findet sie erstmals persönlichen Freiraum, Respekt für ihre Leistung und auch — neben negativen Erlebnissen — soziale Kontakte, aus denen sie Gewinn zieht. Sie partizipiert als Pflegeschwester an der gesellschaftlichen Wertschätzung für Erwerbsarbeit und caritative Berufe, wird also mit Lohn und beruflicher Anerkennung prämiert — Dinge, die ihr wichtig sind und die sie später als Mutter und Hausfrau wieder vermißt.

Durch ihre Familiengründung (Hochzeit wegen des sich ankündigenden Kindes) scheint Frau L. einen Rückschlag bei der Entwicklung ihres Selbstbewußtseins erlitten zu haben. Die Familie bot ihr nicht die Ressourcen, ihre materiellen und statusorientierten Wünsche (bessere Schulbildung, eigenes Einkommen, Eigentum) zu befriedigen und auch ihre Bedürfnisse nach sozialer Nähe und Geborgenheit wurden in bestimmtem Umfange frustriert; mit Mann und Kindern hat sie vielfältige Beziehungsprobleme, die sie auch ihrer persönlichen Geschichte anlastet. Auf der anderen Seite konnte ihr Mann, obgleich in gesicherter Beamtenposition, ihr auch nicht die Sterne vom Himmel holen, nicht ihre materiellen und sozialen Aufstiegswünsche, die sie mittlerweile entwickelt hat, verwirklichen.

Der normative Druck der sozialen Umwelt von Nachbarn, den sie schon in der Herkunftsfamilie indirekt negativ verspüren mußte, hat Frau L. auch in der Gegenwart wieder eingeholt. Die Konflikte mit ihren Wohnungsnachbarn — der Kinder wegen — sind ein Dauerproblem. Was davon auf schlechte Wohnbauqualität (mangelhafte Lärmisolation), die Übersensibilität oder Kinderfeindlichkeit der Nachbarn oder die Erziehungsprobleme mit den Kindern zurückzuführen ist, braucht hier nicht entschieden zu werden. Jedenfalls schlagen die einen auf die anderen Momente durch, gegenseitig halten sie sich als circulus viciosus auf Trab.

Ähnliches gilt wohl für Zusammenhänge zwischen anderen extern und intern lokalisierbaren Problemen. So haben die Kinder Schwierigkeiten in der Schule (schlechte Noten und besondere Aggressivität gegenüber Mitschülern), eines ist bei einem Ladendiebstahl erwischt worden und Frau L. hat selbst ein unsicheres Verhältnis zu den Kindern. Außenbedingte und familieninterne Schwierigkeiten ihrer Kinder, mögliche Organisationsprobleme der Schule einerseits, Werbe- und Verkaufsstrategien von Supermärkten, die Kinder geradezu zum Stehlen verführen, andererseits und die Probleme der Mutter, mit all dem auf einmal umzugehen, verwirren sich da zu einem für sie unlösbaren Knoten. Gleichzeitig nimmt sie für all dies — ob eher gesellschaftlich oder eher individuell produziert — die Schuld auf sich, eine verbreitete Reaktion, besonders von Frauen in Familien (vgl. Wahl et al. 1980, S. 213) und schämt sich ob ihrer Unfähigkeit vor ihrer Umgebung, „man hat ja Angst, es könnte einer erfahren". So summieren sich eine ganze Reihe externer und interner Vorkommnisse und Belastungen in vertrackter Weise zu Gefühlen von Streß und Überforderung.

Auf einer Liste für solche möglichen Ereignisse kreuzt Frau L. denn auch neun Aussagen als aktuell für sie zutreffend an und liegt damit um einiges über dem Durchschnitt aller untersuchten Familien (in Klammern Erläuterungen von uns):

— große Probleme zwischen Schule und Kind (s.o.);
— Umzug (steht bevor);
— Schwangerschaft (aktuell);
— zunehmende Entwicklungs- oder Verhaltensschwierigkeiten eines Kindes (hier: Aggressivität gegenüber andern Kindern);
— Ladendiebstahl eines Kindes (s.o.);

— Probleme in sexueller Beziehung (hier: kein Verlangen nach häufigerem Verkehr);
— Schwierigkeiten mit Verwandten (hier: Eltern und Schwiegereltern);
— Schwierigkeiten mit Bekannten und Nachbarn (s.o.),
— persönlich sehr durch Umweltprobleme betroffen (hier: nahe Autobahn, gespritzter Rasen, Hundekot auf Spielplatz).

Daß sie mit einer solchen Summierung von Belastungsfaktoren nicht produktiv umgehen kann, trifft Frau L., sie fühlt sich hilflos, wird aggressiv, aber sie bemüht sich auch um Lösungen, sei es durch Beratung und Therapie, sei es durch den versuchten Aufbau verläßlicher sozialer Kontakte. Das ist ihr nach eigener Einschätzung aber noch nicht zureichend gelungen und dämpft ihr Selbstbewußtsein. Der Versuch, sich selbst (teils autonom, teils mit Hilfe anderer) aus dem „Sumpf" zu ziehen, vor dem sie schon ihre Mutter mit untauglichen Mitteln bewahren wollte, ist Frau L. bislang weitgehend mißglückt. *Sie steckt damit exemplarisch in der strukturellen Falle einer Gesellschaft, die zwar Autonomie und Selbstbewußtsein propagiert, aber nur beschränkte Haftung für die Bereitstellung der Ressourcen übernimmt, die Individuen ein selbstbewußtes und selbstbestimmtes Leben ermöglichen.* Psychotherapeutische Beratung und kleine soziale Netze erweisen sich nur als bescheidener Schutz angesichts der Macht der Modernisierungsfalle mit ihren lockenden Verheißungen und entmutigenden Versagungen.

Herr J. oder gesellschaftliches Abseits und negierte Menschenwürde

> „Weil ich drei Jahre jetzt kämpfe, daß ich eine Arbeit kriege. Welcher Familienvater da nicht durchdreht, das ist kein Mensch für mich".

Auch Herr J. gibt ein Beispiel für das hypothesenkonforme gemeinsame Auftreten von frustrierten Erwartungen an die Verheißungen moderner Gesellschaft, beschädigtem Selbstbewußtsein und Gewalttätigkeit. Im Gegensatz zu Frau L. gehört er aber einer materiell viel schlechter gestellten sozialen Schicht an.

Herr J. ist 30 Jahre alt und seit langem arbeitslos. Seine Frau ist 22 Jahre alt, ebenfalls arbeitslos bzw. Hausfrau; bis ins Vorjahr hat sie als Küchenhilfe gearbeitet. Die beiden haben einen Sohn von eineinhalb Jahren, ein weiteres Kind ist unterwegs. Die Familie lebt von der Sozialhilfe. Herr J. hat eine kurze Ausbildung als Pflegehelfer, ist aber seit einiger Zeit herzkrank und deswegen nicht sehr belastbar (50 Prozent arbeitsfähig). Familie J. lebt in einer kleinen, vom Sozialamt bezahlten Wohnung in einem äußerst schlichten älteren Wohnblock an einer innerstädtischen Hauptverkehrsstraße und in Sichtweite eines großen Rangierbahnhofs. Sie stehen in Kontakt zum Kinderschutzzentrum.

Herr J. stammt aus dem Ruhrgebiet. Sein Vater war ursprünglich Steiger, bis er invalide wurde, seine Mutter war Putzfrau. Der Vater trank viel und irgendwann glitt die Familie in die Obdachlosigkeit ab. Herr J. war das erste Kind seiner Eltern, die insgesamt sieben Kinder hatten. Die Eltern „wollten ihn aber nicht haben" und gaben ihn zu seiner Großmutter in ein Dorf in Süddeutschland. Dort wuchs er bis zum siebten Lebensjahr auf. Diese Zeit bei der Großmutter ist ihm in sehr guter Erinnerung, diese Frau war seine Vertrauensperson. Auch dem verstorbenen Großvater weint er noch heute manche heimliche Träne nach, er sei „sein Idol" gewesen, herzlich, gütig und hilfsbereit gegenüber jedermann.

Nach den sieben Jahren bei der Großmutter war er ganze zwei Wochen bei seinen Eltern, und dies war eine Episode voller Schrecken. Er habe, obgleich viel schwächer als seine Brüder, die Kohlen aus dem Keller schleppen müssen — „eine Erniedrigung", den Stumpf des amputierten Beines seines Vaters massieren müssen — was ihn ekelte, er sei grün und blau geschlagen worden, habe „ausgeschaut wie ein Farbkasten", er habe seinen Urin trinken müssen, sei abgemagert, bis Nachbarn die Polizei alarmierten und ihn wegholen ließen. Auf der Polizeiwache habe er sich ausziehen müssen, damit die Mißhandlungen begutachtet werden konnten. Deswegen habe er sich sehr geschämt, andererseits sei er froh gewesen, daß ihn die Polizei von den Eltern wegholte. Anschließend kam er zehn Jahre lang in ein Heim in Westdeutschland; da war er bis zum 16. Lebensjahr. Das Erziehungspersonal habe sich um die Heimkinder bemüht; die in der Nähe wohnenden Eltern hätten ihn nicht besucht, dagegen seine Großmutter aus Süddeutschland. Nachdem er auf der Volksschule Schwierigkeiten hatte, kam er auf eine Schule für Lernbehinderte.

Er habe sehr auf sein Äußeres geachtet, er sei immer, auch heute noch, „für Sauberkeit und Ordnung", habe stets „ganz adrett in die Schule gehen" wollen. Das Schulzeugnis habe ihn als „ruhigen und bescheidenen Schüler" ausgewiesen, der „zu seinen Mitschülern ein gutes Verhältnis" habe, „sechsmal befriedigend, sechsmal ausreichend", darauf sei er noch heute stolz. In der Schule und im Heim sei es hart, aber gerecht zugegangen. Schon damals begann er mit Handarbeiten und er hat bis in die Gegenwart ein Faible fürs Stricken und Häkeln, er fertigt Kleidungsstücke für die ganze Familie. Beim Häkeln sehe man den Fortschritt des Produktes so gut. Bei Herrn J. finden sich nicht nur solche Vorlieben für traditionell eher von Frauen ausgeübte Tätigkeiten, er bekennt, daß er früher auch lieber ein Mädchen sein wollte, „weil Mädchen faszinierender sind, schön ausschauen, interessanter sind, vom Sexuellen her gesehen reizvoller sind", sie könnten sich besser kleiden als ein Junge. Aber er schätzte als Junge auch den Umgang mit den Mädchen; heute sei er froh, keine Frau zu sein, schon wegen dem „Kinderkriegen".

Nach der Schule machte er einen Berufsförderungslehrgang für das Schreinerhandwerk, scheiterte aber bei der Prüfung. Anschließend begann er eine Lehre als Binnenschiffahrtsmatrose. Nach der Zeit im Heim, in der Schule und Ausbildung sei er nicht sehr selbstsicher gewesen, „mußte erst zu sich finden" auf dem Schiff.

„Aber nach eineinhalb Jahren bin ich dann abgehauen, ich blöder Hund, und heute tut es mir leid (...) Ich habe einen Streit mit einem Matrosen gehabt und dann bin ich abgehauen von Bord (...) Ich habe andere Leute gesehen, andere Gewohnheiten, andere Sitten, andere Menschen (...) und auch andere Städte (...), das war interessant und faszinierend für mich. Aber ich habe trotzdem die Flinte ins Korn geschmissen" (A, TB 242).

Nach dem Streit mit dem Matrosen rannte er in einer Art Kurzschlußhandlung nachts von dem Schiff weg, war dann erst einmal obdachlos und blieb dies sieben Jahre lang. In dieser Zeit tippelte er durch halb Europa, „da ist es mir besser gegangen wie heute, ich habe mein Essen gehabt, ich habe mein Trinken gehabt, ich habe mein Geld gehabt, ich habe meinen Tabak gehabt — wenn auch nicht viel Geld, aber ich habe es gehabt (...) Ich habe immer geschaut, daß ich sauber bin, das war das wichtigste. Wenn man nämlich sauber ist, kriegt man auch etwas, wenn man natürlich geschlampert und gespeckert daherkommt, kriegt man nichts" (A, TB 263).

Als er einmal mit einem anderen Tippelbruder losgegangen sei — ansonsten sei er alleine gegangen — habe er sich zu einem Diebstahl verleiten lassen. Er wurde verhaftet und bekam eine Gefängnisstrafe. Tippelei, Obdachlosenheime und mehrere Gefängnisaufenthalte wechselten sich ab. So habe er viel über die Menschen, den Umgang mit Ämtern und mit der Polizei gelernt. Wenn er mittlerweile nicht das Kind hätte, wäre er längst wieder auf Wanderschaft, meint Herr J.. Allerdings steht dem auch sein schlechter Gesundheitszustand entgegen, seit er vor etlichen Jahren auf der Straße zusammengebrochen ist. Er machte — motiviert durch den Krankenhausaufenthalt — dann eine kurze Ausbildung als Krankenpfleger und arbeitete in einem Altersheim. Da ereignete sich eine etwas undurchsichtige Geschichte, abends nach einer Geburtstagsfeier geschah es:

„Ich habe einen Herzinfarkt gekriegt und bin durch eine Scheibe geflogen, und dann haben die gesagt, ich hätte randaliert, und dann haben sie nach zehn Tagen erst festgestellt, daß ich einen Herzinfarkt hatte" (A, TB 335).

Er wurde wegen der behaupteten Randaliererei in eine psychiatrische Klinik eingeliefert und lernte dort seine jetzige Frau kennen, die wegen eines Selbstmordversuchs dort untergebracht war. Auch Herr J. hat schon eine ganze Reihe von Suizidversuchen hinter sich.

Als Krankenpfleger habe er später nicht mehr arbeiten können, weil ihm der entsprechende Ausweis gestohlen worden sei. So schlug er sich anderweitig durch, als Küchenhelfer in Gaststätten und dergleichen — meist nur jeweils ein paar Tage. Herr J. will in Kürze die Krankenpflegerausbildung wiederholen, wenn er zugelassen wird — er investiert seine ganze Hoffnung in diese Chance, nach der langen Zeit ohne Arbeit und Geld.

„Da ich schwerbehindert bin, verkrafte ich halt nicht sehr viel, das ist der Mist, und der bricht mir und meiner Familie noch das Genick, die Scheiß-Behinderung — ich krieg keine Arbeit. Bin sehr hoch verschuldet und wenn man dann keine Arbeit hat ... Die einen schreien nach der 35 Stunden-Woche und man ist froh, wenn man überhaupt einen halben Tag arbeiten kann. Da frag ich mich echt, wo ist da noch die Realität der Menschheit" (A, TB 195).

Herr J. ist erbittert über die Tatsache, daß er angesichts seines persönlichen Schicksals, seiner Krankheit, seiner unzureichenden Ausbildung, wohl auch seiner Vorgeschichte und aufgrund der schlechten allgemeinen Wirtschaftslage — zur Zeit der Gespräche mit ihm gab es nach der amtlichen Statistik schon seit längerem zwei Millionen Arbeitslose in der Bundesrepublik — nicht etwas nützliches tun kann und dafür ein wenig Geld verdient. In seiner jetzigen Lage, mit Frau und bald zwei Kindern in einer winzigen Schlichtwohnung und hochverschuldet, erscheint er eingesperrt und zum Nichtstun verurteilt. Seine Vergangenheit, in der er frei durch die Lande zog, auf Arbeit nichts gab und immer jemand fand, der ihm etwas zu essen überließ, steht ihm dabei mehrfach im Wege: sie erscheint als positives Gegenbild, als Freiheitsversprechen wie auch als Grund seiner jetzigen Situation — erstmals war er auf der Straße zusammengebrochen und erstmals straffällig wurde er auch in der Zeit der Tippelei. Was ihn über Wasser halte, sei vielleicht sein Humor, den er bei allem Unglück behalten habe, wie er sagt; darüber hinaus seine Hoffnung, irgendwann doch bei seiner eingeschränkten Arbeitskraft als Pfleger oder durch Handarbeiten ein wenig zu verdienen. Etwas Hoffnung setzt er auch auf seine Familie, aber da stellen sich sogleich auch einige Fragen, wie noch zu zeigen sein wird.

Sein Selbstbild bewegt sich auf den entsprechenden Skalen demgemäß weit im negativen Bereich (vgl. Diagramm 23). In vielen Dimensionen ordnet sich Herr J. am extrem negativen Pol ein, wie ein einmalig-trotziges „dennoch" erscheint dagegen seine Selbstbeschreibung als „selbstsicher" (zweites Item). Vor diesem globalen Hintergrund verwundert die Reihe der Suizidversuche nicht, von denen er berichtet. Ab und zu, besonders wenn gerade etwas Geld da ist und er sich Alkohol kaufen kann, kommt es zu einer Krise, in der ihm die Lage aussichtslos erscheint und in der sich dann seine ganze Enttäuschung

Diagramm 23

Selbst- und Umweltsicht
Alles in allem bin ich mit mir zufrieden
unzufrieden
Ich bin nicht selbstsicher
selbstsicher
Ich halte mich selten
oft für bedrückt
Ich neige dazu, mich eher nach anderen zu richten
andere richten sich eher nach mir
Ich fühle mich im Umgang mit dem anderen Geschlecht unbefangen
sehr befangen
Ich habe den Eindruck, daß andere mit m. Arbeitsleistung oft eher unzufrieden
besonders zufrieden sind
Ich neige eher dazu, meinen Ärger irgendwie abzureagieren
meinen Ärger in mich hineinzufressen
Ich sehe nicht gut aus
gut aus
Ich habe den Eindruck, daß mir im Leben vieles gelingt
vieles nicht gelingt
Es gelingt mir eher schwer
eher leicht, mich beliebt zu machen
Ich fühle mich selten
häufig einsam und allein
Das Leben kommt mir oft
nie sinnlos vor
Ich fühle mich von meinen Freunden und Bekannten anerkannt
nicht so anerkannt
Ich habe es in meinem Leben bislang eigentlich leicht
besonders schwer gehabt
Meine jetzige Arbeit befriedigt mich sehr
1
befriedigt mich gar nicht
Andere haben oft kein Verständnis für mich
meist Verständnis für mich
Ich bin meist fröhlich
oft traurig
Ich fühle mich oft
selten ungerecht behandelt
Ich fühle mich selten gespannt oder nervös
oft gespannt oder nervös
Ich fühle mich als Bürger vom Staat ziemlich kontrolliert
vom Staat insgesamt respektiert
Ich glaube an den Fortschritt und eine bessere Zukunft für uns alle
Ich glaube nicht daran
Auch wenn man sich noch so anstrengt kann man es heute zu nichts bringen
Wer sich wirklich anstrengt, bringt es zu was
Ich verliere selten die Geduld und werde kaum wütend
Ich verliere leicht die Geduld und werde wütend
In unserem Sozialstaat kann man sich in Zukunft nicht mehr sicher fühlen
auch in Zukunft sicher fühlen
◆ Durchschnitt aller Befragten
● Herr J.
1 keine Angabe, da arbeitslos

und Wut gegen sich und seine Umwelt entlädt: Er zerschlägt dann die Wohnungseinrichtung, wendet sich gewalttätig auch gegen die Frau und teilweise gegen das kleine Kind und richtet dann auch die Aggressionen gegen sich selbst, will sich umbringen.

Sowohl in den Indikatoren schwerer persönlicher Krisen, den Suizidversuchen, wie in einer Reihe anderer Punkte gibt es Parallelen zwischen den Lebensgeschichten von Herrn und Frau J.: Beide stammen aus bedrückenden Familienverhältnissen, beide hatten Eltern mit jeweils sieben Kindern, beide wurden von ihren Eltern früh weggegeben in Pflegeverhältnisse, beide haben eine schlechte Schulausbildung und praktisch keine Berufsausbildung und — wenn sie überhaupt Arbeit hatten — meist schlecht bezahlte, zeitweilige Jobs zwischen Hilfsarbeiten in Stadtgärtnerei, Küche und Altenheim. Beide trafen sich an Krisenpunkten ihres jeweiligen Lebens in einer psychiatrischen Klinik und blieben dann zusammen — eine Art gegenseitiger Strohhalm.

Unter den Dingen, die Herr J. aus dem Katalog der *Lebenshoffnungen* (bzw. Verheißungen der Moderne) sehr wichtig findet, stehen verständlicherweise ein sicherer Arbeitsplatz und der Wunsch, als Mann seine Familie gut zu ernähren, an erster Stelle (über den Durchschnittspräferenzen aller Befragten und auch der Indexgruppe), neben den verbreiteten Wünschen nach guten Beziehungen zu Frau und Kindern. Daneben sind für ihn der Wunsch, aus den Kindern ordentliche Menschen zu machen und das Interesse daran, daß niemand sich in seine privaten Dinge einmischt, dominant. Auf der anderen Seite ist die Liste der Dinge, die in seinem Leben kaum verwirklicht sind und die er besonders *vermißt*, sehr lang:

Von 28 möglichen Nennungen schlagen 23 negativ (als kaum oder gar nicht verwirklicht) zu Buche; eine Antwort fehlt und nur vier Dinge betrachtet er als eher verwirklichte Wünsche: gute Beziehungen zu Frau und Kind, den Lebenssinn in seiner Familie zu finden und daß er mit seiner Frau über seine Gefühle und Interessen sprechen kann. Dagegen vermißt er die mit Geld und Arbeit verbundenen Dinge am meisten — daß er keinen sicheren Arbeitsplatz hat, keine Erfüllung in der Arbeit finden kann, seine Familie nicht ernähren und sichern kann und daß er kein Eigentum besitzt. Darüber hinaus wird sein Selbstwertgefühl durch das Manko beeinträchtigt, daß er von anderen nicht akzeptiert wird.

Seine Familie, eine gute Beziehung zu Frau und Kind, sind ihm also wichtig und erscheinen als eine Art Rettungsinsel im Meer der Schwierigkeiten, das ihn umgibt. Auf entsprechende Fragen meint er, daß er sich ein Leben ohne Kinder nicht vorstellen könne und in ihnen weiterlebe. Auf seinen kleinen Sohn ist er stolz, obwohl er sich anfangs lieber ein Mädchen gewünscht hatte. Das Kind sei — anders als er selbst — sehr hübsch und erwecke die Bewunderung Fremder. Er will sein Kind nicht verwöhnen, im Gegensatz zu seiner Frau, die es hätschle; wenn es z. B. weine, sei er strenger mit ihm als sie. Die Eltern müßten sich notfalls dadurch einem Kind gegenüber durchsetzen, daß sie ihm zeigten, wer der Stärkere sei. Unarten müßten in bestimmten Fällen rigoros bestraft werden, wenn ein Kind etwa eine Scheibe einwerfe, müsse es „den Arsch voll kriegen". Angesichts seiner eingeengten Lebenssituation scheint sich Herr J. also darauf zu verlassen, durch Konsequenz, Strenge und gegebenenfalls durch den Einsatz körperlicher Mittel sein Kind disziplinieren zu können. Er will also zumindest in dem Bereich, der seiner Steuerung offen ist, für klare Ordnung sorgen.

In der Beschreibung der *Beziehung zu seiner Frau* anhand der entsprechenden Skalen wechseln sich positive und negative Momente ab. Zunächst kritisiert er, daß sie ihre Hausfrauenrolle nicht gut spiele; Kochen, Nähen und ähnliches seien nicht ihr Stärke, da fühle er sich z. T. überlegen. Herr J. meint aber, beide versuchten, sich gegenseitig zu verstehen, doch vieles sei festgefahren, er fühle sich auch oft von seiner Frau abgelehnt. Er schmuse gerne mit ihr, fühle sich aber sexuell nicht glücklich und meint sogar, ihre Beziehung halte keinen heftigeren Streit mehr aus. In der Skala für die Dimensionen für Dominanz und Erotik in der Partnerschaft fällt es Herrn J. schwer, sich festzulegen zwischen den einzelnen Polen. Er sieht sich in einer Doppelrolle hin- und herschwanken, in der er einmal eher als männlich und mächtig, als gleichgültig, auch als Angreifer oder Täter erscheint, zum anderen aber auch etwas weiblich und machtlos, fürsorglich, als Verteidiger und Opfer. Zu all dem trägt sicher auch seine Arbeitslosigkeit bei, der er zuschreibt, daß man sich mehr „auf der Pelle" sitze und sich deswegen gegenseitig aufrege. Das Gefühl des Eingesperrtseins mangels materieller Ressourcen bricht immer wieder durch, schon ein Tagesausflug ab und zu täte beiden gut, damit sie mal was anderes außerhalb der eigenen vier Wände sähen, meint er. Aber selbst für diese kleine Utopie fehlen die paar Mark.

Die *Beziehung* zu seiner Frau wie *zu seinem Sohn* leidet also offenkundig unter der schwierigen materiellen und gesundheitlichen Situation, es kommen aber auch andere Momente aus der Lebensgeschichte hinzu. So hatte sich Herr J. ja zuerst sehr ein Mädchen gewünscht, als es dann ein Junge wurde, mußte er sich erst darauf einstellen. Das habe jedoch eher seine Frau abbekommen als sein Sohn, wie er sagt. Außerdem hatte er kein Vorbild für den Umgang mit Kindern:

„Wir wußten erst gar nicht, wie wir das machen sollten mit dem Kind. Weil man es selber nicht gehabt hat, ich weniger, ich hab' ja nichts gehabt, ich wußte nicht, wenn ich zurückgedacht hab' an meine Eltern, ja hab' das alles nicht gehabt, was die heute, das habe ich nicht gehabt. Das Haufen Spielzeug, was die da drinnen ..." (C, TB 022).

... und die Verbitterung über seine Eltern klingt nach, bei denen er zwar nur ganz kurze Zeit war, die aber ein so negatives Modell für Elternschaft bei ihm hinterließen, daß er dies nicht auf sich anwenden kann. Andererseits ist ihm seine harte Kindheit doch als eine Art Schule zur Vorbereitung auf ein noch härteres Leben erschienen, daran möchte er bei der Erziehung anknüpfen:

„Meine Frau hat (das Kind — K.W.) ja vorne bis hinten verhätschelt (...), und da war ich halt strikt dagegen. Weil ich das ja auch nicht hatte, daß ich so verwöhnt wurde , und das will ich bei dem auch nicht haben, nicht. Der soll auch mal merken, daß nicht alles nach seiner Nase geht, nicht" (C, TB 024). — „Meine Frau ist so sensibel, die verhätschelt das Kind zu viel, und das ärgert mich. Die macht genau das Gegenteil, aber das Kind wird sich in der Schule, das Kind wird sich nie durchsetzen können, das wird immer ein Muttersöhnchen bleiben. Und das finde ich Scheiße (...) Wenn er das nicht kann, wird er immer mit blauen Augen oder Schrammen nach Hause kommen. Und das finde ich Scheiße" (C, TB 112).

Die erklärlichen Ressentiments über eigene qualvolle Kindheitserfahrungen münden so in einen Erziehungsstil, der Gefahr läuft, beim Kind tendenziell ähnliche Erlebnisse zu provozieren, wie sie Herr J. einst hatte, obwohl dies nicht in der väterlichen Absicht liegt. Seine Devise lautet, lieber dem Kind jetzt einige verpassen, als daß es später von anderen eine verpaßt bekommt — *Gewaltanwendung* als Prophylaxe gegen künftige Gewalterduldung. Gegenüber seiner Frau hat Herr J. klare und rigide Erwartungen bezüglich der Kindererziehung:

„Das einzige, was ich gleich gesagt habe von vornherein, wenn das Kind einmal dreckig ist, dann schepperts. Das Kind ist immer sauber und alles, das ist meiner Frau Arbeit. Mische mich auch nicht drein" (C, TB 044).

Die Situation in der kleinen Wohnung im Verein mit der aussichtslosen Lage und den Herzbeschwerden von Herrn J. haben schon Krisen ausgelöst, deren Opfer auch das kleine Kind wurde:

„Das war noch in der alten Wohnung. Da bin ich so durchgedreht, da war fast jede Nacht der Notarzt da. Da bin ich dann so durchgedreht, weil (das Kind) so geschrieen hat die ganze Nacht, ohne Grund, ununterbrochen. Und ich konnte nicht schlafen. Da bin ich dann so durchgedreht und hab' ihm eine geschmiert. — „Interviewerin: „Der Notarzt kam Ihretwegen?" —
Herr J.: „Ja, wegen mir. Öfters, weil ich es mit dem Herz zu tun hatte, weil es dauernd so schwül und schlechtes Wetter war, das Kind war auch noch da, und der gab partout keine Ruhe. Und da bin ich dann doch durchgedreht, bin aufgestanden und hab' ihm eine geschmiert. Und dann hat er gleich so eine

Backe gehabt. Zwei Tage später ist dann die vom Gesundheitsamt gekommen, dann habe ich ihr gesagt, da habe ich ihm eine geschmiert. Habe ihr das erzählt. Dann hat die gefragt, aus welchem Grund. Habe gesagt, wieso, weshalb, warum. Und was vorgefallen ist und so, und da ist dann nichts weiter passiert. Die hat es dann auch verstanden, die hat uns so eine Salbe genannt, die wir holen sollten, die haben wir dann geholt (...) Es tat mir dann auch selber leid, da konnte ich aber nichts mehr ändern" (C, TB 056).

„Ich hab' ihn auch schon aus Wut gepackt, an Arsch und Kragen, und habe ihn voll ins Bett hineingeschmissen (...) Da stand das Bett und da stand ich, da hab' ich ihn so gepackt und so rübergeschmissen. Das war alles nur aus Wut" (C, TB 074).

Glück im Unglück hat Herrn J. bisher davor bewahrt, schlimmeren Konsequenzen für das Kind und sich ins Auge sehen zu müssen. Er konnte plausibel machen, daß er krank war, öfter den Notarzt brauchte und vor dem Vorfall 48 Stunden nicht geschlafen hatte. Und sein Kind hatte „nur" einen Bluterguß. Gegen sein Kind greift er notfalls also auf harte Mittel zurück, aber Dritten gegenüber würde er es wie ein Löwe verteidigen und rächen:

„Ja, wenn ein anderer das Kind verletzen tät. Zum Beispiel (...) sexuell mißbrauchen tät, wenn es auf dem Spielplatz oder wo... Den tät ich suchen, dem tät ich sein Zipfel an Ort und Stelle abschneiden. Obwohl ich (das Kind) früher nicht gemocht habe, jetzt mag ich ihn gerne, er ist mein Heiligtum, wenn den einer anrührt (...) den tät ich umbringen. Genau wie es die Bachmeier gemacht hat" (C, TB 139).

Herr J. spielt damit auf einen damals von den Massenmedien ausgekosteten Fall an, in dem eine Mutter den Sexualmörder ihres Kindes im Gerichtssaal erschoß und von großen Teilen des Publikums dafür viel Beifall erhielt.

Es gab aber auch Situationen, in denen es für Herrn J. und andere nicht so glimpflich abging wie bei der Ohrfeige für das Kind. (Ob im übrigen eine Entwicklungsretardierung, derentwegen das Kind von einer Kinderärztin zur Therapie vorgeschlagen wurde, von diesen Formen des Umgangs mit ihm abhängt, steht dahin).

„Ich fresse es auch eine Zeit lang in mich hinein, aber irgendwann ist der Kanal voll und dann kocht es über. Meist passiert es auch mit Alkohol. Wenn dann meine Frau irgend so eine Dummheit sagt, dann schepperts. Meine Frau hat mich ja schon mal angezeigt. Dafür habe ich auch 600 Mark (Strafe — K.W.) gekriegt, muß ich heute noch 400 Mark zahlen. Sie kann sich gegen mich nicht wehren, weil sie ist ja ein dürres Krisperl, der schmier ich eine, dann kippt sie wie die Fliegen, dann fliegt sie hier im Zimmer umeinander" (lacht) (C, TB 064).

„Wenn ich nicht tapeziert hätte, da hinten im Kinderzimmer, da täten Sie noch heute einen Blutfleck sehen von meiner Frau. Das sind die 600 Mark, die kleben da hinten an der Wand. Bloß hinter den Tapeten, frisch tapeziert" (lacht) (C, TB 094).

„Und wenn ich dann drei Jahre eine Arbeit suche, und dann kann es schon einmal passieren, daß ich mir da einen Suff ansaufe und daß hier die Bude durch die Gegend fliegt. Das ist nämlich nach drei Jahren das erste Mal passiert. Weil ich drei Jahre jetzt kämpfe, daß ich eine Arbeit kriege. Und wer da nicht durchdreht, welcher Familienvater da nicht durchdreht, der ist kein Mensch für mich. Das gibt es nicht, irgendwann muß man da mal durchdrehen, vor allem, wenn man kleine Kinder hat. Sie ist schwanger, da ist noch gar nichts für das Kind da. Die Erstausstattung, nichts ist da, und das ärgert mich" (C, TB 210).

In solchen Fällen, wenn Alkohol ins Spiel gerate, sei seine Frau noch nie glimpflich davongekommen. Auch die Polizisten, die dann kamen, habe er verletzt. Bei dem Interview, in dem Herr J. von diesen Gewalttaten berichtet, hat er bereits das sechste Bier vor sich, weitere seien noch im Kühlschrank, meint er. „Ich kann auch sieben trinken. Ich darf nur keinen Schnaps dazu trinken. Dann haut's mich um". Andererseits findet er Handgreiflichkeiten unter Ehepartnern nicht normal, nicht einmal innerhalb seines rigiden patriarchal-autoritären Weltbildes vom Mann aus gerechtfertigt: „Der Mann ist sowieso stärker als das weibliche Objekt, von der Natur schon her. Auch, wenn man von der Bibel ausgeht, ist der Mann das stärkste Wesen". Aber der Geist sei willig, das Fleisch schwach; wenn seine Frau Sachen sage, die ihn aufregten und er alkoholisiert sei, dann käme es eben zu Kurzschlußhandlungen bei ihm. Er erzählt dann seine medizinisch-physiologische Theorie über Gehirnteile, die unter Alkoholausfluß ausfielen und weist auf die auslösende Funktion von Angriffen auf sein Selbstwertgefühl hin, auch gegenüber der Interviewerin:

„In dem Moment, wo eine Frage bei Ihnen dabeigewesen ist, die mir zuwider ist oder abstoßend ist oder mir nicht angenehm ist, die mich vielleicht kränken oder beleidigen könnte, werde ich aggressiv. In dem Moment. Das weiß meine Frau. Und sie macht's immer wieder. Und immer wieder kriegt sie eine geschossen. Das passiert alle zwei, drei Jahre einmal" (C, TB 265).

Zwischendurch teilt er aber auch Ohrfeigen aus, wenn seine Frau sich nicht so verhält, wie er sich das vorstellt:

„So habe ich meine Frau erzogen..., die hat mehr Schläge wie zum Fressen gekriegt von mir, die ersten — das erste halbe Jahr. Weil sie auch gedacht hat, sie ist der King hier in München. Hatte von Tuten und Blasen keine Ahnung. Kannte keinen Haushalt, konnte nicht kochen, kein gar nichts (...) und dann hat's gescheppert" (C, TB 322). — Er habe ihr von Anfang an klar gemacht, worauf sie sich mit ihm eingelassen habe: „Ich hab' ihr von vornherein gesagt: Ich kaufe dir keine Schlösser, ich hole dir keine Sterne vom Himmel, wenn ich dich heirate. Ich hole mir das Geld vom Arbeitsamt, oder was ich verdiene... Ich bin herzkrank, deshalb kriege ich sowieso nicht viel (...) Und dann hat sie es gewußt, und dann habe ich gesagt, so, und jetzt frage ich dich, ob du meine Frau werden willst. Ja, das will ich. Da habe ich gesagt: Na gut. Also kann sie heute nicht mehr krähen" (C, TB 349).

Herr J. fühlt sich ganz als Oberhaupt der Familie, nach dessen Wünschen die anderen zu funktionieren haben, er ist „Herr im

Haus, auch wenn ich leider nicht arbeite" – Ordnung und Herrschaft sind seine einzige Lebensstützen. Er nimmt sich aber vor, daß so schlimme Prügeleien nicht mehr vorkommen sollen. Aber solange seine äußere Situation sich nicht verbessere, solange Arbeit und Geld fehle, solange ihm entsprechende soziale Anerkennung versagt werde, da trinke er eben manchmal deswegen, weil „ich keinen Erfolg hab' (...), ich werde von anderen nicht bestätigt, daß ich keine Arbeit krieg und so". Er möchte beruflich weiterkommen, Pfleger- und Nähkurse machen, aber er brauche auch einen Bekanntenkreis, um sich auszusprechen, dann wäre manches anders und würden solche Krisen nicht mehr passieren.

Vorerst sieht es aber noch ganz anders aus. Ein paar Tage nach einem der Interviews setzt Herr J. das Honorar, das er dafür bekommen hat, mit anderen Leuten in Alkohol um. Er geht nach Hause, versucht erst noch, eine (ehrenamtliche) Familienhelferin vom Kinderschutzzentrum anzurufen, mit der er seit längerem Kontakt hat; die hatte aber gerade keine Zeit für ihn. Daraufhin schlägt er die ohnehin spärliche Wohnungseinrichtung kaputt und versucht sich dann, ein Messer in den Leib zu rennen. Die Polizei erscheint und er wird wieder für einige Wochen in die Psychiatrische Klinik eingewiesen, zur Entziehungskur und Therapie. Vom Sozialamt her, erzählt die Frau, habe man ihr eine Trennung vorgeschlagen, Herrn J. drohe auch ein Entmündigungsverfahren. Vorläufig stehe er unter Pflegschaft. In einer ersten Reaktion wollte sich Frau J. scheiden lassen. Das erste, worüber ihr Mann nachdachte, als er in der Klinik zu sich kam, war diese Scheidungsdrohung. Die beiden telefonierten, schrieben Briefe, die Frau besuchte ihn in der Klinik. Jetzt meinen sie, sie bräuchten sich gegenseitig. Die Kontakte zum Kinderschutzzentrum und zu anderen Stellen sind wieder intensiviert ...

Herr J. steht exemplarisch für eine der Varianten des gesellschaftlichen Prozesses, der dafür sorgt, daß die meisten, die im sozialen Abseits geboren werden, dort nicht heraus kommen und daß sich dies mit der scheinbaren Kraft eines Naturgesetzes von Generation zu Generation wiederholt. Seine Frau, von der hier nur andeutungsweise die Rede war, verkörpert ein ähnliches Schicksal. Die Herkunft aus dem Milieu von Obdachlosigkeit, Kindesvernachlässigung, -mißhandlung und -abschiebung verletzt nicht nur zutiefst kindliche Gefühle, sie prädisponiert auch für eine meist unzureichende schulische und berufliche Bildung. Struktur wie Pädagogik von Heimen, Sonderschulen und ähnlichen Einrichtungen sind in der Mehrzahl der Fälle, auch bei Anstrengung des Personals, nicht Gewähr für eine Erziehung, die das kompensiert, was die Kinder in der primären Sozialisation versäumten oder gar für das, was ihnen dort angetan wurde. Herr J. hat bei allem sogar noch Glück gehabt, die Pflegestelle bei seiner Großmutter und das Heim sind ihm in positiver Erinnerung. Die sozialpädagogische, schulische und berufspädagogische Förderung war aber *unzureichend*, um ihm das „*Startkapital*" mit auf den Weg zu geben, das jemand braucht, der sich im von „Chancengleichheit" diktierten Bildungssytem und Arbeitsmarkt zurechtfinden soll. Herr J.s Selbstbewußtsein war aufgrund seiner Kindheitserfahrungen so gering und labil, daß er leicht aus der Bahn geworfen werden konnte. Die entsprechende Schlüsselszene ist bei ihm der Streit auf dem Schiff mit der anschließenden Flucht aus der Welt der Arbeit in die von Tippelei, Bettelei und die „Freiheit der Straße", die im Gefängnis endete. Wer erst einmal so weit — gar aus „freien Stücken" — vom Pfad gesellschaftlicher Tugenden abgegangen ist, dem wird die Rückkehr auch bei Willigkeit nicht leicht gemacht. Als Herr J. schwer erkrankte und teilweise invalide wurde, bemühte er sich, etwas zu lernen und zu arbeiten, soweit er konnte. Die Familiengründung war nach bürgerlichen und richterlichen Kriterien ebenfalls ein Schritt in Richtung „gefestigter Lebenswandel". Die Arbeitsmarktsituation macht es nun aber für jemanden wie ihn, der nicht gesund, außerdem ungelernt und vorbestraft ist, schier aussichtslos, einen angemessenen Job zu bekommen. Der Zirkel von Not, Enttäuschung, Scham und Gewalttätigkeit wird immer enger. Bemühungen wie die des Kinderschutzes geraten angesichts der wirtschaftlichen Probleme zur Sisyphosarbeit. Herr J. hat jetzt endlich bei den Ämtern durchgesetzt, daß er wegen seiner Herzerkrankung ein Telefon bekommt, um notfalls rascher den Arzt holen zu können. Das Telefon erleichtert ihm nun auch Kontakte zum Arbeitsamt und möglichen Arbeitgebern. Bisher jedoch gab es nur Absagen. Er stimmt entschieden der Aussage zu „Auch wenn man sich noch so anstrengt, kann man es heute zu nichts bringen". Die Leistungsgesellschaft setzt solche Menschen, die von den Verheißungen der Moderne weitgehend vergessen wurden, immerhin auf die Fürsorgeliste: *Familienleben zum Sozialhilfesatz. Schulden und Geldstrafen sind daraus nicht zu bezahlen, das Selbstbewußtsein ist ohnehin nicht direkt subventionsfähig.*

Frau F. – oder der Hypothese anderer Teil: Selbstbehauptung im sozial benachteiligten Milieu

„Ich schlucke viel, aber ich kann mich auch verteidigen."

Frau F. stellt ein ebenfalls hypothesenkonformes Beispiel, wenn auch mit anderen Vorzeichen, dar. Bei ihr fügen sich relativ hochgradig erfüllte Lebenswünsche, positives Selbstbewußtsein und weitgehende Aggressionsfreiheit zu einem geschlossenen Bild.

Frau F. ist 27 Jahre alt und Hausfrau, gelegentlich geht sie putzen. Zu ihrer Familie gehören der 32jährige Mann, ein Bauhelfer, ihre siebenjährige Tochter, ihr knapp zweijähriger Sohn und tagsüber noch ein Pflegekind von ihrer erwerbstätigen Schwester. Familie F. wohnt in einer Siedlung am Stadtrand, die von einfachen Notunterkünften geprägt ist, ein „sozialer Brennpunkt". Die Wohnung selbst liegt aber in einem Block, der so weit renoviert ist, daß er sich von herkömmlichen Sozialwohnungen nicht unterscheidet. Die Familie F. gehört zu der „Kontrollgruppe" von Familien, die weder mit dem Kinderschutzzentrum noch mit anderen psychosozialen Beratungstellen Kontakt haben. Von den äußeren Lebensbedingungen (Einkommen, Berufe, Wohngegend usw.) her gesehen gehört sie zu der gesellschaftlichen Kategorie, die vielfach als „sozial benachteiligt" bezeichnet wird.

Frau F. stammt aus einer bayerischen Landgemeinde. Ihre Mutter hatte insgesamt 15 lebende Kinder aus mehreren Ehen, in der zweiten Ehe mit Frau F.s Vater waren es allein neun. Frau F. selbst war früher als Kind in einer mittleren Geschwisterposition. Ihr Vater war Bauhelfer, die Mutter gelernte Schneiderin, die jedoch zeitweise in einer Baureinigung arbeitete. Da die Mutter zuckerkrank und daher nicht allzusehr belastbar war, mußten die Kinder aufeinander aufpassen, sie hatten einen genauen Arbeitsverteilungsplan (ein Kind putzt die Küche, das andere das WC usw.), und Frau F. meint, das habe sie früh selbständig gemacht. Die Geschwister hätten zwar untereinander gestritten, aber auch gut zusammengehalten. Später, als die Geschwister alle geheiratet hätten, sei durch die verschwägerten Verwandten viel Streit aufgekommen. Viele von ihnen leben auch heute ganz in der Nähe. In der Herkunftsfamilie von Frau F. herrschten bescheidene Verhältnisse, für das Kind symbolisiert in der geringen Zahl von Spielzeugen. Der Vater sei zu stolz gewesen, etwas vom Sozialamt zu nehmen, obwohl sie das Recht dazu gehabt hätten. Die Eltern untereinander hätten einerseits eine gute Beziehung ge-

Diagramm 24

Selbstbewußtseins-Genese
Meine Mutter war meist ausgeglichen, mit sich zufrieden, glücklich
meist nervös, aufgeregt, unzufrieden
Mein Vater war meist ausgeglichen, mit sich zufrieden, glücklich
meist nervös, aufgeregt, unzufrieden
Meine Mutter war mir gegenüber unberechenbar
hatte mir gegenüber klare Regeln
Mein Vater war mir gegenüber unberechenbar
hatte mir gegenüber klare Regeln
Meine Mutter behandelte mich liebevoll
wies mich zurück
Mein Vater behandelte mich liebevoll
wies mich zurück
Meine Mutter kontrollierte und kommandierte mich
half mir, unterstützte mich
Mein Vater kontrollierte und kommandierte mich
half mir, unterstützte mich
Meine Mutter interessierte sich gar nicht für das, was mich bewegte
interessierte sich zu sehr dafür
Mein Vater interessierte sich gar nicht für das, was mich bewegte
interessierte sich zu sehr dafür
Mutter oder Vater bestraften mich praktisch nie hart, schlugen mich nie
bestraften mich auch mal hart, schlugen oder prügelten mich
Als Kind wurde ich von Mutter oder Vater oft getadelt
oft gelobt
Mutter oder Vater zeigten mir, daß sie mich nicht mehr mochten, wenn ich was Schlimmes getan hatte
zeigten mir, daß sie mich auch dann noch mochten
In meiner Familie ließ man mich selbständig etwas tun, ersparte mir nicht alle Schwierigkeiten
tat man alles für mich, wurde ich vor allen Schwierigkeiten bewahrt
Ich hatte Angst vor Vater und Mutter
Ich hatte keine Angst
Meine Mutter oder mein Vater nahmen mich auch mal in den Arm, schmusten mit mir
nahmen mich praktisch nie in den Arm, schmusten nicht mit mir
Ich fühlte mich als Kind manchmal verlassen
es hat sich immer jemand mich gekümmert
Meine Mutter oder mein Vater nahmen meist Rücksicht auf mich als Kind
Ich fühlte mich oft durch M. oder V. überfordert
In meinem Elternhaus hatte man keine Zeit füreinander
hatte man Zeit füreinander
Als Kind hatte ich selten Angst vor anderen Kindern
oft Angst vor anderen Kindern
Beim Spielen mit anderen Kinder habe ich eher getan, was die anderen taten
war ich oft der Anführer
Bei anderen Kindern war ich beliebt
nicht so beliebt
Andere Kinder machten sich öfter über mich lustig
kaum über mich lustig
Ich war als Kind selbstsicher
nicht so selbstsicher
Ich war als Kind oft traurig
meist fröhlich
Ich war oft mit anderen Kinder zusammen
oft alleine
Mein Selbstwertgefühl als Kind war eher niedrig
eher hoch
Durchschnitt aller Befragten
Frau F.

habt, gelegentlicher Streitpunkt zwischen ihnen sei jedoch die Kindererziehung gewesen: Der Vater hielt zu den Jungen, die Mutter zu den Mädchen. Ihr Verhältnis zur Mutter war auch besser als das zum Vater, sie war Mutters Lieblingskind. Vom Vater bezog sie auch mal eine Tracht Prügel, aber eher aus väterlicher Sorge, wie Frau F. berichtet. Sie habe z. B. einmal gegen das väterliche Verbot einen Schulausflug mitgemacht; ihr Vater hatte so viel von Unfällen dabei gehört und ihr dann abends, als sie zurückkam, einige verabreicht, jedoch auch den Grund dafür erklärt. Sie erinnert sich aber auch einiger ungerechtfertigter Prügeleien durch ihren Vater, meint jedoch, dies überwunden zu haben. Die Schläge spüre sie heute nicht mehr. Zu ihren eigenen Kindern sei sie ohnehin anders. Wenn sich die Eltern früher gestritten hätten, habe sie das sehr berührt, sie weinte dann. Daher wolle sie jetzt nie vor ihren Kindern mit ihrem Mann streiten.

Die Liste zur Erfassung der Kindheitserfahrungen weist bei Frau F. dementsprechend eine deutliche Unterscheidung der Beziehung zu Vater und Mutter auf (vgl. Diagramm 24). Trotz der dunkleren Punkte in ihren Kindheitserfahrungen, besonders im Verhältnis zum Vater, trotz Gefühlen gelegentlichen Verlassenseins, aber auch der Überforderung, gibt es eine Reihe positiver Erfahrungsbereiche: Die Beziehung zur Mutter oder die Tatsache, daß man im Elternhaus ungeachtet der vielen Kinder Zeit füreinander hatte. Später meinte Frau F. einmal auf die Frage, weshalb sie wohl so in sich gefestigt und widerstandsfähig geworden sei, sie habe viel von ihrer Mutter. Diese muß ja — mit 15 Kindern, Erwerbstätigkeit und Krankheit belastet — eine enorme Konstitution gehabt haben. Auch zu anderen Kindern hatte Frau F. als Kind insgesamt ein positives Verhältnis. Sie äußert — eine Ausnahme unter den untersuchten Personen — auf entsprechende Fragen keine wirklich schlechten Kindheitserinnerungen, sie würde „wieder in derselben Familie aufwachsen wollen". Als Gesamteindruck ihrer Person in der Kindheit bleibt ein fröhliches, relativ selbstsicheres Kind mit hohem Selbstwertgefühl.

Auch in ihrer *Jugend* fühlte sie sich „ganz gut". Mit der Schule und den Lehrern kam sie problemlos zurecht, sie war eine gute Schülerin, aber „vorlaut". Nach der 8. Klasse der Hauptschule ging sie mit 15 Jahren schon arbeiten (in eine Putzstelle), war stolz auf ihr erstes Geld, mit dem sie sich ihre eigenen Zigaretten kaufen konnte. Sie machte keine Lehre, besuchte aber die hauswirtschaftliche Berufsschule. Auch an diese Zeit hat sie gute Erinnerungen. Das Erfahrungsprofil dieser Periode dokumentiert ihr positives Selbstbild (Diagramm 25).

Die Männer hätten sie zuerst gar nicht interessiert, mit 14 Jahren habe sie noch mit den Puppen gespielt. Erst ihr Mann, den sie mit 15 kennenlernte und mit 16 heiratete, habe sie „auf den Geschmack gebracht":

„Sagen wir mal, es war mein erster richtiger Freund und er ist dann mein Mann geworden (...) Meine großen Geschwister haben zu mir gesagt, du, höchstens ein halbes Jahr bist du verheiratet, weil das nicht gut geht, so jung.

Diagramm 25

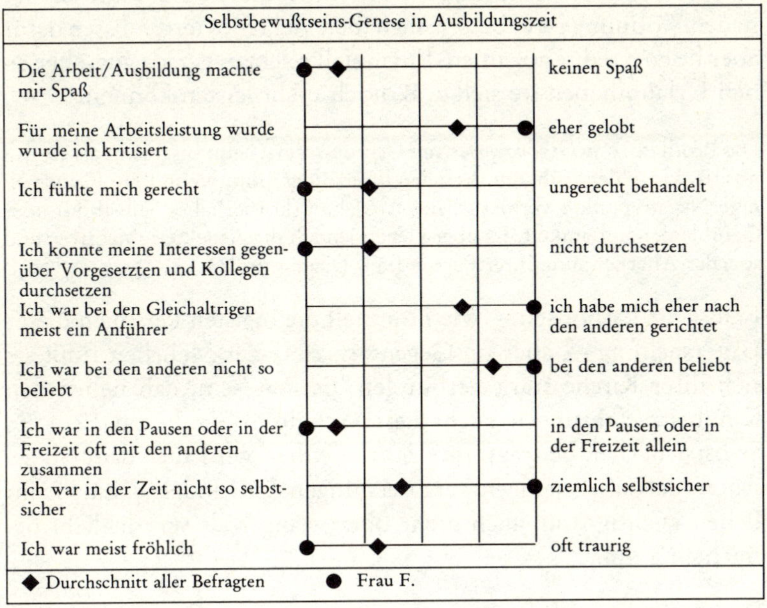

Ja, und jetzt sind wir es so Ende des Monats schon zehn Jahre!" (A, TB 159).

Ihr Vater habe nur gesagt, wenn sie ein Kind kriege, solle sie mit ihrem späteren Mann weggehen, er könne nicht noch einen weiteren Mund ernähren. Ihre Mutter habe ihrem Freund erklärt, wenn er sich schlecht zur Tochter verhalte, bekomme er es mit ihr zu tun – die Eltern förderten also ihre Heirat auf ihre Weise. Die junge Ehe war materiell nicht auf Rosen gebettet, es fehlte an Geld, an Möbeln, selbst an einem eigenen Herd; der Mann hatte schon Schulden mit in die Ehe gebracht, weil er sich u. a. eine Stereoanlage gekauft hatte und verdiente nur DM 600 im Monat. Frau F. ging putzen, um Geld dazu zu verdienen. Zum Glück hatten sie in den ersten Jahren noch kein Kind, so daß sie sich finanziell konsolidieren konnten. Aber sie erinnert sich auch daran, daß sie gelegentlich nichts zu essen hatten, dabei mußte sie ihren Mann in dieser Zeit noch hochpäppeln, weil er in seiner Jugend die Tuberkulose und danach eine schwache Konstitution hatte. Sie mußten „zusammenhalten", um ihre Probleme zu meistern, gingen aber auch miteinander aus und hatten Spaß.

Seit das erste Kind auf die Welt kam, Frau F. war damals 20 Jahre alt, gab es mehr Probleme in der Ehe, auch Gedanken an eine Scheidung. Aber schon des Kindes wegen hätten sie sich wieder zusammengerauft. Die erste Zeit mit dem Kind lebten sie in einer feuchten, gesundheitsgefährdenden Notunterkunft. Jetzt in der neuen Wohnung ist es besser, sie haben viel renoviert, müssen dafür aber hohe Kredite abzahlen. Finanziell reicht es gerade aus, aber einen Urlaub haben sie sich z. B. noch nicht leisten können.

Das Profil ihres *Selbstkonzepts in der Gegenwart* erscheint insgesamt als ebenso positiv wie in den früheren Perioden ihrer Biographie, wenn Frau F. auch einige Negativpunkte vermerkt, ihr Aussehen (körperliches Selbstbild) oder Gefühle der Einsamkeit. Es überwiegen jedoch die Aspekte subjektiver und sozialer Anerkennung ihrer Person (vgl. Diagramm 26).

Frau F. ist katholisch — wie nominell die meisten Personen dieser Untersuchung —, aber im Gegensatz zu dieser Mehrheit fühlt sie sich ihrer Kirche stark verbunden. Es mag sein, daß neben den Kindheitserfahrungen auch dieser religiöse Glaube zu Frau F.s Selbstsicherheit beiträgt. Ihre Zufriedenheit wird auch dadurch gestützt, daß sie diejenigen Versprechungen der Moderne, die ihr im Leben wichtig sind, auch mehr oder weniger als verwirklicht betrachten kann.

Das gilt für die familialen Werte (gute Beziehungen zu Mann und Kindern, Lebenssinn in Familie finden), für die Tatsache, auf die sie sehr Wert legt, daß ihr Mann die Familie (jetzt) gut ernähren kann, wie für ihren Wunsch, leistungsfähig zu sein. Am ehesten vermißt sie dagegen all das, was mit Bildung, Beruf und Erwerbsarbeit zusammenhängt (eine gute Schulbildung und einen geachteten Beruf haben, Sinn und Erfüllung in der Arbeit finden und viel verdienen). Insgesamt weist Frau F. so eine relativ hohen Grad an befriedigten Wünschen und Interessen auf. Die alles in allem hohe Zufriedenheit mit ihrer Lebenssituation und ihr positives Selbstbewußtsein spiegeln sich auch in ihrem *Verhältnis zu den Kindern* (beides seien Wunschkinder). Die Tochter mache ihr jedoch auch Sorgen: Als das zweite Kind zur Welt kam, da sei sie eifersüchtig geworden und habe „seelisches Asthma“ bekommen. Sie habe dann aber besonders viel geschenkt bekommen und sei anderweitig besonders bevorzugt behandelt worden, so daß es sich gebessert habe. Auch das kleine Kind war schon sehr krank und mußte operiert werden. Frau F. beneidet auf der anderen Seite ihre Kinder insofern, als es ihnen besser gehe als ihr in ihrer Kindheit, sie hätten mehr Spielzeug, ein eigenes Zimmer, müßten sich nicht die Sorgen der Eltern machen, wie man denn dies alles herbeischaffen solle. Aber sie hat auch klare Normen für den Umgang mit den Kindern: sie sollten sich auf die Erwachsenen einstellen, Eltern müßten sich manchmal gegen die Kinder um deren Zukunft willen durchsetzen, ihre Unarten müßten auch rigoros bestraft werden, wenn es sein müßte. Die Mischung aus Neid und Anforderung deutet etwas in Richtung des Einstellungsmusters der „Rollen-

iagramm 26

Selbst- und Umweltsicht
\lles in allem bin ich mit mir zufrieden
unzufrieden
:ch bin nicht selbstsicher
selbstsicher
:ch halte mich selten
oft für bedrückt
:ch neige dazu, mich eher nach anderen
u richten
andere richten sich eher
nach mir
:ch fühle mich im Umgang mit dem
nderen Geschlecht unbefangen
sehr befangen
:ch habe den Eindruck, daß andere mit
1. Arbeitsleistung oft eher unzufrieden
besonders zufrieden sind
:ch neige eher dazu, meinen Ärger irgend-
vie abzureagieren
meinen Ärger in mich
hineinzufressen
:ch sehe nicht gut aus
gut aus
:ch habe den Eindruck, daß mir im
eben vieles gelingt
vieles nicht gelingt
:s gelingt mir eher schwer
eher leicht, mich beliebt
zu machen
:ch fühle mich selten
häufig einsam und allein
)as Leben kommt mir oft
nie sinnlos vor
:h fühle mich von meinen Freunden
nd Bekannten anerkannt
nicht so anerkannt
h habe es in meinem Leben bislang
gentlich leicht
besonders schwer gehabt
leine jetzige Arbeit befriedigt mich sehr
befriedigt mich gar nicht
ndere haben oft kein Verständnis
ir mich
meist Verständnis für
mich
h bin meist fröhlich
oft traurig
h fühle mich oft
selten ungerecht
behandelt
h fühle mich selten gespannt oder
ervös
oft gespannt oder nervös
h fühle mich als Bürger vom Staat
emlich kontrolliert
vom Staat insgesamt
respektiert
h glaube an den Fortschritt und eine
essere Zukunft für uns alle
Ich glaube nicht daran
uch wenn man sich noch so anstrengt
ann man es heute zu nichts bringen
Wer sich wirklich an-
strengt, bringt es zu was
h verliere selten die Geduld und werde
um wütend
Ich verliere leicht die Ge-
duld und werde wütend
unserem Sozialstaat kann man sich in
ukunft nicht mehr sicher fühlen
auch in Zukunft sicher
fühlen
Durchschnitt aller Befragten
Frau F.

umkehr", ist aber nicht so ausgeprägt wie in anderen geschilderten Fällen.

Auch bezüglich der *Beziehung zu ihrem Mann* überwiegen bei weitem die positiven Attribute. Frau F. ist mit der Arbeitsteilung und Entscheidungsstruktur in ihrer Ehe einverstanden. Nur in einigen wenigen Punkten äußert sie Kritik – daß Probleme totgeschwiegen würden und der Mann sie oft nicht begreife. Aber letztlich zähle für sie doch, „er weiß, daß ich ihn mag, ich täte ihn nicht aufgeben", sie will ihm treu sein und „mehr braucht man gar nicht". Frau F. hat keine übersteigerten Erwartungen in die Ehe eingebracht, und diese Hoffnungen scheinen weitgehend in Erfüllung gegangen zu sein. Aus dieser großen Schnittmenge zwischen Erwartung und Realisierung resultiert ihre Zufriedenheit. Auch in der Dimension von Macht und Erotik fühlt sie sich, bei einigen Diskrepanzen, insgesamt doch stimmig.

Frau F. sieht sich nach dieser Skala ihrem Mann gegenüber als ausgeprägt weiblich, auch als begehrend, aber auch als „Heilige", das geht für sie durchaus zusammen. Sie fühlt sich allerdings etwas überlegen und mächtig (in den gemeinsamen Interviews mit ihrem Mann dominiert sie eindeutig, erzählt z. B. stellvertretend auch Episoden aus seinem Leben). Andererseits sieht sie sich auch als Verteidigerin und Opfer – was hinter dieser Ambivalenz steckt, kann aus der Interview-Serie mit Frau F. nur gemutmaßt werden: Früher einmal hat ihr Mann ihr eine Ohrfeige gegeben, es sei aber eine Ausnahmesituation gewesen; oder er konnte sie etwas erpressen, indem er sich bei ihrer Mutter über sie beschwert habe:

„Aber, ich denke halt immer, ja, wie soll ich das sagen, mein Mann, wenn halt, wenn ich nicht tue, was er will, dann geht er zu meiner Mama" (C, TB 253).

Bei der Art ihres Verhältnisses zu Partner und Kindern, wie es Frau F. geschildert hat, zeichnet sich der Umgang miteinander durch *weitgehende Abstinenz von körperlichen Mitteln* aus. Frau F. hat ein gefestigtes Nervenkostüm, nur wenige der kleinen Katastrophen, die Kinder verursachen können und viele Eltern zum Zorn treiben, bringen sie in Rage. Natürlich ärgert es sie, wenn der Kleine etwas kaputt macht oder etwas verbotenes tut, das sei aber bislang höchstens mit einem Klaps abgegangen. Bei der siebenjährigen Tochter gibt es schon mal mehr Konfliktpunkte, wenn sie patzig ist, widerspricht oder ihr dumm kommt, wenn sie sich wie ein Junge anziehen will, oder zu spät nach Hause kommt. Aber zu wirklichem Streit und Handgreiflichkeiten sei es wegen solcher Dinge noch kaum gekommen. Die einzige ernsthafte Konfrontation drehte sich auch um das späte Nachhausekommen am Nachmittag von der Schule und die elterlichen Sorgen deswegen:

„Also, mir ist sie zu spät heimgekommen. Sonst eigentlich nicht, weil im Winter ist es schon sehr früh dunkel. Und sie tut da herum mit den anderen Kindern und tut dort noch hingehen und dort, wenn es dunkel ist, und dann macht man sich schon Sorgen. Und dann gibt es manchmal solche Situationen, daß ich mich da so richtig geärgert habe, daß ich ihr sogar den Arsch richtig verprügelt hab'. Weil ich gesagt habe, wenn dir was passiert, kein Mensch weiß, wo du bist. Und da hat auch mein Mann geschimpft und hat gesagt, du hast nach der Schule erst heim zu gehen" (C, TB 043).

Die Sorge von Frau F. um ihre Tochter reflektiert genau die Situation, in der sie selbst als Kind vom Vater eine Tracht Prügel bezogen hatte, aber auch die Furcht vor tatsächlichen möglichen Belästigungen von Mädchen in der Wohngegend der Familie F.: Erst neulich sei die Polizei hier gewesen, um einen Mann zu suchen, der Mädchen in sein Auto ziehe. Nach den Schlägen habe es ihr aber wieder leid getan und sie wägt auch die Art ihrer Strafe ab — lieber mal auf den Po als etwa Stubenarrest, wie es der Mann bevorzuge:

„Und ich sehe das nicht ein, wenn es draußen schön ist und die anderen Kinder spielen und sie schaut da hinunter und sieht das, dann sehe ich das nicht ein, weil wir haben jetzt sowieso so ein Wetter gehabt, und wenn es da schön ist, dann sollten sie das ausnützen" (C, TB 064).

Frau F.s Empathie für das Kind geht also so weit, daß sie ihm nicht die Gelegenheit zum Spiel im Freien angesichts der seltenen Perioden guten Wetters vorenthalten möchte, da aber Strafe sein müsse (und wohl auch, um ihre eigene Anspannung durch die Sorgen um das Kind zu lösen), erschienen ihr die Schläge als angemessener. Doch bei allen ihren Plädoyers für strenge Erziehung und der Verteidigung der Schläge in der geschilderten Episode will Frau F. dieses Mittel nicht verallgemeinern:

„Ich finde, daß wenn das so ausartet, daß man Kinder nur noch mit Schlägen erziehen kann, dann kann man gleich aufhören. Weil man muß auch andere Mittel, daß ein Kind folgt und nicht nur mit Schlägen" (C, TB 099)...

Als die Tochter früher Asthma hatte, sei sie gelegentlich auch aggressiv zu ihr, der Mutter, gewesen, habe sie mit Schimpfwörtern beleidigt und zurückgeschlagen. Bevor sie selbst darauf wiederum aggressiv reagierte, habe sie mit dem Arzt geredet, und der habe diese Verhaltensweise mit der Krankheit in Zusammenhang gebracht. Nachdem es dem Kind wieder besser ging, habe sie sich auch wieder anders verhalten.

In der Beziehung zu ihrem Mann gibt es — wir sahen es schon — ebenfalls wenig, was Frau F. wirklich stört. Am ehesten sind es Meinungsverschiedenheiten über die Kindererziehung und sein Schweigen zu den gemeinsamen Plänen. Zu wirklichem *Streit* kommt es deswegen aber selten, eher hänseln sie sich gegenseitig. Nur einmal, vor etlichen Jahren, sei *ihrem Mann* die Hand ausgerutscht und er habe ihr eine Ohrfeige gegeben, weil *sie selbst* zu „streng" zum Kind war.

Das Kind habe damals, obwohl schon „sauber", in die Hose gemacht, und sie habe sie deswegen geschimpft. Ihr Mann habe ihr deswegen Vorwürfe gemacht. Darauf sie: Wenn es ihm nicht passe, solle er selbst das Kind sauber machen und sich im übrigen nicht einmischen. „Und dann habe ich meinen Mann halt so gereizt, daß ihm da die Hand ausgerutscht ist. Und also sonst ist noch nie was gewesen“ (C, TB 205).

Frau F. bietet so das ergänzende Beispiel für die These vom inversen Zusammenhang von Selbstwert und Neigung zur Gewalttätigkeit. Hypothesenkonform verbinden sich bei ihr insgesamt positive Indizes für Selbstbewußtsein mit geringen Tendenzen zur Anwendung von Gewalt in der Familie. Die Genese des *positiven Selbstbildes* von Frau F. mag auf den ersten Blick verwundern. Das Milieu, aus dem sie stammt — Notunterkünfte, Mutter mit 15 Kindern, also ähnliche Verhältnisse wie in der Gegenwart — scheint nicht dazu angetan, selbstwertförderlich zu sein. In anderen Fällen, in denen Menschen aus ähnlichen materiell deprivierten Verhältnissen stammen (wie bei Herrn J., dessen Eltern in die Obdachlosigkeit abgeglitten waren), hat es dementsprechend auch ganz gegenteilige Sozialisationsverläufe und -konsequenzen gegeben. Neben u. U. speziellen *subkulturellen* Unterschieden, z. B. besonderen Wertestrukturen, kommt eine Reihe von Faktoren in Betracht, die im Falle von Frau F. positive Wirkungen hatten. So hatte sie zumindest zu ihrer *Mutter* insgesamt ein *vertrauensvolles Verhältnis*, durch die große Kinderzahl und die Krankheit der Mutter mußte sie früh lernen, *selbständig* zu sein; sie erlebte auch eine Stütze durch die *Solidarität der Geschwister*, in einer mittleren Geschwisterposition mußte sie sich vielleicht auch besonders „durchboxen“. An Schläge in ihrer Kindheit erinnert sich Frau F. durchaus, diese waren für sie aber oft gerechtfertigt und begründet. Auch in der Schule fühlte sie sich *gerecht* behandelt, sie war eine gute Schülerin und tat sich dadurch hervor, daß sie „vorlaut“ war, sich also wohl gegenüber anderen *behaupten* konnte. Alle diese Bedingungen in ihrer Kindheit und Jugend können die Entstehung eines positiven Selbstbewußtseins begünstigt haben, trotz der schlechten materiellen Ausgangslage.

Die früh gelernte Selbstständigkeit half Frau F. vielleicht auch bei einem anderen Schritt in Richtung Autonomie — ihrer *frühen Heirat*. Eine „Frühehe“ mit 16 Jahren, die nicht bald scheitert, ist fast eine Besonderheit. Frau F. und ihr etwas älterer Mann hatten dabei zunächst auch eine ganz schlechte materielle Ausgangsposition.

Aber gerade die gemeinsame Anstrengung, die gemeinsam erlittenen Entbehrungen bildeten eine gute Basis von *solidarischer Problemlösung*, die für künftige Aufgaben eines Lebenslaufes tragfähig war. Trotz früher Eheschließung dauerte es einige Jahre, bis Frau F. ein Kind zu versorgen hatte — ein Kind stellt eine Überforderung für viele so junge Eltern dar, besonders in der Unterschicht mit ihren knappen Ressourcen (vgl. Wahl et al. 1980, S.47 ff.).

Gewohnt, Entbehrungen auf sich zu nehmen und keine allzu großen Ansprüche zu stellen, gewohnt, selbständig Aufgaben zu meistern, auch gestützt durch *soziale Anerkennung* durch andere und durch ihren *religiösen Glauben* ist Frau F. zu einer Person geworden, die — bei aller vordergründigen Aufgeregtheit, die ihren Erzählstil charakterisiert — in sich ruht, die kompetent und widerstandsfähig ist und die mit sich zufrieden sein kann. Sie kann, durch eine harte Schule des Lebens gegangen, einiges vertragen: „*Ich schlucke viel, aber ich kann mich auch verteidigen*", ohne überaggressiv zu werden. Ihre (relativ bescheidenen) Wertepräferenzen, ihre *Ansprüche auf einen Anteil an den Verheißungen der Moderne*, besonders im familialen Bereich, sieht sie weitgehend als *erfüllt* an, nur die Erwerbsarbeit geht ihr etwas ab. So mit sich und ihrer Welt relativ zufrieden, gibt sie sich auch im Umgang mit Mann und Kindern friedlich. Diesen gegenüber hat sie klare Normen, scheut aber vor dem tatsächlichen Einsatz stärkerer Gewaltmittel zurück, einige kräftige Schläge in einer begründeten Ausnahmesituation stellen den Kulminationspunkt dar, während sich sonst die Erziehungsformen in alltäglich-friedlichen Dimensionen bewegen.

Frau A. oder die Falsifikation der Hypothese?
Provoziertes Selbstbewußtsein und Schläge aus Liebe

> „Ich kann nicht zuschauen, daß du kaputt gehst."

Bei Frau A. findet sich ein hoher Grad an erfüllten Lebenshoffnungen im Verein mit einem positiven Selbstbewußtsein und einer *dennoch* beobachtbaren gelegentlichen Neigung, in schwierigen Situationen äußerst aggressiv mit einem Kind umzugehen. Dies scheint unserer Grundannahme zu widersprechen, wonach positive Selbstkonzepte und Selbstwertgefühle von Eltern mit weitgehender Gewaltfreiheit in der Erziehung ihrer Kinder verbunden sein sollen. *Forschungsstrategisch* lohnt sich daher, gerade einen solchen *Fall, der von der Regel abzuweichen scheint*, auf dahinter verborgene Faktoren zu überprüfen, um gegebenenfalls die Hypothese modifizieren zu können (wie es auch das Verfahren der „analytischen Induktion" nahelegt, vgl. Bühler-Niederberger 1985 und Abschnitt 1.6 dieses Kapitels). Genau dies — eine Analyse eines Ausnahmefalles — soll hier nun vorgenommen werden.

Frau A. ist 45 Jahre alt und Hausfrau, sie macht aber kleinere Nebentätigkeiten, betreut z. B. ältere Personen und verdient so etwas Geld. Sie ist in zweiter Ehe mit einem 37jährigen Industriemeister verheiratet. Aus erster Ehe hat sie zwei erwachsene Söhne, der erste studiert, der zweite geht in eine Lehre. Aus der Ehe mit Herrn A. stammt ein dritter Sohn von nunmehr neun Jahren. Außerdem lebt ein sechsjähriges ausländisches Pflegekind in der Familie. Die A.s sind ohne Kontakt zu einem Kinderschutzzentrum oder einer ähnlichen Beratungsstelle, sie gehören zur „Kontrollgruppe" der Studie.

Frau A. ist in den Kriegsjahren als zweites von insgesamt vier Geschwistern auf dem Land aufgewachsen. Ihr Vater war Offizier und später Beamter. Die Kriegszeit ist ihr noch in schlimmer Erinnerung — Hunger, Sirenen, Angst. Sie wuchs unter Soldaten auf, „wir waren immer in der Kaserne". Es gab jedoch auch angenehme Situationen, die Kinder seien z. B. verwöhnt worden. Die jungen Soldaten hätten sie bei Luftalarm in den Keller getragen, „es war eine Mordsgaudi, wir haben das gar nicht so richtig mitgekriegt". — Am Kriegsende gab es eine schlimme Episode, als die Kaserne besetzt wurde, in der sie gewohnt hatten. Sie wurden dort vertrieben, durften praktisch nichts mitnehmen, der Vater und zwei der Geschwister waren nicht auffindbar, da wollte die Mutter mit ihr und einem anderen Kind in den Tod gehen. Im letzten Moment hat sie irgend jemand noch davon abhalten können.

In der Nachkriegszeit — Frau A. sind besonders der Hunger, die fehlenden Kleider, das Leben zu acht Personen in einem Keller in Erinnerung — hat sich die Mutter mit den Kindern durchgeschlagen, Dinge „organisiert" bei den Amerikanern, um Lebensmittel zu kaufen. Später, als der Vater zurückkam, sei es der Mutter besser gegangen, sie habe nie arbeiten gehen müssen, war immer für sie da. Der Vater war in ihrer Kindheit nicht so präsent, als Soldat war er im Krieg kaum zu Hause.

„Mein Vater war ein Mensch, der unheimlich gut mit jungen Leuten umgehen kann, aber er hat dabei versäumt, daß seine Kinder auch noch da sind. Er war halt immer weg (...) Er kann nicht mit kleinen Kindern umgehen. Er ist nie mit kleinen Kindern konfrontiert worden. Legt immer was weg, aber er kann mit kleinen Kindern nicht umgehen. Ich habe ihn gern (...) er hat immer Päckchen geschickt mit Schokolade" (A, TB O56).

Der meist abwesende Vater, der mit den Kindern über Päckchen kommuni-

·iagramm 27

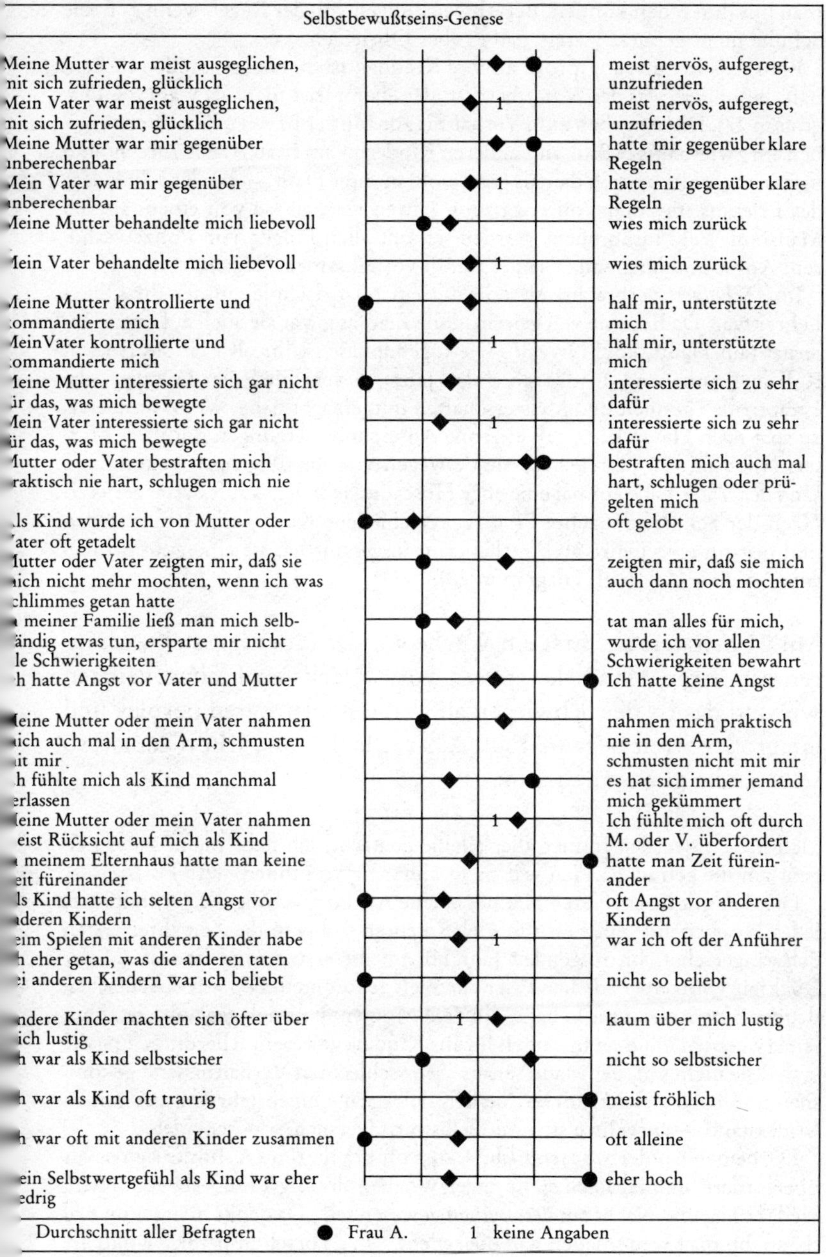
Selbstbewußtseins-Genese
Meine Mutter war meist ausgeglichen, nit sich zufrieden, glücklich
meist nervös, aufgeregt, unzufrieden
Mein Vater war meist ausgeglichen, nit sich zufrieden, glücklich
1
meist nervös, aufgeregt, unzufrieden
Meine Mutter war mir gegenüber ınberechenbar
hatte mir gegenüber klare Regeln
Mein Vater war mir gegenüber ınberechenbar
1
hatte mir gegenüber klare Regeln
Meine Mutter behandelte mich liebevoll
wies mich zurück
Mein Vater behandelte mich liebevoll
1
wies mich zurück
Meine Mutter kontrollierte und ommandierte mich
half mir, unterstützte mich
MeinVater kontrollierte und ommandierte mich
1
half mir, unterstützte mich
Meine Mutter interessierte sich gar nicht ir das, was mich bewegte
interessierte sich zu sehr dafür
Mein Vater interessierte sich gar nicht ür das, was mich bewegte
1
interessierte sich zu sehr dafür
Mutter oder Vater bestraften mich raktisch nie hart, schlugen mich nie
bestraften mich auch mal hart, schlugen oder prügelten mich
Als Kind wurde ich von Mutter oder Vater oft getadelt
oft gelobt
Mutter oder Vater zeigten mir, daß sie nich nicht mehr mochten, wenn ich was chlimmes getan hatte
zeigten mir, daß sie mich auch dann noch mochten
meiner Familie ließ man mich selbständig etwas tun, ersparte mir nicht le Schwierigkeiten
tat man alles für mich, wurde ich vor allen Schwierigkeiten bewahrt
h hatte Angst vor Vater und Mutter
Ich hatte keine Angst
Meine Mutter oder mein Vater nahmen nich auch mal in den Arm, schmusten it mir
nahmen mich praktisch nie in den Arm, schmusten nicht mit mir
h fühlte mich als Kind manchmal erlassen
es hat sich immer jemand mich gekümmert
Meine Mutter oder mein Vater nahmen eist Rücksicht auf mich als Kind
1
Ich fühlte mich oft durch M. oder V. überfordert
meinem Elternhaus hatte man keine eit füreinander
hatte man Zeit füreinander
ls Kind hatte ich selten Angst vor nderen Kindern
oft Angst vor anderen Kindern
eim Spielen mit anderen Kinder habe h eher getan, was die anderen taten
1
war ich oft der Anführer
ei anderen Kindern war ich beliebt
nicht so beliebt
ndere Kinder machten sich öfter über ich lustig
1
kaum über mich lustig
h war als Kind selbstsicher
nicht so selbstsicher
h war als Kind oft traurig
meist fröhlich
h war oft mit anderen Kinder zusammen
oft alleine
ein Selbstwertgefühl als Kind war eher edrig
eher hoch
Durchschnitt aller Befragten
Frau A.
1 keine Angaben

zierte, ist gleichwohl auch als strenger Vater in Erinnerung, allerdings habe man mit ihm reden können. Bei Abweichungen von der Regel, wenn z. B. die Schuhe nicht geputzt waren, gab es aber Ohrfeigen.

Frau A.'s Erinnerungsprofil an ihre Kindheit ist an einigen Stellen lückenhaft, besonders was den Vater betrifft, der eben meist nicht da war (vgl. Diagramm 27). Die Angaben zum Verhältnis zur Mutter bzw. zu den Eltern ergeben ein zwiespältiges Bild, mit anderen Kindern kam Frau A. gut zurecht und insgesamt fühlte sie sich damals ganz wohl in ihrer Haut. — Ein einschneidendes Erlebnis im Alter von etwa zehn Jahren war, als sie von einem älteren Mann im Wald mißbraucht worden sei, mit allen Folgen von Polizeiverhören, Angst und lang andauernder Furch vor einsamen Plätzen.

Ihre *Schulzeit* verbrachte sie teils auf einer Dorfschule, an der ihr Onkel Lehrer war. Da habe sie viel gelernt. Eine Zeit lang war sie auch auf einem Internat (auf Hauptschul-Niveau). Die Jugendphase ist ihr als Zeit des Rock'n Roll in Erinnerung, in der sie einige Jahre in verschiedenen Lokalen „die Hauptrolle" gespielt und Meisterschaften mitgemacht habe. Wenn sie abends zu spät nach Hause kam, gab es große Auseinandersetzungen mit ihrer Mutter. Noch mit 20 Jahren habe sie deswegen von ihr Ohrfeigen bekommen. Und der Vater habe einmal eine enge Hose, die sie sich gekauft hatte, zerfetzt. Nach der Schulzeit machte Frau A. verschiedene Kurse, arbeitete im Büro und begann eine Lehre als Arzthelferin. Insgesamt hat sie eine gute Erinnerung an diese Zeit (vgl. Diagramm 28).

Mit 21 heiratete sie. Erst ein Woche vor der Hochzeit stellte sie ihren künftigen Mann den Eltern vor: „Nächsten Freitag heiraten wir und das ist der Schwiegersohn", die Eltern waren perplex und ein großer Streit begann. Frau A. ist jedoch stolz, schon damals so selbständig gewesen zu sein:

„Ich habe eigentlich immer alles alleine gemacht, ich habe meine Eltern eigentlich nie gefragt (...) Ich war nicht abhängig von ihnen" (A, TB 107).

Die Zeit mit ihrem ersten Mann war eine Art Fortsetzung der Jugendphase, jedes Wochenende ein Fest mit vielen Leuten — bis in die Zeit ihrer ersten Schwangerschaft im folgenden Jahr hinein: ihr erstes Kind ist fast auf der Rückfahrt von einer solchen Feier zur Welt gekommen. Das war ein entscheidender Einschnitt ihres Lebens, „in dem Moment habe ich geglaubt, jetzt bin ich erwachsen". Sie sei nur noch für ihr Kind da gewesen. Allerdings ging die erste Ehe nicht gut, der Mann sei aus „sehr schlechten Verhältnissen" gekommen und habe viel getrunken. Sie ließ sich nach einigen Jahren gegen seinen Widerstand — er wehrte sich mit Selbstmordversuchen — scheiden.

Die beiden Kinder aus erster Ehe waren oft krank, Frau A. fühlte sich da oft überfordert, einmal habe sie in zwei Wochen dreißig Pfund abgenommen, weil sie Tag und Nacht auf den Beinen gewesen sei. „Da denkt man schon mal daran, ob man weiter leben will oder nicht." In „Torschlußpanik" wollte sie

Diagramm 28

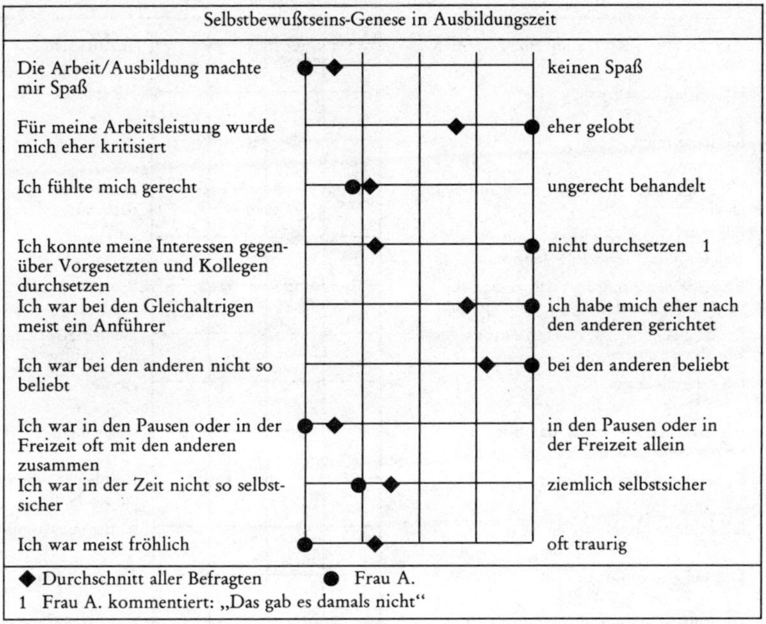

zweimal ihrem Leben ein Ende setzen, sie wollte einfach „Ruhe, Ruhe". Außerdem habe sie niemand zum Reden gehabt.

Nicht lange nach der gescheiterten ersten Ehe lernte sie ihren jetzigen Mann kennen. Beide beschlossen, rasch zu heiraten und ohne Arbeit und viel Geld aus verschiedenen Orten nach München zu ziehen, um dort ein neues Leben zu beginnen. Die Kinder des ersten Mannes seien ausschlaggebend für den Entschluß zur neuen Ehe gewesen: die Kinder hatten Angst vor ihrem Vater und mochten den neuen Mann. Bald darauf fanden sie und ihr Mann Arbeit, sie lernte nachts für Fortbildungskurse, um mehr verdienen zu können, es war anstrengend, aber „das geht alles, wenn man will". Und: „wir waren zu diesem Zeitpunkt echt zufrieden". Beide seien sie sehr ehrgeizig, nur sei ihr Mann ruhiger und sie selbst temperamentvoller, meint Frau A. — fast eine Untertreibung, wenn man sie persönlich kennt. Frau A. berichtet von vielen Problemen: von ihrem Sorgenkind, dem zweiten, oder von dem Pflegekind, das aus schwierigen Verhältnissen stammt; sie erzählt von dem Haus, das sie durch hohen Selbsteinsatz gerade gebaut und finanziert haben, all das geht sie mit äußerster Energie an uns sie vermittelt das Gefühl, sie beherrsche die Situation. Auch für andere Leute löst sie ständig Probleme, übernimmt Kinder in Pflege, sucht Wohnungen für sie, organisiert Umzüge und Renovierungen — „her business is action".

Diagramm 29

Selbst- und Umweltsicht
Alles in allem bin ich mit mir zufrieden
unzufrieden
Ich bin nicht selbstsicher
selbstsicher
Ich halte mich selten
oft für bedrückt
Ich neige dazu, mich eher nach anderen zu richten
andere richten sich eher nach mir
Ich fühle mich im Umgang mit dem anderen Geschlecht unbefangen
sehr befangen
Ich habe den Eindruck, daß andere mit m. Arbeitsleistung oft eher unzufrieden
besonders zufrieden sind
Ich neige eher dazu, meinen Ärger irgendwie abzureagieren
meinen Ärger in mich hineinzufressen
Ich sehe nicht gut aus
gut aus
Ich habe den Eindruck, daß mir im Leben vieles gelingt
vieles nicht gelingt
Es gelingt mir eher schwer
eher leicht, mich beliebt zu machen
Ich fühle mich selten
häufig einsam und allein
Das Leben kommt mir oft
nie sinnlos vor
Ich fühle mich von meinen Freunden und Bekannten anerkannt
nicht so anerkannt
Ich habe es in meinem Leben bislang eigentlich leicht
besonders schwer gehab
Meine jetzige Arbeit befriedigt mich sehr
befriedigt mich gar nich
Andere haben oft kein Verständnis für mich
meist Verständnis für mich
Ich bin meist fröhlich
oft traurig
Ich fühle mich oft
selten ungerecht behandelt
Ich fühle mich selten gespannt oder nervös
oft gespannt oder nervö
Ich fühle mich als Bürger vom Staat ziemlich kontrolliert
vom Staat insgesamt respektiert
Ich glaube an den Fortschritt und eine bessere Zukunft für uns alle
Ich glaube nicht daran
Auch wenn man sich noch so anstrengt kann man es heute zu nichts bringen
Wer sich wirklich anstrengt, bringt es zu wa
Ich verliere selten die Geduld und werde kaum wütend
Ich verliere leicht die Geduld und werde wütend
In unserem Sozialstaat kann man sich in Zukunft nicht mehr sicher fühlen
auch in Zukunft sicher fühlen
1
◆ Durchschnitt aller Befragten
● Frau A.
1 keine Angaben

Vor einigen Jahren hat sie ein Tumoroperation gehabt und war lange im Krankenhaus, jetzt fühlt sie sich wieder gut. Von allen Seiten empfindet sie sich anerkannt und respektiert: mit ihrem bisherigen Leben ist sie „eigentlich schon zufrieden". Ihr *Selbstbild in der Gegenwart* sieht entsprechend positiv aus (Diagramm 29). Das Profil ergibt das Bild einer selbstsicheren, anerkannten, fröhlichen Frau, die Krisen überwunden und als „Problemlöserin" reüssiert hat.

Zu den *Lebenshoffnungen*, die Frau A. am wichtigsten sind, gehören die guten Beziehungen zu Mann und Kindern und persönliche Wünsche nach Leistungsfähigkeit und guter Schulbildung; sehr wichtig ist für sie auch die Sicherheit durch den Sozialstaat. Alle diese Wünsche betrachtet sie als mehr oder weniger erfüllt, bis auf die Tatsachen, daß sie nicht mit ihrem Mann über ihre Gefühle und Interessen sprechen kann und daß sie keine gute Schulbildung hat. Von der Gesamtliste von Werten erscheinen ihr die überwiegende Mehrzahl erfüllt.

Betrachtet man Frau A.s Aussagen zu ihrer *ehelichen Beziehung* genauer, ergibt sich ein etwas ambivalenteres Bild. Sie fühlt sich einerseits in ihrer Partnerschaft frei und nicht unter Druck, aber sie glaubt auch, daß in ihrer Ehe Probleme totgeschwiegen werden; sie hätten auch seit langer Zeit keine intimen Beziehungen mehr, sie fühlt sich nicht sexuell glücklich und anerkannt, meint aber andererseits, daß sie beide das auch nicht so sehr brauchten, sie möge ihren Mann dennoch. Sie fühlt sie auf der entsprechenden Skala eindeutig als „Kameradin", nicht als „Geliebte", empfindet sich als kühl und überlegen. Auf die Fragen nach Dimensionen von Macht und Gewalt in ihrer Ehe angesprochen gibt sie kaum Auskunft. Sehr allergisch reagiert sie — nach den Erfahrungen mit ihrem ersten Mann — auf gelegentlichen Alkoholkonsum von Herrn A.

Wenden wir uns der *Beziehung zu den Kindern* zu, so überwiegen auf den ersten Blick die positiven Momente in dem, was Frau A. darüber sagt: sie möchte nicht ohne Kinder leben, fühlt sich durch sie nicht angebunden oder in ihrer Bedürfnisverwirklichung zu sehr beschnitten, sie schmust gerne mit ihnen. Allerdings gibt es ein „*Problemkind*", das zweite aus Frau A.s erster Ehe, einen mittlerweile knapp 18jährigen Sohn. Die Schwierigkeiten mit ihm haben eine lange Geschichte, der Sohn ähnle seinem Vater, mit dem Frau A. viel Unglück erlebt hat. Als kleines Kind war er oft krank, auch längere Zeit im Krankenhaus, er war „immer ein schwieriges Kind" und sehr lange Bettnässer. Er wurde oft ärztlich und heilpädagogisch behandelt; Frau A. war sehr aktiv auf der Suche nach Hilfe für das Kind. Es ist in einer mittleren Geschwisterposition und hat später — als Kind des Stiefvaters — noch einen Bruder bekommen. Frau A. hat viele Reibereien mit diesem Sohn und gelegentlich das Gefühl, mit ihm „in einer Sackgasse gelandet" zu sein. Sie schreibt sich selbst dabei viel Schuld zu, wegen der Belastung durch die Kinder insgesamt habe das Mittlere zu wenige Beachtung und Lob erhalten, sie habe es herumkommandiert und es sei aggressiv geworden. Der Sohn stehe auch unter dem ungünstigen Einfluß einer Clique von Kameraden und lerne schlecht für die Schule. Oft habe sie ihre Einsichten und Gefühle im Gespräch mit dem Kind austauschen wollen. Obwohl sie mit den anderen Kindern nahezu gewaltfrei umgeht und insofern die These vom Zusammenhang von positivem Selbstwert und Verzicht auf gewalttätige Mittel belegt, kommt es mit diesem Sohn gelegentlich zu *Explosionen.* Diese auf den ersten Blick hypothesenkonträre Tatsache ist näher zu analysieren. Gegenwärtig macht der Sohn eine Lehre, aber da und in der Berufsschule gebe es viele Probleme:

„Der hat momentan zu nichts mehr Lust gehabt. So wie sich das daheim wieder eben ausgeartet hat, so hat er keine Lust mehr gehabt in die Arbeit. Angefangen hat es eigentlich mit der schulischen Leistung, er hat nichts gelernt, hatte dadurch in der Zwischenprüfung zwei Fünfen, dann gab es daheim Krach und zwar alle Tage, und er hat keine Lust mehr gehabt zum Arbeiten, hat sich krank schreiben lassen. Das war das Problem momentan. Ganz kolossal, muß ich ganz ehrlich sagen" (C, TB O57).

„Gestern wäre ich bald mit dem Auto an einen Baum hingefahren, das sage ich Ihnen. Gestern war ich total fertig, das erste Mal, wo ich durchgedreht bin" (C, TB O73).

Was war geschehen? Nach Frau A.s Bericht hatte der Sohn zwei Tage unentschuldigt an der Arbeitsstelle gefehlt und sich dann krank schreiben lassen. Um das wieder ins Reine zu bringen, eröffnete Frau A. ein ganzes Arsenal von Aktivitäten. Sie regelte die Angelegenheit mit dem Chef und beschwerte sich beim Arzt und bei der Ärztevereinigung über das unbegründete Krankschreiben. Dann knüpfte sie sich ihren Sohn vor und warf ihn aus der Wohnung (nachdem sie sich vorher allerdings bei einem befreundeten Polizisten nach der Rechtslage für so einen Fall erkundigt hatte):

„Er soll seine Sachen packen und gehen. Ich kann nicht mehr. Und um halb zehn hat er dann angerufen, wo soll ich bloß hin, soll ich jetzt wirklich nicht mehr heimkommen und hat geheult und Gott weiß was (...) Dann habe ich gesagt, jetzt setze dich in Bus und fahre heim und zwar sofort. Dann haben wir bis um 2 Uhr diskutiert. Da habe ich gesagt, morgen hast ja Schule (...) Okay, du bist in der Schule, nicht. Und das weiß' ich, er hat noch nie die Schule geschwänzt oder was. Das hat er noch nicht gemacht (...) Und gestern rufe ich in der Schule an (...), er war nicht in der Schule! (... Als er nach Hause kam — K.W.) hab ich ihm eine solche geschallert. Dann habe ich gesagt, also eines sag ich dir, deine verfluchten Lügen dauernd, das setzt einem auch so zu." (C, TB 080)

Frau A. ist selbst beim Bericht über diese Situation noch ganz echauffiert, sie selbst habe alles mögliche organisiert, um ihren Sohn aus der verfahrenen Lage herauszubringen, ihm habe ja eine fristlose Entlassung gedroht wegen unentschuldigten Fehlens am Arbeitsplatz, sie habe Nachhilfe für seine Schulschwierigkeiten beschafft und für die dazu nötigen Mittel mehr Nebenbeschäftigungen übernommen. Sie habe Ärzte, Polizei, das Jugendamt usw. kontaktiert, den ältesten Sohn um Unterstützung gebeten und schließlich war ihr aber alles zuviel, sie hat zugeschlagen, geweint und sie wollte auf und davon. Sie beschuldigt sich selbst und ihren Mann, nicht konsequent genug darauf geachtet zu haben, daß ihr Sohn stetig lernt. Aber auch die Freundesclique beeinflusse ihn negativ:

„Deine Scheißkameraden, ich sehe dich ja im Einkaufszentrum umeinanderstehen, mit was du beeinander bist, das ist das letzte. Wie kann man aus dem Sportverein rausgehen, wärst du im Sport geblieben, wäre es nicht so weit gekommen. Aber deine Grattler, die Arbeitslosen, die sind natürlich auf die zwei, die eine Lehrstelle haben, das ist dein Freund und du, auf die sind die neidisch. Die wollen die da wegbringen: siehst du, high life, wir leben ja vom Sozialamt, wir kriegen auch Geld und so. Und ihr Deppen, ihr seit euch nicht klar darüber, daß ihr so eine Riesen-Lehrstelle habt" (C, TB 112).

Frau A. ist einerseits der Überzeugung, alles menschenmögliche für ihren Sohn getan zu haben, andererseits sieht sie ihre Anstrengung immer wieder enttäuscht, wie in der geschilderten Situation — ihr Sohn dankt ihr ihre Mühe nicht, weiß nicht um das Glück, in einer Zeit hoher Jugendarbeitslosigkeit eine Lehrstelle zu haben, außerdem habe sie ohnehin ein schlechtes Gewissen, daß sie mit ihren Kindern aus erster Ehe ihrem zweiten Mann auf der Tasche liege. Da fordere sie ihr Sohn dann einfach heraus — in der Situation war sie

„enttäuscht, vollkommen enttäuscht. Und ich habe mir halt gedacht, was habe ich alles verkehrt gemacht? (...). ich habe mir nur gedacht, wie er dann weg war (...), der verpatzt sich sein ganzes Leben (...) Daß er so dumm ist wie jetzt, wo wir eine Krise haben und alles hinschmeißt und in zwei Jahren vielleicht das alles bitter bereut (...) ja, das akzeptiert er (...), das verübelt er mir nicht (...) aber ich mag dich ja genauso gerne (...) Ich kann da nicht zuschauen, daß du kaputt gehst" (C, TB170) — ... und so führt die enttäuschte Mutterliebe in handgreifliche Gewalt, zu Ohrfeigen und Rauswurf, um es danach wieder in Güte zu versuchen.

Wenn man die Faktoren betrachtet, die Frau A. mit ihrem insgesamt so positiven Selbstkonzept, ihrem Selbstbewußtsein und Selbstwertgefühl also schließlich doch gelegentlich dazu bringen, einem Kind gegenüber gewaltförmig zu reagieren, fallen Momente der *Makro- wie der Mikrosituation* ins Auge. Den weiteren Horizont bilden die Anstrengungen, der Verzicht, die Opfer, die Frau A. in ihrem bisherigen Leben erbracht hat, um ihren Kindern gute Entwicklungsbedingungen zu bieten — dazu gehörte ja selbst in gewisser Weise die Ehe mit ihrem zweiten Mann, weil die Kinder den mochten. Dazu gehört auch das Wissen um die wirtschaftlichen und gesellschaftlichen Chancen für Jugendliche auf einen Ausbildungs- und Arbeitsplatz und um den Preis, den ein Verzicht auf die Wahrnehmung dieser Chancen bedeutet — Frau A. selbst bereut noch heute, daß ihre Schulbildung gering ist. Zu dem weiteren Horizont, der die geschilderte explosive Situation umschließt, gehört wohl auch die Lebensphilosophie von Frau A., wonach momentane Lust- oder Unlustgefühle keine so große Rolle bei wichtigen Handlungen oder Entscheidungen spielen dürfen, daß dagegen Leistung und Anstregung sich auszahlen und daß Erfolg und Glück der Mühe Lohn sind: durch ihre Zuverdienste, ihre organisatorische Umsichtigkeit und Energie hat Frau A. beispielsweise auch erreicht, daß ihre Familie ein günstiges Wohnungsbaudarlehen bekam und ein Haus errichten konnte, damit später ihre Kinder „alle drei da wohnen können, mit den Familien". Solche Aspekte der Makrosituation werden abgerufen durch die Mikrosituation mit der Arbeits- und Lernunlust des Sohnes, seinen Lügen und seinen Vorlieben für eine Freundesclique an der Schwelle zur Delinquenz. Dazu kommt, daß sich Frau A. dabei alleine fühlt, ohne Hilfe ihres Mannes. Frau A.s Hintergrund an Erfahrung, Lebensphilosophie und Anstrengung wird dadurch herausgefordert, sie fühlt sich mißachtet, ihr Selbstbewußtsein wird provoziert und frustriert, und all dies resultiert in einer aggressiven Explosion. Letztlich schafft hier die aktuelle Empfindung einen Einbruch in ihr allgemein positives Selbstbewußtsein.

So erweist sich dieser auf den ersten Blick, angesichts der äußeren Parameter, hypothesen*konträre* Fall letztlich doch als hypothesen*konform*. Er erlaubt jedoch eine *Präzisierung des Theorems*. Situationskennzeichnende Merkmale, die auf das Selbstwertgefühl einer Person einwirken können, sind im Verein mit weiteren Faktoren (biographische Erfahrungen, bestimmte Normen und Codierungen, wie hier über die Gefährdungen eines jugendlichen Lebens und die Enttäuschung über die eigenen Erziehungs-„Erfolge") dazu angetan, das situationsübergreifende Niveau von Selbstwert dieser Person aktuell beträchtlich zu transformieren und dann entsprechende Verhaltensweisen zu mobilisieren. Charakteristischerweise erscheinen solche Reaktionen jedoch in *singulären, besonders spektakulären Akten*. Anschließend ist der Alltag wieder entspannt, kann sich das Selbstbewußtsein wieder auf seinem gewohnten Niveau einspielen und verhaltensrelevant werden.

Dieses Muster läßt sich auch an den *wenigen anderen* — gemessen an den *Global*maßen von Wunscherfüllung, Selbstbewußtsein und Gewaltneigung — *scheinbar hypothesenkonträren Fällen* dieser Studie nachweisen. Die Mikrologie der Situation zwischen Eltern und Kindern ist dabei gewöhnlich so gekennzeichnet, daß die im allgemeinen positiven elterlichen Selbstwertgefühle provoziert werden, daß mütterliche oder väterliche Leistungen und Opfer durch das Kind nicht „gedankt" werden (wenn es z. B. durch eine „Clique" zu kriminellen Handlungen verleitet wird). Dann kann es in der Tat zu *„Schlägen aus Liebe"* kommen, Schlägen der Enttäuschung über das geliebte Kind, weil die aktuelle Situation als *Angriff* auf das Selbstbewußtsein der Eltern empfunden wird. Dergestalt sind auch solche Fälle dann letztlich Bestätigungen der These vom Zusammenhang von beschädigtem Selbstbewußtsein und Neigung zur aggressiven Reaktion.

2.3 Analysen von Zusammenhängen: Erfahrungen von Modernisierungskonflikten, Selbstbewußtsein und Gewalt

Das Modell: Variablen und Korrelationen

Die empirische Untersuchung beschränkte sich nicht auf *Fallstudien* zur Mikroanalyse von Zusammenhängen auf der Individual- oder Familienebene und auch nicht auf *deskriptiv-statistische Darstellungen von Merkmalsverteilungen* in den beiden Vergleichsgruppen. Es wurde auch versucht, *Hypothesen über Zusammenhänge von Variablen zu überprüfen.* Angesichts der relativ kleinen Zahl der Untersuchungspersonen und des Meßniveaus der Untersuchungsinstrumente (meist Ordinalskalen) konnte es dabei nicht um eine stringente Falsifizierung von Hypothesen gehen, sondern nur darum, zu ermitteln, ob die theoretisch angenommenen Zusammmenhänge durch das *Gesamtbild* der empirisch gefundenen Korrelationen nach Richtung (Vorzeichen), Stärke (Korrelationskoeffizient) und ihrer statistisch erwartbaren Nicht-Zufälligkeit (Signifikanzniveau) Unterstützung oder Kritik fanden.

Das theoretische Modell, das der Untersuchung zugrundeliegt und das an früherer Stelle skizziert wurde (vgl. Abschnitt 1.1 dieses Kapitels) kann für die Darstellung der überprüften Zusammenhänge zu Diagramm 30 vereinfacht werden:
Den einzelnen Blöcken von Variablen entsprechen in den Erhebungsinstrumenten jeweils ganze Batterien von Fragen oder Skalen. So ist dem Block „GRAD DER REALISIERUNG MODERNER HOFFNUNGEN, WERTE‘ die lange Doppelliste von jeweils 29 Items wünschbarer und eventuell verwirklichter Dinge vom Muster „eine gute Beziehung zu meinen Kindern“, „sicherer Arbeitsplatz“ usw. zugeordnet, dazu gehören auch die Ausprägungen von “Selbstbewußtsein“ mit seinen Subvariablen wie Ich-bezogenes Selbstbewußtsein, sozial-bezogenes Selbstbewußtsein, gesellschaftlich-politisches Vertrauen usw.; zu „GESELLSCHAFTLICHEN ERFAHRUNGEN“ zählen biographische Aspekte, die gegenwärtige Situation beim Einkommen, Beruf, in der Familie usw.; zum Block „GEWALTTÄTIGKEIT IN FAMILIE“ gehören die Taktiken gegenüber kleinen und größeren Kindern und der Partnerin/ dem Partner im Falle von Konflikten (bis hin zum Einsatz körperlicher Gewalt). Der letzte Variablenblock „ANDERE FAKTOREN“ enthält Merkmale, die in der Forschung zum Thema Gewalt in Familien eine wichtige Rolle gespielt haben, wie Streß, pädagogisch motivierte

Diagramm 30

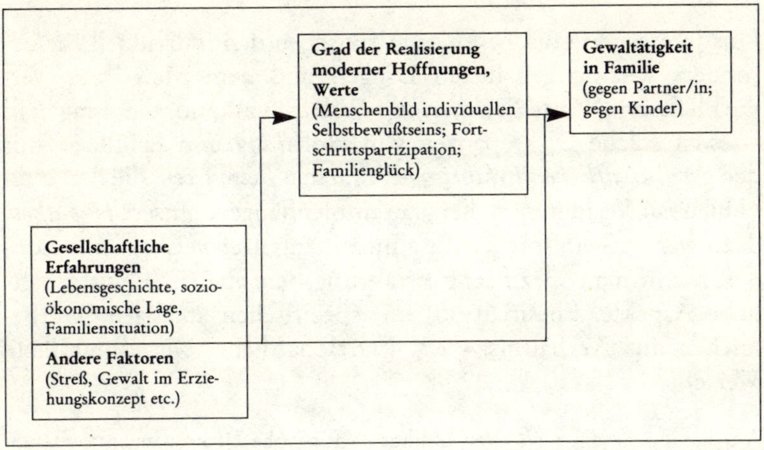

Gewalt (Gewalt im Erziehungskonzept) oder die Rollenumkehr-Theorie, d. h. insbesondere psychologische Aspekte, aber auch kulturelle Normierungen, die Gewalttätigkeit legitimieren können; diese „anderen Faktoren" wurden mit untersucht, um den Stellenwert der von uns zentral erforschten Variablen im Vergleich zu diesen im mainstream der Gewaltforschung häufiger behandelten Aspekten abschätzen zu können.

Das Meßniveau der meisten Ausgangsvariablen und der diese bündelnden Indizes ist ordinal (Rangskalen), in einzelnen Fällen gibt es auch Intervallskalen[22], so daß in der Regel nur Rangkorrelationen berechnet werden konnten (Kendall's tau B bzw. C und gamma[23]). Angesichts dieses (in den Sozialwissenschaften allerdings verbreiteten) Skalenniveaus und der beschränkten Anzahl der Fälle dieser insgesamt eher qualitativ-explorierend angelegten Studie wurde versucht, diese Hindernisse für statistische Analysen durch *andere Vorkehrungen* teilweise aufzuwiegen. Dies erfolgte insbesondere dadurch, daß eine Vielzahl voneinander i.d.R. völlig unabhängiger Indizes für die einzelnen Variablenblöcke gebildet wurde, zwischen denen dann separate Korrelationen berechnet werden konnten (z. B. zwischen unterschiedlichen Indizes für die Qualität innerfamilialer Beziehungen einerseits und Gewalttätigkeits-Indikatoren andererseits). Wenn dann die Mehrzahl der so gewonnenen Korrelationen zwischen unterschiedlichen Indizes für die einzelnen Variablengruppen in dieselbe Richtung wies, sprach das *für* tatsächliche Zusammenhänge und bewahrte davor, falschen theoretischen Annahmen oder methodischen Artefakten aufzusitzen. Ein solches Verfahren steht im Dienste der erwähnten mehrperspektivischen Triangulation von Ergebnissen durch die Kombination verschiedener Erhebungsvorgänge, die die Gültigkeit der Aussagen erhöhen kann (vgl. Denzin 1970, S.300; Hughes 1976, S.275 ff.; Köckeis-Stangl 1980, S.363).

Uns interessierte die *Diskrepanz* zwischen den individuell für besonders wichtig gehaltenen Dingen und dem Maß ihrer Verwirklichung (*Werte-Realisierungs-Diskrepanz*) und die Frage, inwieweit solche Diskrepanzen von Hoffnung und Erfüllung mit den *gesellschaftlichen Erfahrungen* und den *Ressourcen*, die den Individuen zur Verfügung stehen, zusammenhängen. Unsere *Hypothese* dazu war, daß ein solcher Zusammenhang nachweisbar ist, besonders wenn man spezifische Erfahrungsbereiche (z. B. wirtschaftliche Aspekte, Ehesituation) mit spezifischen analogen Wertbereichen ins Verhältnis setzt (wirtschaftliche Werte, familiale Werte).

Auf der Ebene eines *globalen* Indikators für hohe Diskrepanzen zwischen Hoffnungen und Verwirklichung, d. h. für die Frage, ob eine Person in vielen unterschiedlichen Wertebereichen ein starkes Auseinanderklaffen von Wunsch und Realisierung sieht, ergaben sich zunächst erwartungsgemäß weniger starke und signifikante Zusammenhänge. Überraschenderweise erwies sich die Stärke, in der man sich seiner *Kirche verbunden* fühlt, als signifikant mit dem globalen Diskrepanzmaß zwischen Hoffnungen und Erfüllung korreliert (Kendall's tau = .50, signifikant mindestens auf .05 Niveau; im folgenden abgekürzt Kt,s). Je schwächer also die Bindung an die Kirche, desto höher war der Anteil derjenigen, die sich um ihre Hoffnungen in vielen Bereichen betrogen fühlten. Dieser Befund war überraschend, weil im Hinblick auf die Gesamtheit aller Befragten der Wert „religiöser Glaube" als Schlußlicht aller Präferenzen rangierte, die Mehrzahl also dem Glauben keine sonderliche Bedeutung zumaß. Das deutet auf eine starke Säkularisierung des Wertehorizonts der Untersuchten — wie ja wohl auch in der Gesamtbevölkerung — hin. Andererseits stützt dieses Resultat unsere Annahme innerhalb der Theorie der Modernisierungsfalle, wonach in der säkularisierten Moderne Individuen leicht in die Schere zwischen unterschiedlichen Versprechungen bzw. Erwartungen und deren Nichteinlösung geraten. Traditionell verhieß Religion Seelenheil, Geborgenheit und Sinn. Nach dem Rückgang ihrer subjektiven Verbindlichkeit auf breiter Front wurde die Befriedigung solcher Bedürfnisse von anderen Instanzen, deren Verheißungen und Ressourcen erwartet, von tendenzieller menschlicher Omnipotenz, sozioemotionaler Stütze in der Familie, gesellschaftlich-politischer Sicherungssystemen, der konsumbetonten Teilhabe am wirtschaftlichen Wachstum usw. Diese Erwartungen wurden jedoch oft und besonders bei bestimmten Gruppen enttäuscht — die Realität der Moderne erwies sich eben keineswegs als so durchgängig rosig wie der säkularisierte Mythos es versprach. Daß daher heute noch diejenigen, die sich ihrer Kirche stärker verbunden fühlen (wir betrachten dies hier vereinfachend als Indikator für Gläubigkeit), mit unterschiedlichsten Aspekten ihres Lebens „zufriedener" sind als die weniger oder nicht sich ihrer Kirche verbunden Fühlenden, kann als Anzeichen größerer „Geborgenheit" in einem traditionellen Weltbild (gegenüber einer riskanteren „Offenheit" eines modernen) gedeutet werden.

Die Zusammenhänge werden erwartungsgemäß stärker, wenn *spezifische* Korrelationen zwischen einzelnen Erfahrungsbereichen und Wertsphären berechnet werden. So bestehen zwischen sozio-ökonomischen Merkmalen und dem Index für Werte-Realisierungs-Diskrepanzen in *materiellen* Bereichen signifikante Zusammenhänge (Korrelation dieses Indexes mit Schichtzugehörigkeit Kt = -.25,s; mit Pro-Kopf-Einkommen Kt = -.40,s: je niedriger die Schicht und je weniger Einkommen, desto größer ist die Werte-Realisierungs-Diskrepanz im materiellen Bereich. — Im *familialen* Bereich finden sich Zusammenhänge zwischen entsprechenden Werte-Realisierungs-Diskrepanzen und dem Ausmaß von Konflikten zwischen Eltern und (größeren) Kindern (Kt =.80,s), der Distanz zwischen Eltern und Kindern (Kt = .29,s) und dem Ausmaß von Konflikten zwischen Mann und Frau (Kt = .52,s). — Für *individuumsbezogene* Diskrepanzen (persönliche Anerkennung durch andere, Entfaltung und Verfolgung individueller Interessen) ergab sich eine Korrelation mit der schon erwähnten Variable „Gefühl der staatlichen Unterstützung für die eigene Familie" (Kt = -.38,s): Hilft staatliche Unterstützung, individuelle Interessen leichter befriedigen zu können oder färbt selbstbezogene Zufriedenheit auf die Bewertung staatlicher Politik ab?

Gesellschaftliche Produktion von Selbstbewußtsein

Das zentrale theoretische Konstrukt dieser Untersuchung, Selbstbewußtsein in den Akzentuierungen von Selbstkonzept und Selbstwert, wurde in verschiedene Teilindizes operationalisiert, die bereits erläutert wurden. Nach unserer Grundhypothese müßte eine Reihe von Strukturmerkmalen moderner Gesellschaft — in Gestalt von Ressourcen für das Leben der Individuen — das Selbstbewußtsein prägen: Gesellschaftliche Möglichkeiten für individuellen Erfolg, Aufstieg, Anerkennung, Prestige, Sinnerfüllung und Selbstbestimmung werden als Voraussetzung für ein positives Selbstbild betrachtet. Doch sind auch umgekehrte Effekte denkbar, nämlich daß ein positives Selbstbild einer Art von Selbstdarstellung dient, die dann Erfolge in verschiedenen Lebensbereichen nach sich zieht.

Die Situation in *Kindheit und Jugend* kann als bedeutsam für die Genese von Selbstbewußtsein in der Lebensgeschichte betrachtet werden[24].

Nach unseren Hypothesen, die auch anhand vorgängiger Forschung über Selbstkonzept und Selbstwert entwickelt wurden, sollten Merkmale der Eltern und das Verhältnis zu ihnen, das Verhältnis zu anderen Kindern (peers), zu Lehrern und die Erfahrungen am ersten Arbeitsplatz in der Jugend mit dem späteren Grad an Selbstbewußtsein der Untersuchten korrelieren. Sowohl die Einzelindizes für Mutter, Eltern zusammen, peers und ein Globalindex für Kindheitserfahrungen korrelierten positiv auf signifikantem Niveau mit dem rückblickend erhobenen Index für das Selbstbewußtsein des Kindes (z. B. mit Globalindex für Kindheitserfahrung Kt =.60,s), dagegen gab es keine Korrelation mit dem Index für väterliches Verhalten und die Beziehung zum Vater.

Die diversen Einzelindizes zur Genese des Selbstbewußtseins wiesen auch (allerdings meist schwach) positive Korrelationen mit den aktuellen Selbstbewußtseinsindizes (im Erwachsenenalter) auf. Bei genauer Analyse zeigten sich dabei indes U-förmige Beziehungen, d. h. besonders positive und besonders negative Beschreibungen der Eltern und des Verhältnisses zu ihnen zeigten einen positiven Zusammenhang mit dem aktuellen Selbstbewußtsein, während mittlere, neutralere Beschreibungen der Eltern und der Eltern-Kind-Beziehung negativ mit dem jetzigen Selbstbewußtsein kovariierten. Wenn das Verhältnis zur Mutter als gut beschrieben wurde, korrelierte dies auch (teilweise signifikant) positiv mit Indizes für aktuelles Selbstbewußtsein (z. B. für globales Selbetbild Kt = .55,s), während zwischen dem Verhältnis zum Vater und dem späteren Selbstbewußtsein eine negative Beziehung bestand. Solche Resultate deuten an, daß keine einfachen, linearen Zusammenhänge zwischen bestimmten Kindheitserfahrungen und dem aktuellen Selbstkonzept bestehen, sondern komplexere Beziehungen. So könnte die Hypothese aufgestellt werden, daß späteres *Selbstbewußtsein auch aus Widerstand gegen, in Abgrenzung von und Auseinandersetzung mit Autoritätspersonen entwickelt werden kann.* Andere Ergebnisse scheinen diese Annahme zu untermauern. So hatten Personen, die als Kind häufig geschlagen worden waren — entgegen unserer ersten Hypothesen und vielen Unterstellungen in der Literatur — häufiger ein positives sozialbezogenes Selbstbewußtsein. Ebenso überraschend zeigten diejenigen, die sich früher als zu Unrecht geschlagen empfanden, in der Gegenwart häufiger ein positives Ich-bezogenes Selbstbewußtsein und globales Selbstbild. Und sogar diejenigen Frauen, die in ihrer Kindheit oder Jugend sexuell belästigt worden waren und dies als schlimm empfunden hatten, wiesen als Erwachsene durchschnittlich eher ein positives Selbstbild auf. All dies deutet zumindest auf die *Möglichkeit „kathartischer" Reaktionsbildungen* auf einschneidende frühere Erlebnisse hin (neben vielen negativen Folgen) — eine Hypothese, die aber noch an größeren Stichproben zu überprüfen wäre.

Als negativ für die spätere Ausbildung von Selbstbewußtsein erwies sich jedoch, wenn das Klima in der Herkunftsfamilie und das Verhalten der Eltern als inkonsistent, als „Wechselbad" beschrieben wurde und wenn sich die Kinder vernachlässigt vorkamen. Auch das *soziale Milieu der Herkunftsfamilie* zeigt Zusammenhänge mit dem späteren Selbstkonzept der erwachsen gewordenen Kinder: mit der Schichtzugehörigkeit der Herkunftsfamilie korreliert der Index gesellschaftlich-politischen Vertrauens, mit dem Grad der Isolation der Familie die Indizes Ich-bezogenes Selbstbewußtsein und globales Selbstbild.

Hinsichtlich der *Geschwisterposition* ergab sich wiederum ein überraschender Befund. Entgegen Resultaten früherer Forschungsprojekte, die allerdings mit der Erfassung von Selbstwert im Jugendalter halt machten (vgl. Coopersmith 1967, S. 152), hatten bei uns nicht die erstgeborenen Kinder später die höchsten Grade an Selbstbewußtsein. Das positivste sozial-bezogene Selbstbewußtsein als Erwachsene zeigten diejenigen, die früher eine mittlere Geschwisterposition eingenommen hatten. Bei den früher jüngsten Geschwistern waren die Ergebnisse wieder eher hypothesenkonform — sie zeigten in der Gegenwart niedrigere Indizes für Selbstbewußtsein.

Auch der Grad der *Geschlechtsrollenidentifikation* im Jugendalter korrelierte positiv mit dem späteren Selbstbild: wer als Junge gerne Junge, als Mädchen gerne Mädchen gewesen war, wies später positivere Selbstkonzepte auf.

Als bedeutsamer Faktor stellte sich auch das frühere *Verhältnis zu anderen Kindern* und deren Fremdbild von einem selbst dar: Wer im Durchschnitt oft mit anderen Kindern zusammen war, keine Angst vor ihnen hatte, eher Anführer war, bei anderen Kindern beliebt war und nicht gehänselt wurde, der hatte später signifikant häufiger ein positives globales Selbstbild (Kt = .37,s).

Auch die einstige Beziehung zu den *Lehrern* und das Verhältnis, in dem sie nach der Erinnerung Lob und Tadel aussprachen, korrelieren mit dem aktuellen Selbstbewußtsein. Signifikant positiv sind die Erfahrungen in der *beruflichen Ausbildung* bzw. bei der *ersten Arbeit* mit den diversen Indizes für Selbstbewußtsein in der Gegenwart verbunden: wer damals Anerkennung bei anderen fand, sich durchsetzen konnte und sozialen Anschluß hatte, weist später meist ein positives Selbstkonzept auf. Die erste Konfrontation „mit dem Ernst des Lebens“ in Gestalt abhängiger Arbeit mit ihren ambivalenten Chancen für neue soziale Kontakte, Bestätigung und Sinnerfüllung, aber auch Isolierung, Mißachtung und Trott scheint nachhaltig auf die Persönlichkeitsentwicklung zu wirken.

Sozioökonomische Variablen wie *Schichtzugehörigkeit* und *Pro-Kopf-Einkommen* korrelierten nach unseren Berechnungen mit den verschiedenen Indizes für Selbstbewußtsein schwach positiv, aber nur selten auf signifikantem Niveau (z. B. Pro-Kopf-Einkommen und Ich-bezogenes Selbstbewußtsein: Kt = .03,s). Die Schichtzugehörigkeit wies noch am ehesten einen Zusammenhang mit dem Index „gesellschaftlich-politisches Vertrauen“ auf, der das Individuum in seiner Rolle als zoon politikon repräsentiert: je höher die Schicht, desto mehr Vertrauen in Staat und Gesellschaft. Die Bedeutung sozial-materieller Ressourcen für die subjektiv empfundene individuelle Lebenslage deutet sich also in den Daten dieser Untersuchung an, wenn der Einfluß auch angesichts der schwachen Korrelationen indirekt, d. h. über andere, subjektnähere Ebenen vermittelt erscheint. — Auch die *kirchliche Bindung* erwies sich wiederum als relevant, zwischen ihrem Ausmaß und dem des Ich-bezogenen Selbstbewußtseins ergab sich eine signifikante Kovarianz (Kt = .31,s).

Von großer Bedeutung für das Selbstbild und Selbstgefühl zeigte sich die Stellung im und zum *sozialen Netzwerk*, in dem sich der einzelne befindet: Die Neigung, sich von anderen abzukapseln und verschiedene Indikatoren des Selbstbildes korrelierten stark negativ miteinander (mit Ich-bezogenem Selbstbewußtsein: Kt = -.40,s; mit gesellschaftlichpolitischem Vertrauen: Kt = -.58,s; mit globalem Selbstbild: Kt = -.63,s). Auch hier kann ein zirkulärer Prozeß angenommen werden — wer kein positives Selbstbild hat, kapselt sich eher von anderen ab und wer sich abkapselt, hat weniger Chancen zur Bewährung in der sozialen Umwelt, fühlt sich eher als „outsider", entwickelt wahrscheinlich eher ein negatives Selbstkonzept.

Wer Freunde, Verwandte oder Bekannte mit gemeinsamen Interessen hatte, wies signifikant häufiger ein positives globales Selbstbild auf als die Isolierten (Kt = .50,s); tendenziell hatten diejenigen, die ihre Umwelt als hilfreich erlebten, ein positiveres soziales Selbstbewußtsein. Interessanterweise ergaben sich jedoch in dieser Studie *keine* Zusammenhänge zwischen Selbstbewußtseins-Indikatoren und dem Vorhandensein von Freunden, Verwandten oder Bekannten, mit denen man *persönliche Fragen* besprechen konnte und von denen man sich *verstanden fühlte*. Man könnte dazu die Hypothese aufstellen, daß die Existenz eines lockeren, nicht zu persönlich-nahen soziale Netzwerks förderlicher für das Selbstbewußtsein ist als allzu nahe soziale Beziehungen. Oder in umgekehrter Richtung: Ein zu ausgeprägtes Selbstbewußtsein steht engen persönlichen Beziehungen zu Freunden im Wege. Welcher der beiden Interpretationen man auch zuneigen mag, es hat den Anschein, als ob Individualität und Sozialität auch hier in einem Spannungsverhältnis stünden — eine der generellen Konfliktlinien der Moderne.

Bei der Überprüfung weiterer Zusammenhänge mit dem Selbstbild ergab sich noch eine Merkwürdigkeit. Entgegen der verbreiteten Ansicht von der Diskriminierung *kinderreicher Familien*, die doch in einem negativen Selbstkonzept münden könnte, ergab sich bei dieser Untersuchung ein gegenteiliger Befund: Mit der Kinderzahl nahm auch das sozial-bezogene Selbstbewußtsein zu (Kt = .40,s). Es mag sein, daß hier subkulturell abweichende Normen hereinspielen, da auch Familien aus Notunterkünften (also aus der unteren Unterschicht) in der Stichprobe waren, wo noch die traditionelle Gleichung „Kinder = Ansehen" gelten mag.

Wenden wir uns nun der Frage zu, wie Aspekte des aktuellen Familienlebens mit dem gegenwärtigen Selbstbewußtsein der Individuen zusammenhängen. Auf der Ebene der *Eltern-Kind-Beziehungen* ergab ein Index, der die wechselseitige Respektierung, das Verhältnis von Nähe und Distanz, gegenseitige Bedürfnisdurchsetzung etc. erfaßt, relativ starke positive Korrelationen mit dem globalen Selbstbild (Kt = .50,s) und mit dem globalen Selbstbewußtsein (Kt = .59,s). Dies deutet einen plausiblen Zirkel zwischen positiven Beziehungen zu den Kindern und elterlichem Selbstbewußtsein an.

Wie hängt die *Beziehung von Mann und Frau* mit dem Selbstbewußtsein zusammen? Sowohl die Beurteilung der Beziehungesqualität (hinsichtlich wechselseitiger Anerkennung, der Förderung oder Behinderung eigener Entfaltungschancen, sexueller Zufriedenheit u.ä.) als auch die Frequenz von Konfliktanlässen in der Partnerschaft (ob der Partner besondere Vorrechte beansprucht, die Kinder anders erziehen will, zuviel trinkt u.ä.) korrelierten mit verschiedenen Indikatoren für Selbstbewußtsein (z. B. im Falle der Beziehungsqualität im Verhältnis zu Ich-bezogenem Selbstbewußtsein: Kt = .50,s; mit globalem Selbstbild: Kt = .46,s; bei den Häufigkeiten von Konfliktanlässen im Verhältnis zum globalen Selbstbild: Kt = -.60,s). Auch zwischen der Art der Partnerbeziehung und dem Selbstbewußtsein besteht damit ein positives (Zirkel-)Verhältnis.

Keine Rolle scheint dabei zu spielen, ob man in der Ehe/ Partnerschaft über den anderen *dominiert* — keiner der Indikatoren für Selbstbewußtsein korrelierte mit dem Grad der Dominanz in der Beziehung. Dagegen traf die in Familienuntersuchungen beliebte Frage nach der Zufriedenheit damit, wie *Entscheidungen in der Familie* fallen, auch hier ins Schwarze: Zumindest für das Beispiel größerer Anschaffungen sind die damit Unzufriedenen auch eher diejenigen mit niedrigeren Werten von Selbstbewußtsein. Auch andere Aspekte des Familienlebens, die Zufriedenheit oder Unzufriedenheit evozieren können, erbrachten positive Zusammenhänge mit Indikatoren des Selbstbewußtseins: wenn Hausfrauen klagten, daß der Beruf des Mannes sich negativ auf ihr Familienleben auswirke, aber auch im umgekehrten Falle, wenn sie annahmen, daß Sorgen aus dem Familienleben den Mann bis in die Arbeit verfolgten, rangierten sie eher niedrig auf den Skalen von Selbstbewußtsein. Ebenso korrelierte das Gefühl, vom Partner finanziell abhängig zu sein und auch die fehlende Zuversicht, durch eigene berufliche Fähigkeiten künftig ein finanzielles Auskommen zu finden, mit eher negativen Selbstkonzepten und Selbstwertgefühlen.

Der moderne Konfliktbereich zwischen Erwerbsarbeit und Familie, aber auch die *Spannung zwischen individuellen Autonomiebestrebungen und familial-finanzieller Abhängigkeit* hängen nach diesen Ergebnissen mit der Ausprägung des Selbstbewußtseins zusammen. Auch hier mag wieder der für das Verhältnis von Selbstsicht und Umweltsicht charakteristische Zirkel vorliegen: ein positives Selbstbild läßt auch eher Handlungs- und Veränderungschancen in anderen Bereichen sehen, aber es ist eben wohl auch in erheblichem Maße von den strukturellen Gegebenheiten dieser anderen Lebensbereiche abhängig; so liegen Aufschaukelungsprozesse in positiver wie in negativer Richtung zwischen beiden nahe. Auch so kann die moderne Familie zur Falle für die Individuen werden, wenn ihre persönlichen Reproduktions- und Entfaltungschancen zwar nicht auf Gedeih und Verderb, aber doch um den Preis gradueller Abhängigkeit und Fremdbestimmung daran gebunden sind.

Enttäuschte Hoffnung:
Das Individuum in der Modernisierungsfalle

Der vorherige Abschnitt zielte auf gesellschaftliche Erfahrungen der Individuen und auf das von ihnen subjektiv erlebte Ausmaß, in dem ihnen Ressourcen wie Geld, Bildung, Prestige, staatliche Hilfen, soziale Beziehungen, Familienleben oder Sinnangebote zur Verfügung stehen und wie sich dies in ihrem Selbstbewußtsein niederschlägt (bzw. — zirkulär — von diesem auch teils selbst beeinflußt sein dürfte). Die Vermittlung von gesellschaftlicher Erfahrung und Ressourcenwahrnehmung einerseits und Selbstbewußtsein andererseits könnte nun über *subjektive Bewertungen*, die die Verheißungen der Moderne mit ihrer Realisierung vergleichen, erfolgen, also über die o. e. *Diskrepanzen zwischen Werten und ihrer Verwirklichung*. Anders gesagt: Was bleibt vom Mythos der Moderne (den Verheißungen) zurück, wenn man die Realität der Moderne subtrahiert, und wie schlägt sich die Differenz beim Individuum, in dessen Selbstbewußtsein, das solche Diskrepanzerfahrungen vielfach ja als subjektives Versagen an objektiven Aufgaben erlebt, nieder?

Zu prüfen war also, ob die theoretisch postulierte Vermittlung negativer Erfahrung in Gestalt hoher Werte-Realisierungs-Diskrepanzen mit ihrem Frustrationspotential (vereint mit der verbreiteten Selbstzuschreibung von Problemquellen und Mißerfolgen) auch in negativen Selbstbildern der Subjekte mündete.

Auf der Ebene *globaler* Maße (globale Werte-Realisierungs-Diskrepanz und globales Selbstbild) ergaben sich schwache Korrelationen, ebenso für das globale Diskrepanzmaß und Ich-bezogenes Selbstbewußtsein. Bei der Analyse von *spezifischen* Zusammenhängen erbrachte besonders der Bereich familienbezogener Werte-Realisierungs-Diskrepanzen ein klareres Bild: wer hier wenig Diskrepanzen beklagte, hatte häufiger ein positives Ich-bezogenes Selbstbewußtsein oder globales Selbstbild als Personen, die hohe Diskrepanzen zwischen Familienwerten und ihrer Realisierung zeigten. Für Diskrepanzen im materiellen Bereich galt dies dagegen nicht. Im Falle der Diskrepanzen zwischen individualbezogenen Werten und ihrer Realisierung und im damit verbundenen Bereich persönlicher Leistungs- und Bildungswerte ergaben sich immerhin Korrelationen zwischen Kt = .23 bis .35 (doch nur z. T. signifikant).

Betrachtet man die partiellen Korrelationen zwischen den Variablenblöcken „Ressourcen und gesellschaftliche Erfahrungen“ im

Vergleich mit „Werte-Realisierungs-Diskrepanzen" einerseits und „Selbstbewußtsein" andererseits, so wird erkennbar, daß die Diskrepanzmaße etwa ebenso stark mit den Selbstbewußtseins-Indikatoren korrelieren wie die Ressourcen-Indikatoren (Kt = .30 bis .40). *Die Modernisierungsfalle in Gestalt subjektiv als nicht eingelöst betrachteter Verheißungen fordert dergestalt meßbar ihren Tribut im individuellen Selbstbewußtsein.*

Das Subjekt schlägt zurück: Beschädigtes Selbstbewußtsein und Gewalt

Gemäß unseren theoretischen Annahmen und vorgängiger Forschung im Bereich familialer Gewalt war zu erwarten, daß es einen Zusammenhang gibt zwischen negativen Ausprägungen des Selbstbildes und Selbstwertgefühls und den verschiedenen Formen der Gewaltausübung von Eltern gegenüber Kindern oder zwischen den erwachsenen Partnern. Aggressionen gegen Familienangehörige — in unserer Gesellschaft teils tabuiert, teils legitimiert als Mittel der Konfliktregulierung und Herrschaftsausübung (vgl. Honig 1986) sind *eine* Möglichkeit, in der sich beschädigtes Selbstbewußtsein ausdrücken kann, neben psychosomatischen Reaktionsbildungen, Depressionen, Aggressionen gegen sich selbst oder gegen Fremde.

Daß es dabei nicht bloß um ein „blindes", auf gesellschaftliche Codierungen und Normen nicht achtendes aggressives Ausagieren eines ohnmächtigen Ich geht, zeigt sich auch aus unseren Daten. Ein Drittel der Befragten in dieser Studie war der Ansicht, daß eine Ohrfeige oder ein Klaps zur Kindererziehung dazugehöre[25], ein Viertel stimmte der weitergehenden Meinung zu, daß alle Unarten der Kinder von den Eltern hart und rigoros bestraft werden müßten, damit sie nicht zur Gewohnheit würden. Solche „pädagogisch"-intentional motivierte Gewaltanwendung bzw. gewalttätiges soziales Handeln und spontane Aggressivität schließen sich natürlich nicht gegenseitig aus, sondern können sich im Einzelfall auch überlagern. Das kann situativ der Fall sein, aber auch langfristig, wenn dauernde Selbstwertbedrohungen in rigide Erziehungsvorstellungen umgesetzt werden, etwa nach dem Motto „das Leben ist so hart, daß Kinder durch harte Erziehung darauf vorbereitet werden müssen".

Die Prüfung des Zusammenhangs zwischen unterschiedlichen Indizes für Selbstbewußtsein und verschiedenen Indizes für Gewalttätigkeit von Eltern gegenüber Kindern bzw. Gewalt zwischen den Partnern ergab überwiegend

Korrelationen in der erwarteten Richtung. Signifikante Ergebnisse zeigten sich insbesondere für den Zusammenhang zwischen Ich-bezogenem Selbstbewußtsein und unterschiedlichen Formen der *Gewalt gegenüber der Partnerin/dem Partner*. Im Falle besonders gravierender Gewalttätigkeit (Partner getreten, gebissen, mit Gegenstand geschlagen, verprügelt, körperlich verletzt oder handgreiflich gegen ihn gewehrt) ergab sich eine Rangkorrelation von Kt = -.44,s, im Falle von weiter definierter körperlicher Gewalt (obige Möglichkeiten und zusätzlich: dem Partner etwas nachgeworfen, ihn geschüttelt, gepackt, gestoßen) Kt = -.35,s, im Falle verbaler Aggressivität (dem Partner ordentlich die Meinung gesagt, ihn beschimpft, angeschrien, lächerlich gemacht, bedroht, gesagt, daß es so nicht weitergehe, seelisch verletzt) Kt = -.55,s.

Für die *Gewalttätigkeit gegen kleine Kinder* (unter drei Jahren) können keine statistisch triftigen Aussagen gemacht werden, weil die Fallzahl zu gering ist. Die Ergebnisse deuten jedoch nach Augenschein auch hier auf einen merkbaren Zusammenhang zwischen unterschiedlichen Indizes für Selbstbewußtsein und gravierender Gewalttätigkeit gegenüber Kleinkindern hin. Bei *größeren Kindern* (mindestens drei Jahre alt) wurden dagegen keine oder nur schwache direkte Zusammenhänge zwischen Selbstbewußtsein und körperlicher Gewaltanwendung durch die Eltern gefunden, lediglich das globale Selbstbild und verbale Aggressivität gegenüber den Kindern korrelierten mit Kt = -.48,s.

Diese *unterschiedlichen* Stärken des Zusammenhangs zwischen dem Selbstbewußtsein und der Gewaltätigkeit gegen Kinder bzw. die Partnerin/den Partner sind schwer zu interpretieren. Neben methodischen Gründen und der spezifischen Art der Stichprobe kommt auch in Betracht, daß gegenüber Kindern der „pädagogisch"-intentionale Anteil bei Gewalthandlungen größer ist (allerdings korreliert ein gewaltorientiertes Erziehungskonzept auch nur mit Kt = .27,ns mit der berichteten Gewaltausübung gegen Kinder), während gegenüber Erwachsenen eine solche normative Begründung noch weniger unterstellt werden darf, so daß hier Gewalttätigkeit eher als aggressive Folge eines beschädigten Selbstbewußtseins erscheint. Da aber auch im Verhältnis von Selbstbewußtsein und familialer Gewalttätigkeit ein zirkulärer Prozeß unterstellt werden kann, ist anzunehmen, daß innerhalb dieser Rückkoppelung ausgeübte Gewalt gegen einen Erwachsenen negativer auf die Selbstbewertung zurückschlägt als gewaltförmiger Umgang mit den Kindern, da beide Typen von Gewalt ja gesellschaftlich unterschiedlich tabuiert sind. Eine andere Erklärungsmöglichkeit für die geringen Korrelationen zwischen Indizes des Selbstbewußtsein und der Gewaltausübung gegen größere Kinder kann der Mikroanalyse von gewaltbelasteten Situationen in Familien entnommen werden, wie wir sie in einigen Fallstudien unternommen haben. Wir kommen darauf zurück.

Auch zwischen dem Grad, in dem die modernen Hoffnungen oder Werte als realisiert empfunden wurden, und dem Ausmaß der ausgeübten Gewalt in der Familie lassen sich allerdings Korrelationen nachweisen. Angesichts des wohl indirekten Zusammenhangs sind diese allerdings oft nicht signifikant.

Die höchsten Korrelationen bestehen zwischen materiellen und persönlichen Werte-Realisierungs-Diskrepanzen und körperlicher Gewalttätigkeit gegen Partner (je nach Indikator Kt = .19 bis .35,s) und zwischen familialen Werte-Realisierungs-Diskrepanzen und Gewalt gegen Kinder (Kt = .20 bis .44,s). Bemerkenswert ist die negative Korrelation zwischen materiellen und politischen Werte-Realisierungs-Diskrepanzen einerseits und der Gewalt gegen Kinder andererseits: Versuchen die wirtschaftlich und politisch Frustrierten ihre Kinder besonders schonen zu wollen?

Erklärungsmuster: Alternative Theorien zu familialer Gewalt

Wir haben bislang diejenigen Zusammenhänge zwischen Variablenblöcken untersucht, die von primärem Interesse für unsere Theorie sind. In Ergänzung dazu sollen nun weitere Variablen einbezogen werden, insbesondere solche, die in Erklärungsversuchen zu familialer Gewalt bislang prominent waren. Erst so läßt sich dann im Anschluß ja prüfen, welches Gewicht unseren theoretisch postulierten Faktoren angesichts des mainstreams an einschlägigen Forschungsprojekten beigemessen werden kann.

Beginnt man mit Faktoren, die direkt als handlungs- bzw. verhaltensleitend mit Gewalttätigkeit in Verbindung gebracht werden können, so wären Konzepte heranzuziehen, wie sie als *pädagogisch-intentionale* gegenüber *spontan-aggressiver Gewaltausübung* zu charakterisieren wären. Es ergaben sich schwache Korrelationen zwischen der Tatsache, daß Eltern in ihrem *Erziehungskonzept* Ohrfeigen, Schläge und rigoroses Vorgehen legitim finden und dem von ihnen beschriebenen tatsächlichen gewaltförmigen Umgang mit den Kindern (Kt = .27,ns). Die *Schwäche* dieses Zusammenhangs deutet an, daß Gewalttätigkeit gegen Kinder doch auch nur eingeschränkt durch pädagogische Konzepte der Eltern angeleitet wird.[26]

Für die Zusammenhänge von *psychischer Disposition zu Aggressivität* und familialer Gewalttätigkeit ergab sich folgendes Bild: Personen, die ihrer Aussage nach dazu neigen, Ärger abzureagieren und nicht in sich hineinzufressen, zeigten keine stärkere Tendenz zu Gewalttätigkeit, wohl aber diejenigen, die sich als jemand beschreiben, der leicht die Geduld verliert und wütend wird (z. B. für körperliche Gewalt gegen Partner Kt = .63,s). Ähnlich verhielt es sich mit denen, die sich oft gespannt oder nervös fühlen (z. B. Kt = .57 mit körperlicher Gewalt gegen Partner). Damit waren die psychischen Korrelate für gewalttätiges Verhalten durchschnittlich größer als die „normativ-pädagogischen“, obwohl auch diese nicht vernachlässigt werden können. Jedenfalls stützt dieses Resultat unsere Hypothese von der Bedeutung des Selbstbewußtseins bei der Prädiktion von Gewalt in Familien insofern, als nach der Frustrations-Aggressions-Theorie frustrierte Bedürfnisse nach Selbstwert in Wut, Spannung und Aggression münden können.

Auch die Frage nach einer *direkten* Beziehung zwischen *Kindheitserfahrungen* und späterer Neigung zu familialer Gewalttätigkeit wurde geprüft. Dabei ergaben sich keine oder nur schwache Zusammenhänge zwischen Indizes für das Klima im Elternhaus oder der Art des Verhältnisses zu den eigenen Eltern und aktueller Gewalttätigkeit. Nach der Theorie vom „*Zyklus der Gewalt*" nach der in der Kindheit erlittene Gewalt später im Erwachsenenalter wieder an die eigenen Kinder weitergegeben wird (z. B. über das gelernte elterliche Modell), müßte eine entsprechende Korrelation auch in unserer Untersuchung aufscheinen. Dies ist aber kaum der Fall. Nur zwischen der Mitteilung, als Kind früher oft geschlagen worden zu sein, und der selbst ausgeübten körperlichen Gewalt gegen kleine Kinder ergab sich ein allerdings nicht einmal signifikanter Zusammenhang. Die These vom Lernen an gewalttätigen Eltern-Modellen findet aus diesen Befunden keine sonderliche Stütze.

Signifikante Zusammenhänge ergaben sich zwischen der Qualität der früheren *Beziehungen zu anderen Kindern* und späterer Gewaltausübung gegen den Partner (Kt = .43,s). Auch die Qualität der Beziehungen und die Anerkennung, die die Befragten zu andern am *ersten Arbeitsplatz* bzw. in der Lehrzeit erfuhren, korrelierte mit späterer Gewaltneigung (z. B. mit körperlicher Gewalt gegen größere Kinder: Kt = .47,s). Außerfamiliale frühere Erfahrungen sozialer Anerkennung durch peers oder Kollegen und Vorgesetzte hemmen so gesehen wohl die Entwicklung späterer Neigung zu Gewalt, fehlende Anerkennung in diesen Sphären fördert sie dagegen. Da soziale Anerkennung konstitutiv für das Selbstbewußtsein ist, wird auch so dessen Funktion als wichtige intervenierende Variable zwischen gesellschaftlichen Erfahrungen und gewalttätigem Verhalten unterstrichen. Das wird auch dadurch bestätigt, daß das (retrospektiv erhobene) kindliche Selbstwertgefühl, wie es sich in Auseinandersetzung mit der früheren sozialen Umwelt gebildet hatte, auf signifikantem Niveau mit späterer körperlicher Gewalttätigkeit gegen größere Kinder (Kt = .42,s) und gegen Partner (Kt = .47,s) korreliert.

Wir überprüften an den Daten dieser Studie auch das Theorem der „*Rollenumkehr*", das aus der psychologischen und psychiatrischen Literatur (Morris, Gould 1963) bekannt ist: Eltern, die ihre Kinder mißhandeln, sollen danach dadurch gekennzeichnet sein, daß sie selbst (gleich Kindern) Rücksicht und Liebe von ihren Kindern erwarten, diese damit aber überfordern und in eine Erwachsenenrolle drängen, der sie nicht gewachsen sind. Aus der so programmierten Enttäuschung soll dann aggressives Verhalten gegen die Kinder resultieren. Wir haben dazu einen Index für die Neigung zur Rollenumkehr gebildet (Neid auf Kinder, Trostsuche beim Kind usw.), der dann signifikant mit gravierender Gewaltausübung gegen größere Kinder (Kt = .69,s) korrelierte (und auch ganz schwach mit der Gewalt gegen kleinere Kinder, wobei allerdings die Fallzahl gering war). Obwohl das Theorem besonders für kleinere Kinder zutreffen sollte, scheint es von unseren Daten zumindest insofern partiell bestätigt, als die Altersgrenze für die Gruppe „älterer" Kinder bei drei Jahren lag, so daß durchaus noch „kleine" Kinder darin enthalten sind. Das Konzept Rollenumkehr läßt sich auch mit dem Konstrukt Selbstbewußtsein verbinden, da bei einem negativem Selbstbild eher eine Tendenz nach Bestätigungssuche bei schwachen anderen, z. B. bei Kindern, zu vermuten ist. Diese Hypothese läßt sich aus unseren Daten empirisch etwas unterfüttern, da ein an der Signifikanzgrenze liegender Zusammenhang zwischen dem globalen Selbstbild und der Neigung zur Rollenumkehr ermittelt wurde (Kt = .22, s = .055).

Soziologische, ökonomische, sozialökologische oder kulturelle Theorien zur Genese familialer Gewalt verweisen auf weitere Faktoren zur Erklärung dieses Phänomens, die wir ebenfalls kontrollierten. Dabei waren Korrelationen zwischen der *Schichtzugehörigkeit* und den diversen Indizes für familiale Gewalt in unserer Untersuchung schwach. Ein engerer Zusammenhang ergab sich dagegen mit dem *Pro-Kopf-Einkommen* (*einem* Aspekt der Schichtzugehörigkeit): Je geringer das Einkommen, desto eher lag gravierende Gewalttätigkeit unter den Partnern vor (Kt = -.34,s) und desto eher wurden auch kleine Kinder gewalttätig behandelt.

Ein anderer Faktor, der vielfach als Prädisposition für familiale Gewalt genannt wird, die *Kinderzahl*, wies keine Korrelation mit gewaltförmigem Umgang mit Kindern auf, dagegen überraschenderweise eine negative mit gravierender Gewalttätigkeit gegen Partner (Kt = -.36,s), d. h. in Familien mit höherer Kinderzahl wurden die Kinder nicht mehr und die Partner sogar seltener geschlagen als in anderen Familien. Das mag mit dem sozialbezogenen Selbstbewußtsein zusammenhängen, das auch mit der Kinderzahl korreliert und das wir bereits als eventuell subkulturelles Spezifikum erwähnt hatten.

Gehen wir zu den sozialökologischen Aspekten über, so zeigte sich das Vorhandensein eines *sozialen Netzwerkes* von Freunden, Bekannten und Verwandten mit gleichen Interessen kaum in Kovarianz mit Gewaltausübung, wohl aber eine selbst konstatierte Neigung zur *Abkapselung* von anderen (mit gravierender Gewalt gegen größere Kinder Kt = .54,s). Trotz solcher Rückzugs- oder Isolationstendenzen wiesen im übrigen Eltern, die ihre Kinder schlugen, eher ein stärkeres *gesellschaftlich-politisches Vertrauen* (in Staat, auch Sozialstaat; Fortschrittsglaube, Aufstiegsoptimismus) auf als andere, obgleich bei ihnen doch negativere Erfahrungen der gesellschaftlichen Umwelt vermutet werden können. Vielleicht konstruieren sie sich (kompensatorisch) eine spezifische soziale Wirklichkeit, eine utopische Welt und Zukunft, weil es in ihrer gegenwärtigen Umgebung nicht so rosig aussieht? Fragt man nach greifbareren Aspekten des Verhältnisses zum Staat, nämlich ob die eigene Familie genügend *staatliche Unterstützung* findet, treten wieder erwartete Zusammenhänge auf: Diejenigen, die sich zu wenig unterstützt fühlen, sind auch diejenigen, die häufiger gravierende Gewalt gegen die Partnerin /den Partner ausüben (Kt = .44,s). — Die *Kirchenbindung* erbrachte mit etlichen Gewaltinidizes schwache, im Falle der Gewalt gegen größere Kinder signifikante Korrelationen (Kt = -.47).

Besonders eng dürfte der Zusammenhang zwischen der subjektiven Einschätzung der *Beziehung zu Partner/in und Kindern* und innerfamilialer Gewaltanwendung sein. Diese Hypothese bestätigte sich: Je negativer die Eltern-

Kind-Beziehungen durch die Väter und Mütter erlebt wurden und je mehr Konfliktpunkte dabei genannt wurden, desto häufiger gingen sie gewalttätig gegen Kinder und sogar gegen die Partner vor (z. B. bezüglich gravierender Gewalt gegen größere Kinder: Kt = .68,s; bezüglich Gewalt gegen Partner: Kt = .40,s). — Ein besonderes Schlaglicht auf die Beziehung zwischen Eltern und Kindern wirft der Befund, daß die Gewalttätigkeit der Eltern um so höher war, je mehr sie der Ansicht waren, daß es von *ihnen* abhänge, ob ihre Kinder später genug Geld verdienten, um auf eigenen Füßen zu stehen. Wo der Ehrgeiz ausgeprägter war, durch eigene Aktivitäten den Kindern eine gesicherte Zukunft zu ermöglichen, lag tendenziell auch die Gefahr der Gewaltanwendung näher.

Annahmegemäß war auch die Korrelation zwischen der Konfliktgeladenheit der Partnerbeziehung und der Gewaltausübung gegen Partnerin bzw. Partner positiv (Kt = .39,s), der Grad der Dominanz in der Partnerschaft korrelierte unterschiedlich stark mit den einzelnen Gewaltindizes. Bei Unzufriedenheit mit der familialen Arbeitsteilung (z. B. in der Frage, wer mehr einkaufen gehen sollte) lag die Gewaltausübung unter den Partnern klar höher (Kt = 52,s). — Bei den Variablen, die *gegenseitige Störungen von Beruf und Familie* erfaßten, ergaben sich schwach positive Zusammenhänge mit der Gewalt zwischen Partnern, d. h. da, wo der Beruf des Mannes nach Ansicht der Befragten das Familienleben beeinflußte und da, wo Familienprobleme bis in den Beruf hineinwirkten. Das moderne Konfliktverhältnis Erwerbsberuf-Familie hinterläßt so seine gewaltförmigen Spuren.

Ein in der Gewaltforschung oft bemühtes Konzept ist der *Streß*. Wir untersuchten entsprechende Aspekte, indem wir eine größere Liste von potentiell Streß erzeugenden Ereignissen (Krankheit, Unfälle, Todesfälle, Schulden, sexuelle Probleme, berufliche Schwierigkeiten etc.) vorgaben und die Häufigkeit der Nennungen solcher möglicher Stressoren als Belastungsindex ermittelten. Die so ermittelte Häufigkeit von Streßereignissen korrelierte (allerdings kaum auf signifikantem Niveau) mit verschiedenen Indizes familialer Gewalt, am stärksten für den Bereich gravierender Gewalt gegen Partner (Kt = .35, s = .06).

Gewichtungen: Zur Relevanz der Variablen

Nach der Betrachtung der wichtigsten Einzelzusammenhänge von Variablenkomplexen gemäß unserem theoretischen Modell können synoptisch die stärksten Korrelationen dargestellt werden. Dabei ist zu beachten, daß zumindest Teile des theoretischen Modells wechselseitige (zirkelförmige) Beziehungen unterstellen (z. B. eine Kette wie Selbstbewußtsein — Verhalten — Verhaltenserfolg — Selbstbewußtsein).

Aufgrund der kleinen Stichprobe und des Meßniveaus der meisten Variablen dieser ja primär qualitativ ausgerichteten Studie war keine Regressionsanalyse angezeigt. Die über die Bestimmung des Rangkorrelationskoeffizienten Kendall's tau gewonnenen Grade des Zusammenhangs können aber, im *Vergleich* betrachtet, für eine erste grobe Orientierung über das Gewicht, das den einzelnen Variablen des Modells zukommt, hilfsweise herangezogen werden. Dazu wird das Modell „von hinten nach vorne" gelesen, d. h. mit „Gewalttätigkeit in Familien" als „abhängiger Variable" begonnen (graphisch für einige exemplarische Beziehungen zusammengefaßt in Diagramm 31). Dabei geht es vor allem um den *relativen* Stellenwert des Konstrukts *Selbstbewußtsein als gesellschaftliche Erfahrung verarbeitende „Instanz" des Individuums.*

Betrachtet man zunächst den „scharfen" Index gravierender und körperlicher *Gewalttätigkeit gegen die Partnerin/den Partner*, die gesellschaftlich besonders tabuiert und negativ normiert ist, so weist er folgende Zusammenhänge mit anderen Variablen auf: Neigung zu Ungeduld und Wut (Kt = .63,s), Spannung und Nervosität (.57,s). Es folgt ein Faktor mit besonderer Nähe zum Partner als Objekt von Frustration und Aggression — die Unzufriedenheit mit der Arbeitsteilung in der Familie (.46, s). In ähnlicher Stärke rangiert dann schon das Konstrukt (in diesem Falle negatives) Ich-bezogenes Selbstbewußtsein (.42,s), und auch z. B. das Fehlen selbstwertförderlicher Anerkennung in der Beziehung zu peers in der Kindheit korreliert noch mit Kt = .43,s mit der körperlichen Gewalt gegen Partner. Fast so stark schlagen auch materielle Momente zu Buche, wie etwa die empfundene Diskrepanz zwischen materiellen Werten/Hoffnungen und ihrer Verwirklichung (.35,s) oder das Pro-Kopf-Einkommen (.34,s). Zieht man neben der gravierenden oder körperlichen Gewalt unter Partnern die verbale Aggressivität heran, ändert sich das Bild nicht grundlegend; die Korrelationen mit Indizes des Selbstbewußtseins sind dann eher noch höher (für Ich-bezogenes Selbstbewußtsein .55,s, für globales Selbstbild .58,s).

Im Falle gravierender *Gewalt gegen Kinder* (ab drei Jahren) stehen wiederum psychische Dispositionen bzw. „objektnahe" Faktoren an der Spitze der Variablen, die damit korrelieren: Neigung zur Rollenumkehr (.69,s) und die Häufigkeit der Anlässe für Konflikte zwischen Eltern und Kindern (.68,s). Es folgen Isolationstendenzen (Neigung, sich von anderen abzukapseln: .54,s), Kirchenbindung (.47,s), Diskrepanz zwischen familialen Werten und Realisierung (.44,s). Indizes für Selbstbewußtsein korrelieren dagegen mit maximal .36,ns mit gravierender Gewalt gegen größere Kinder, stärkere Zusammenhänge gibt es dagegen in Bezug auf verbale Aggressivität (mit globalem Selbstbild .48,s). Bei kleinen Kindern (unter drei Jahren) sind auf Grund der geringen Fallzahl keine statistisch gesicherten Ergebnisse möglich, doch die Richtung der Zusammenhänge zwischen Selbstbewußtseins-Indizes und Indizes für Gewalttätigkeit gegen kleine Kinder ist eindeutig.

In der Zusammenschau der Daten dieser quantitativ begrenzten Studie ergibt sich so das *relative Gewicht des Konstrukts Selbstbe-*

Diagramm 31

Gesellschaftl. Erfahrungen

Realisierungsgrad mod. Hoffnungen, Werte

	glob. Werte Real. Diskrp.	fam. Werte Real. Diskrp.	mat. Werte Real. Diskrp.
Konfliktfrequenz Eltern-Kinder	-	.80*	-
Konfliktfrequenz Mann-Frau	-	.52*	-
Sozialschicht	-	-	.25*
Kirchenbindung	.50*	-	-

Selbstbewußtsein

	Ich-bez. Selbst-bew.	glob. Selbst-bild
globale Werte-Realisierungs-Diskrepanz	.17	-
Selbstbewußtseins-Genese/Eltern	.15	.17
Selbstbewußtseins-Genese/peers	.20	.37*
Selbstbewußtsein als Kind	.15	.23
Konfliktfrequenz Eltern-Kinder	.11	.02
Konfliktfrequenz Mann-Frau	.52*	.46*
Zufriedenheit m. fam. Arbeitsteilung	.49*	.55*
Sozialschicht	.20	.17
Zukunft berufl.-finanziell gesichert	.43*	.33*
Kirchenbindung	.31*	.24
Freunde m. gleichen Interessen	-	.50*
Abkapselungsneigung	.40*	.63

Andere Faktoren, alternative Theorien

Gewaltätigkeit in Familie

	körperl. u. gravier. körperl. Gewalt gegen Partner	Kinder (ab 3)
globale Werte-Realisierung-Diskrepanz	.16 bis .23	-.22 bis .19
familiale Werte-Realisierungs-Diskrep.	.19 bis .22	.28 bis .44*
materielle Werte-Realisierungs-Diskrep.	.30 bis .35*	-.21 bis -.45
persönl. Werte-Realisierungs-Diskrep.	.32 bis .36	-
politische Werte-Realisierungs-Diskrep.	.13 bis .15	-.21 bis -.45
Ich-bezogenes Selbstbewußtsein	.33 bis .42*	.07 bis .28
Sozial-bezogenes Selbstbewußtsein	.08 bis .22	-.02 bis .05
gesellschaftl.-polit. Vertrauen	-	.11 bis .36
globales Selbstbild	.16 bis .30	.07 bis .28
Abkapselungsneigung	.03 bis .16	.11 bis .54*
Gewalttätigk. im Erziehungskonzept	-	-.10 bis .27
Rollenumkehrtendenz	-	.21 bis .69*
Streßfrequenz	.35	.01 bis .22
Selbstbewußtseins-Genese/Eltern	.22 bis .24	.01 bis .10
Selbstbewußtseins-Genese/peers	.33 bis .43*	.08
Selbstbewußtseins-Genese/Kind	.40 bis .47*	.08 bis .42*
Selbstbewußtseins-Genese/Ausbildungsz.	.09 bis .13	.39 bis .47*
Konfliktfrequenz Eltern-Kinder	-.05 bis .08	.40 bis .68*
Konfliktfrequenz Mann-Frau	.42*	-.01 bis .42
Zufriedenheit m. famil. Arbeitsteilung	.46 bis .52*	.20 bis .44*
Kinderzahl	-.18 bis -.35*	-.08 bis .12
Sozialschicht	.07 bis .15	.16 bis .18
Kirchenbindung	.27 bis .31	.22 bis .47*

Rangkorrelationskoeffizient Kendell's tau * = mindestens auf .05 Niveau signifikant; - = keine Messung vorliegend *wußtsein* besonders bei dem „scharfen" Kriterium ehelicher Gewalt, während bei der Gewalt gegen Kinder Einschränkungen gemacht werden müssen — bei den größeren Kindern von den Ergebnissen her (triftige Zusammenhänge nur für verbale Aggressivität), bei den kleineren aus methodischen Gründen.

Einige detaillierte Fallanalysen können dem statistisch unscharfen Bild für Kinder aber eventuell Konturen geben, indem sie eine mögliche Erklärung anbieten: Die in die Korrelationsberechnungen eingegangenen Indizes für Selbstbewußtsein beruhen auf Instrumenten, die dessen *übersituative* Durchschnittslage anpeilen. Die Mikroanalyse von Erziehungssituationen in den Fallanalysen zeigt jedoch, daß auch Eltern mit übersituativ positivem Selbstwert in der *konkreten Episode* eine Frustration ihrer Selbstwertbedürfnisse erleben können und dann impulsiv auch einmal zu aggressiven Akten tendieren können.

Von welchen Faktoren wird nun das zentrale Konstrukt *Selbstbewußtsein* am ehesten geprägt (wobei allerdings auch zirkuläre Zusammenhänge naheliegen dürften)? Auch hier weisen zunächst psychische Dispositionen wie die Abkapselungsneigung (.63,s) hohe Rangkorrelationen mit dem globalen Selbstbild auf. Auch die Qualität der Beziehung zum Partner (.60,s) und zu den Kindern (.50,s) sind von Gewicht. Neben solchen Erfahrungen der aktuellen sozialen Umgebung erweisen sich hypothesenkonform auch lebensgeschichtliche Erfahrungen als bedeutsam, z. B. das Verhältnis zur eigenen Mutter (.55,s) oder zu gleichaltrigen Kindern früher (.37,s). Kirchenbindung (.31,s) und Pro-Kopf-Einkommen (.30,s), also kulturelle und materielle Faktoren korrelieren mit dem Ich-bezogenen Selbstbewußtsein. Die globale Diskrepanz zwischen Werten/Hoffnungen und ihrer Realisierung korreliert dagegen nur schwach positiv damit.

Der Bedeutung solcher Werte oder Hoffnungen, wie sie mit dem Leben in der Moderne verbunden sind, haben wir in unserem theoretischen Modell einige Bedeutung zugemessen, vor allem in Verbindung mit der Frage, wie weit diese Versprechungen in der Sicht der Subjekte als eingelöst oder uneingelöst erscheinen. Das globale Maß dieser *Diskrepanz zwischen Werten und Verwirklichung* korrelierte positiv, wenn auch schwach, mit den Maßen für Gewalttätigkeit und Selbstbewußtsein. Bei spezifischeren Indizes wurden die Zusammenhänge erwartungsgemäß enger, z. B. bei der Diskrepanz zwischen familialen Werten und ihrer Realisierung einerseits und gravierender Gewalt gegen größere Kinder andererseits (.44,s) oder bei der Werte-Realisierungs-Diskrepanz im materiellen Bereich und körperlicher Gewalt gegen Partner (.35,s). Damit kann festgehalten werden, daß nach den Ergebnissen dieser Studie die gesellschaftlichen Erfahrungen der Individuen, vermittelt über ihre Bewertung von Versprechungen und Einlösungen der Moderne, in zumindest meßbarer Stärke mit ihrem Selbstbewußtsein und ihrer Neigung zu innerfamilialer Gewalt zusammenhängen (über die Kausalitätsrichtung dabei sind in *dieser* Untersuchung nur Vermutungen anzustellen, in der Erhebung in Exempel IV wird dem näher nachgegangen).

Womit hängen schließlich die Werte-Realisierungs-Diskrepanzen in einer Weise zusammen, die sie — bei allen Zirkularitätsvermutungen auch hier — eher als *abhängige* Variable annnehmen lassen? Das globale Diskrepanzmaß aller untersuchten Bereiche von Werten/Hoffnungen weist eine Rangkorrelation mit der Kirchenbindung von .50, s auf, auch das Gefühl ausreichender staatlicher Unterstützung der eigenen Familie korreliert hiermit noch mit .34, fast signifikant. Stärker werden die Zusammenhänge wieder bei spezifischen Bereichen, z. B. bei Konflikten mit größeren Kindern (.80,s) oder mit dem Partner (.52,s) und familialen Werte-Realisierungs-Diskrepanzen, während im materiellen Bereich erstaunlicherweise nur geringe Kovarianzen ermittelt wurden (z. B. mit Schichtzugehörigkeit .25, mit Pro-Kopf-Einkommen .26). Auch hier haben sich also familiale Beziehungen (zu Kindern bzw. Partner) als diejenigen Dimensionen erwiesen, die am weitestgehenden mit dem „Frustrationsmaß' der entsprechenden Werte-Realisierungs-Diskrepanz zusammenhängen. Anders ausgedrückt: Der Konflikt zwischen Mythos und Realität der Moderne wird am deutlichsten in der Familie erlebt, diesem wertmäßig und emotional so hoch besetzten Ort.

Kapitel 4

Exempel IV: Lebensqualität, Selbstbild, Gewalt in Familien: Eine Repräsentativerhebung

Die in den Exempeln I bis III dargestellten Studien waren forschungsmethodisch vor allem qualitativ orientiert. Sie zielten insbesondere auf eine Exploration der biographischen Genese von Selbstbewußtsein und auf eine Analyse von Familiensituationen, in denen es zu Gewaltätigkeiten zwischen Eltern und Kindern und zwischen den (Ehe)Partnern kam. Diese Studien bezogen sich vor allem auf Eltern, die bei bestimmten Stellen (Elternzeitschrift-Redaktion, Kinderschutzzentrum) explizit wegen innerfamilialer Gewalttätigkeiten vorstellig oder nach dort verwiesen wurden. Durch Fallanalysen, statistische Gruppenvergleiche und auch bereits durch einige Korrelationsberechnungen konnte dabei unterschiedlichen Aspekten des theoretischen Modells der Modernisierungsfalle nachgegangen werden — dem hypothetisch postulierten Zusammenhang von Merkmalen (1) moderner Lebenshoffnungen (Werte, Wünsche) und realer Lebenssituation, (2) Ausprägungen individuellen Selbstbewußtseins (Selbstkonzept, Selbstwert) und (3) dem Grad innerfamilialer Gewaltanwendung.

1. Methodisches

Die Stichproben all dieser genannten Studien waren jedoch zu klein, um Methoden strenger statistischer Testverfahren für theoretische Modelle anwenden zu können. Eine *Repräsentativerhebung* des Deutschen Jugendinstituts, die der Situation von „*Familien in den achtziger Jahren*" in der Bundesrepublik Deutschland galt, bot hingegen Gelegenheit, zumindestens einige der zentralen Variablen des Modells einer solchen Prüfung zu unterziehen. Darüberhinaus waren damit wenigstens tentative Aussagen über Häufigkeiten von familialen Gewalttätigkeiten möglich.

Die Untersuchung umfaßte standardisierte Interviews mit 2.638 Frauen und Männern deutscher Staatsangehörigkeit im Alter zwischen 18 und 69 Jahren, die in nichtehelichen Partnerschaften, Ehen und Familien in der Bundesrepublik und West-Berlin lebten (in einem Teil der Familien wurden außerdem 336 Jugendliche befragt). Erhebungszeitpunkte war die Jahreswende 1984/85. Die Interviews wurden vom Getas-Meinungsforschungsinstitut, Bremen durchgeführt. Zugrundegelegt wurde eine mehrfach geschichtete Zufallsstichprobe: Um Gruppenvergleiche und bestimmte Hochrechnungen durchführen zu können (was ein bestimmtes Minimum an Fällen je Gruppe voraussetzt), wurden die Untergruppen der Stichprobe abweichend von der Grundgesamtheit disproportional besetzt. So wurden vor allem erwerbstätige Frauen, kinderreiche Familien und Ein-Eltern-Familien überrepräsentiert, dagegen sind Männer und Paare ohne Kinder in der Stichprobe unterrepräsentiert. Die statistische Auswertung von *Gruppenvergleichen* beruht daher aus methodischen Gründen auf den *unveränderten* Daten der Erhebungsstichprobe; für Aussagen über die *Grundgesamtheit* wird dagegen auf *gewichtete* Daten zurückgegriffen. Die dabei angewandte Gewichtung gleicht die Verteilung zentraler Merkmale der Befragten (Geschlecht, Alter, Schulabschluß, Familienphasen und -formen) den Daten der amtlichen Statistik (Mikrozensus 1982) an. — Gegenüber vielen anderen Repräsentativerhebungen bei Familien hatte diese Untersuchung den *Vorteil*, nicht nur Frauen bzw. Mütter, sondern auch Männer bzw. Väter (und teils die Kinder im Jugendalter) einzubeziehen. Außerdem wurden nicht nur konventionelle Ehen, sondern auch Lebensgemeinschaften ohne Trauschein berücksichtigt.

Während eine Repräsentativerhebung einerseits den Vorteil der großen Fallzahl ausspielen kann, d. h. Hochrechnungen auf die Gesamtgruppe der Untersuchten (hier: deutsche Familien in der Bundesrepublik) und komplexe statistische Analysen zuläßt, stößt sie aus Kosten- und erhebungstechnischen Gründen (Preis und Länge eines Interviews) rasch an Grenzen, was die Zahl und Differenziertheit von Fragen bzw. Variablen betrifft. Daher konnten nur einige der Konstrukte unseres theoretischen Modells (vgl. Kapitel 3, Abschnitt 1.1) berücksichtigt werden, zudem teilweise nur ausschnitthaft. Immerhin gelang es, Fragen zu den sozialen Lebensbedingungen (detailliert insbesondere für die innerfamilialen Beziehungen) und die subjektive Zufriedenheit damit („Lebensqualität“), zu Aspekten des Selbstbildes und zu Formen der (verbalen und körperlichen) Konfliktaustragung zwischen Eltern und Kindern bzw. zwischen den Partnern einzubringen. Eine Liste moderner Lebenshoffnungen oder Werte (Verheißungen der Moderne) und ihrer Realisierung einschließlich der Möglichkeit, Diskrepanzen zwischen beidem zu berechnen (wie in Exempel III), war für den relativ kurzen Fragebogen einer Repräsentativerhebung zu aufwendig. Ersatzweise kann aber z. T. auf Daten zurückgegriffen werden, die die subjektiv empfundene Lebensqualität in unterschiedlichen Bereichen berücksichtigt.

Selbstsicht und Umweltsicht wurden in einer gekürzten und modifizierten Fassung der in Exempel III verwendeten Skalen ermittelt (vgl. Kapitel 3,

Abschnitt 1.3). Die einzelnen Items wurden nach einer Faktorenanalyse der Ergebnisse einer Pilotstudie ausgewählt. Sie entstammen, teils modifiziert, Untersuchungen von Beckmann und Richter (1981), Ewert 1979 (nach Sears 1972), Mummendey, Riemann, Schiebel 1983 und Noelle-Neumann 1979. Ihre Präsentation erfolgte wiederum in Anlehnung an die polarisierten Halbsätze des Gießen-Test (Beckmann, Richter 1981), allerdings in mittenfreier Skalenform (vgl. Diagramm 32). Durch Zusammenfassung einzelner Items aufgrund einer Faktorenanalyse konnten auch hier verschiedene Indikatoren (für Selbstbild im engeren und weiteren Sinne, Arbeitszufriedenheit und gesellschaftlich-politisches Vertrauen) gebildet werden.

Die *Partnerbeziehung* und die *Eltern-Kind-Beziehung* waren wichtige Gegenstände dieser Familienuntersuchung. Ihren verschiedenen Dimensionen wurde mittels spezieller Skalen nachgegangen, deren Items z. T. durch die Forschungen von Olson et al. (1982) angeregt wurden.

Der *Grad innerfamilialer Gewaltanwendung* wurde ebenfalls ähnlich wie in Exempel III durch Konflikttaktik-Skalen ermittelt, wobei einmal das Verhalten der Eltern bei Konflikten mit den Kindern, das andere Mal das Verhalten der Partner bei Streitigkeiten zwischen den beiden Gegenstand der Fragen war. Vorbilder dieser Skalen sind die Conflict Tactics Scales (CTS) (Straus, Gelles, Steinmetz 1980) für das Verhältnis der Eltern zu größeren Kindern/Jugendlichen und der Partner untereinander, sowie das Instrument zur Erfassung elterlicher Verhaltensmöglichkeiten gegenüber Kleinkindern von Disbrow, Doerr, Caulfield (1977). Allerdings konnte in der Repräsentativerhebung nur eine gekürzte und modifizierte Version dieser Skalen untergebracht werden (vgl. Diagramme 35 und 36).

Die Auswertung der Daten erfolgte in Form von Tabellen- und Korrelationsanalysen sowie von Mittelwertvergleichen mit dem Programm SPSS (Beutel, Schubö 1983 nach Nie et al. 1975), wobei aufgrund des Skalenniveaus meist Rangkorrelationskoeffizienten (gamma) in Frage kamen. Des weiteren wurden Pfadanalysen nach dem PLS-Verfahren (Wold 1984) vorgenommen.

2. Ergebnisse: Zusammenhänge und Erklärungen

Wie sehen nun angesichts der großen Datenmenge einer solchen Repräsentativerhebung die Zusammenhänge zwischen Merkmalen der Lebenssituation von Familien und Individuen, der Lebensqualität und dem Selbstbewußtsein oder Selbstbild aus? Betrachten wir zunächst die gesamte Skala der *Selbst- und Umweltsicht*, und zwar gleich aufgeschlüsselt nach Frauen und Männern (Diagramm 32).

Diagramm 32

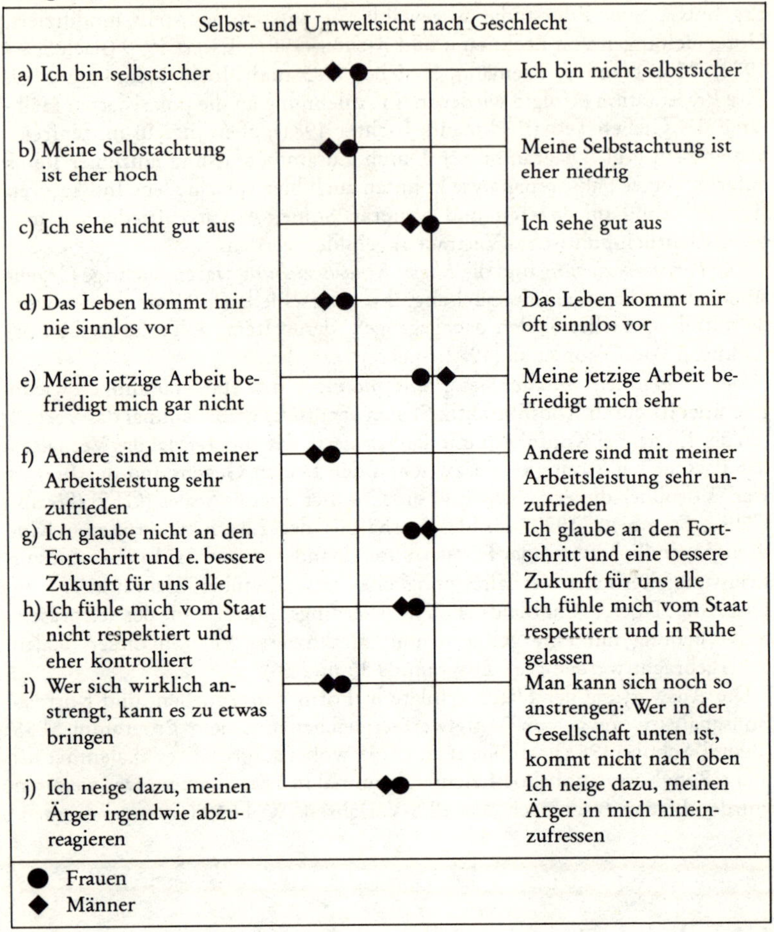

Hier ist zunächst bemerkenswert, daß im Durchschnitt ein positives Bild von einem selbst, der eigenen Existenz und der Beziehung zu wichtigen Bereichen der sozialen und kulturellen Welt besteht. *Frauen und Männer* stimmen dabei auf den ersten Blick weitgehend überein, aber in etlichen Punkten haben die Männer eine noch rosigere Sicht von sich und den Dingen, in den Dimensionen der Selbstsicherheit (a), der Selbstachtung (b), der Arbeitszufriedenheit (e,f) und bei der Fortschrittsgläubigkeit (g) sind diese Unterschiede statistisch signifikant (mindestens auf .05 Niveau). Damit wird die frühere und auch in unseren vorigen Studien bestätigte Erkenntnis, daß Frauen durchschnittlich negativere Werte der Zufriedenheit mit sich und dem eigenen Tun aufweisen als Männer, von einer repräsentativen Stichprobe neu untermauert. Nimmt man einen Befund über „Familienzufriedenheit“ dazu (ein Index aus Items über verschiedene Aspekte der innerfamilialen Beziehungen), wonach Frauen ebenfalls signifikant seltener als Männer zufrieden mit ihrem Familienleben sind (.17), wird es offenkundig: Die Verheißungen der Moderne, ein selbstbewußtes, autonomes Individuum sein zu können, das an den Segnungen des Fortschritts und an Familienglück partizipiert, sind aus der Sicht von Frauen insgesamt um einiges weniger in Erfüllung gegangen.

Geht man anderen Faktoren sozialer Ungleichheit nach, so zeigt sich, daß statistisch relevante Rangkorrelationen zwischen dem *persönlichen Nettoeinkommen* und dem Selbstbild (Items a-d; gamma = .14, signifikant $\leqq$ .05, im folgenden abgekürzt: g, s), der Arbeitszufriedenheit (e und f; g = .23,s) und dem Vertrauen in Gesellschaft und Politik (g-i; g = .13,s) bestehen. In ähnlicher Weise (mit Ausnahme des gesellschaftlich-politischen Vertrauens) schlägt die *Schulbildung* zu Buche. Die *soziale Schicht* (als Index aus Schulabschluß, Berufsausbildungsabschluß und Haushaltseinkommen[27]) wies noch stärkere signifikante Korrelationen mit den Dimensionen Selbstbild (vgl. Diagramm 33), Arbeitszufriedenheit (jeweils g = .20,s) und gesellschaftlich-politischem Vertrauen (.13,s) auf; dasselbe gilt auch wiederum für den Zusammenhang von Schichtzugehörigkeit und Familienzufriedenheit (.20,s). Ein höheres Einkommen und eine qualifizierte Ausbildung scheinen ein gutes Polster für die Zufriedenheit mit sich, der Familie, der Arbeit und weiteren Bereichen der Umwelt (auch dem Staat) zu sein. Am seltensten wird erwartungsgemäß von *Arbeitslosen* ein positives Selbstbild vermeldet, etwas häufiger von Hausfrauen, an der Spitze liegen die Vollzeiterwerbstätigen (vgl. Diagramm 34) — ein Beleg für die Bedeutung des Faktors „Arbeit“ für das Selbstbewußtsein.

Anders als bei der Vergleichsstudie in Exempel III mit ihrer kleinen Fallzahl konnten in der Repräsentativerhebung keine bedeutsamen Korrelationen zwischen der *Kirchenbindung* der Individuen und ihrem Selbstbewußtsein ermittelt werden, allerdings ergab sich in bezug auf das gesellschaftlich-politische Vertrauen ein nennenswerter Zusammenhang (.18,s). Religiöser Glaube — operationalisiert durch den Grad der subjektiven Bindung an die jeweilige Kirche — ist offenbar nur noch für einzelne Sektoren der Selbst- und Weltsicht moderner Individuen bestimmend.

Die Existenz eines sozialen Netzwerks in Gestalt *persönlicher Freunde* wies einen deutlichen Zusammenhang mit einer positiven Selbstsicht (.30,s) und gesellschaftlich-politischem Vertrauen (.16,s) auf.

Resümierend läßt sich somit feststellen, daß materielle, soziale und kulturelle Hintergründe für Unterschiede in der Ausprägung von Selbstbewußtsein und Umweltsicht sich am Material der Repräsentativuntersuchung klar nachweisen lassen.

Diagramm 33

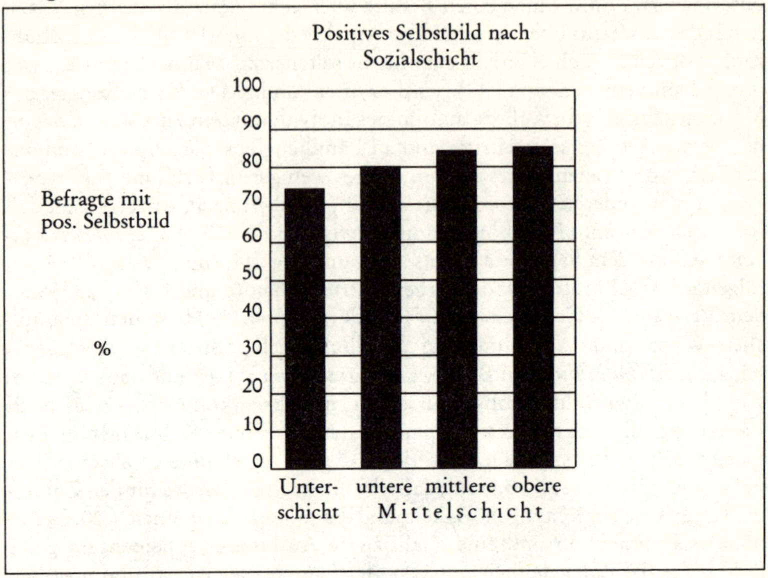

Diagramm 34

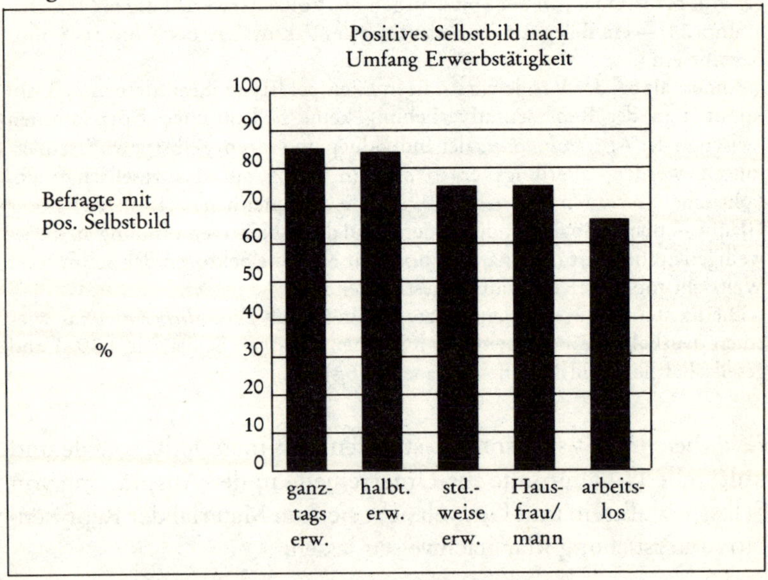

Geht man zur Ebene der Austragung innerfamilialer Konflikte und zur Frage der *Gewalttätigkeit* in diesem Kontext über, so kann zunächst ein Überblick über die Häufigkeit von *Konflikttaktiken gegenüber Kindern* gegeben werden (Diagramm 35).

Diagramm 35

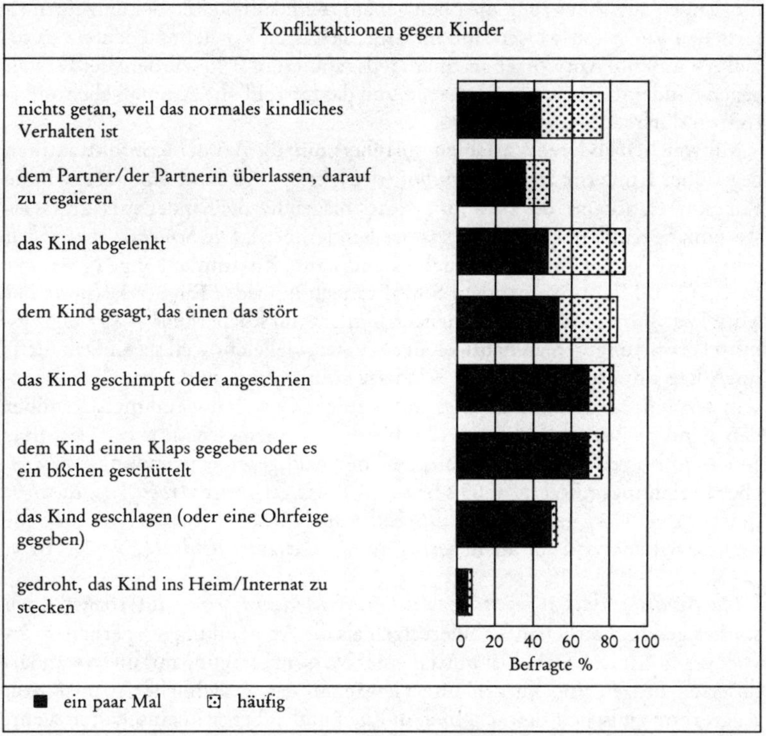

Danach sind argumentative Taktiken gegenüber den Kindern (sagen, was einen stört) insgesamt etwa so verbreitet wie verbal-aggressive Taktiken (schimpfen, anschreien) und leichte Formen der körperlichen Gewaltanwendung. Während etwa drei von vier Eltern angeben, ihren Kindern zumindest ein paarmal einen Klaps gegeben oder sie ein bißchen geschüttelt zu haben, bekundet immerhin noch gut die Hälfte, ihre Kinder mindestens ein paarmal geschlagen oder geohrfeigt zu haben. Somit gehören solche Verhaltensweisen durchaus zum gesellschaftlich normalen, d. h. verbreiteten und wohl auch als legitim erachteten elterlichen Umgang mit Kindern (gut zwei Drittel der Befragten stimmen auch der Ansicht zu, daß es Situationen mit Kindern gäbe, in denen nur eine Ohrfeige oder ein Klaps helfe). Härtere körperliche Mittel (wie Prügel, physisch folgenreiche Mißhandlungen, Bedrohung mit Messern oder Waffen oder deren Einsatz) wurden nicht erfragt. In amerikanischen Untersuchungen zur Gewalt in Familien ist dies durchaus erfolgt (vgl. Straus, Gelles, Steinmetz 1980), für die Bundesrepublik wären wir damit nach Ansicht anderer Sozialwissenschaftler an die Grenzen des Erfragbaren gestoßen, so daß die dann ermittelten Zahlen noch problematischer zu interpretieren gewesen wären — eine Prüfung dieser methodischen Annahme steht allerdings noch aus. Aber auch die oben genannten Häufigkeiten der einzelnen elterlichen Verhaltensweisen sind mit einer gewissen Vorsicht zu deuten, da sozial erwünschte Antworten in einem teils tabuierten Feld wie dem der Gewalt gegen Kinder die Angaben verzerren und das tatsächliche Ausmaß eher untertreiben dürften.

Mit welchen anderen Variablen korreliert nun die Art der Konflikttaktiken gegenüber Kindern? Die *Schulbildung* der Eltern wies dabei eine relativ hohe Rangkorrelation mit der Nennung von Schlägen für die Kinder auf (für das erste/einzige Kind: g = .32,s; für spätere Kinder .28,s). Die *Schichtzugehörigkeit* erbrachte ebenfalls noch merkliche signifikante Zusammenhänge (g = .15,s bzw. .12,s): Mit abnehmendem Sozialstatus nimmt der Einsatz körperlicher Mittel zu. *Mütter* wandten die meisten — nicht nur körperliche — Erziehungsmittel erwartungsgemäß häufiger an als Väter, vielleicht weil sie einfach mehr im Alltag unmittelbar mit den Kindern konfrontiert sind. Das Vorhandensein *persönlicher Freunde* ist eher mit weniger Gewaltanwendung gegenüber den Kindern verbunden (g =.10,s für erstes/einziges Kind). Ein *negatives Selbstbild* korreliert ebenso signifikant mit häufigerer Anwendung körperlicher Erziehungsmittel (g = .09,s bzw. .18,s) wie geringere *Arbeitszufriedenheit* (jeweils g = .12,s), geringeres *gesellschaftlichpolitisches Vertrauen* (g = .09,s für jüngere Kinder) und vor allem geringere *Familienzufriedenheit* (g = .29,s bzw. .28,s).

Die *Konflikttaktiken gegenüber der Partnerin/dem Partner* unterliegen noch stärker gesellschaftlichen Tabuierungen als die Anwendung körperlicher Gewalt gegen Kinder. Daher ist mittels einer Massenbefragung mit ihren standardisierten Fragen und kurzen Interviewzeiten das tatsächliche Ausmaß von Aggression zwischen Erwachsenen in Ehen und Lebensgemeinschaften wahrscheinlich nicht ganz zureichend erfaßbar. Immerhin ist aus der amerikanischen Gewaltforschung bekannt, daß die aktiven Anwender körperlicher Gewalt zumindest ebenso häufig ihre Verhaltensweisen „zugeben" wie ihre Opfer diese berichten; Frauen geben ihre eigenen körperlichen Aggressionen gegenüber den Männern sogar häufiger an als diese dann davon Kenntnis geben (Szinovacz 1983, S.638 f.). Auch bei der Frage in unserer Repräsentativerhebung, wer *zuerst* körperliche Mittel eingesetzt hat, übertrafen die „Selbstbezichtiger" bei weitem diejenigen, die sich als nur körperlich auf körperliche Attacken *Reagierende* bezeichneten.

Die *Konflikttaktiken unter Erwachsenen* in der Familie sind in Diagramm 36 aufgeführt. Am häufigsten werden also nach Aussagen der Befragten bei Partnerkonflikten „Ich-Botschaften" ausgesandt (Partner auf eigene Bedürfnisse

Diagramm 36

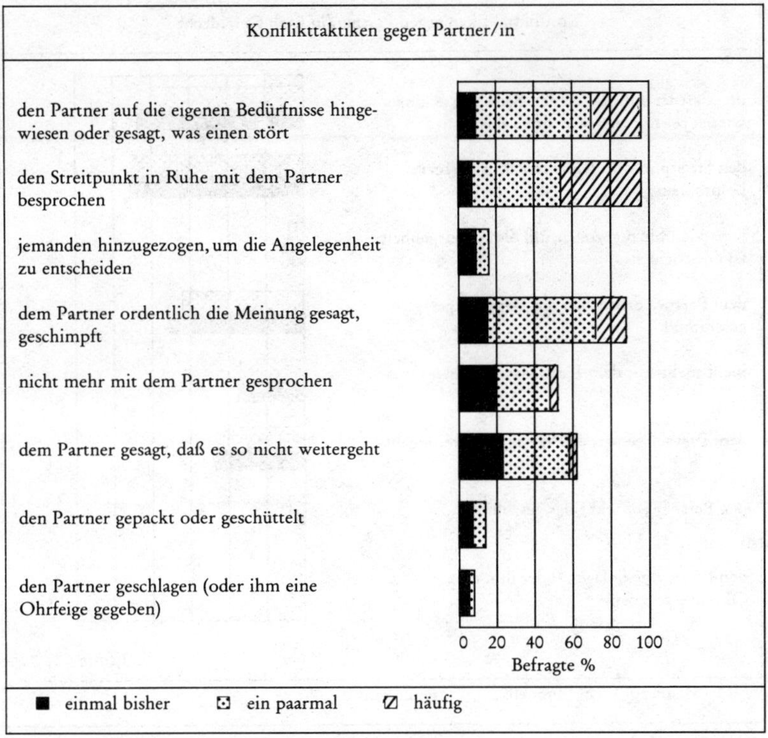

hingewiesen...) und argumentative Taktiken (Streitpunkt in Ruhe besprochen) verwendet. Auch verbale Aggression (ordentlich die Meinung sagen, schimpfen) ist recht verbreitet. Drohungen (daß es so nicht weitergeht) und Distanzierungen (nicht mehr mit Partner sprechen) werden immerhin noch von über der Hälfte genannt. Körperliche Aggression oder Gewalttätigkeit gegen die Partnerin bzw. den Partner (packen, schütteln, schlagen) haben mindestens 13 Prozent schon wenigstens einmal ausgeübt, 8 Prozent geben an, den Partner zumindest einmal bisher geschlagen oder geohrfeigt zu haben.

Vergleicht man die von *Männern und Frauen* angewandten Konflikttaktiken gegen die Partnerin/den Partner (Diagramm 37), fällt auf, daß Frauen signifikant häufiger „Ich-Botschaften“ senden, andere zur Schlichtung zuziehen, aber auch häufiger verbal aggressiv reagieren oder drohen. Das bestätigt den alltäglichen Eindruck durchschnittlich größerer kommunikativer und verbaler Kompetenz von Frauen in Familienangelegenheiten. Auch ein weiterer Aspekte in diesem Zusammenhang, nämlich daß sich Männer dergestalt verbal in die Ecke getrieben sehen und dann eher auch gelegentlich körperlich aggressiv reagieren, scheint aus den Antworten ablesbar: Bei den

Diagramm 37

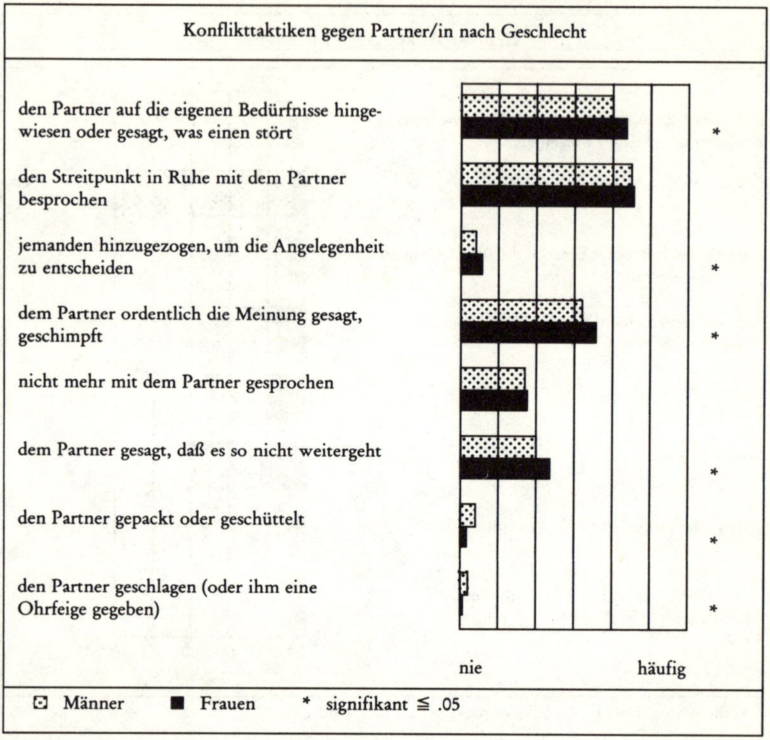

scheint aus den Antworten ablesbar: Bei den Angaben zur Anwendung körperlicher Mittel gegen die Partnerin/den Partner liegen erwartungsgemäß die Männer vorn: 9 Prozent von ihnen geben an, mindestens einmal die Frau körperlich attackiert zu haben. Andererseits berichtet durchaus auch eine Reihe von Frauen (6 Prozent von ihnen), ihren Mann physisch angegriffen zu haben. Die vorher ausgesprochene Warnung vor einer schlichten Hochrechnung dieser Häufigkeitsangaben auf die Grundgesamtheit ist allerdings zu wiederholen. Gleichwohl dürften die Zahlen jedoch einen Mindestsatz an Gewalttätigkeit in der Privatsphäre widerspiegeln.

Wieweit differenzieren sich die Konflikttaktiken beim Einbezug anderer Variablen? Wie im Falle des Umgangs mit Kindern erwies sich auch bei den Schlägen zwischen den Partnern die *Schulbildung* des Gewaltausübenden als bedeutsamer Faktor (g = .22,s), dagegen war — auch wie bei den Kindern — das *persönliche Nettoeinkommen* weniger von Bedeutung, tendenziell jedoch umgekehrt: In den oberen Einkommensgruppen wurde signifikant häufiger körperliche Gewalttätigkeit zwischen Erwachsenen vermeldet (g = .11,s). Bildung erscheint mehr als Geld vor dem Einsatz physischer Gewalt zu schützen. Kombiniert man solche Einzelmerkmale wiederum zum *Schicht*index, resultieren sie nun wieder in einem klaren Zusammenhang (g = .16,s) — je tiefer die soziale Schicht, der jemand angehört, desto eher kommt es vor, daß die Partnerin/der Partner geschlagen wird (vgl. Diagramm 38).

Diagramm 38

Schläge für Partner nach Sozialschicht

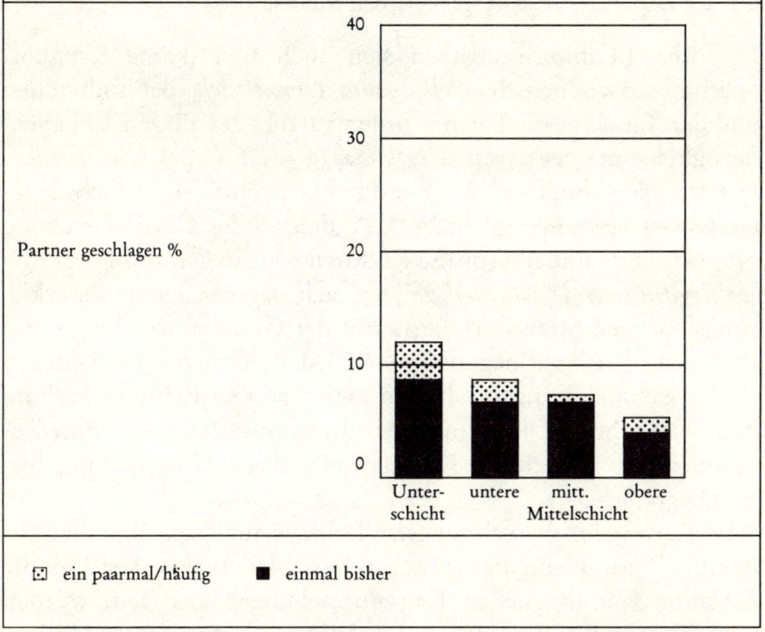

Was die *Konfession* betrifft, so neigen Konfessionslose eher zur Gewalttätigkeit in der Partnerbeziehung als Konfessionsangehörige, unter letzteren wiederum gilt diese Tendenz eher für die ihrer Kirche ferner Stehenden (g = .12,s). Das schwindende Traditionspolster großkirchlich-religiösen Glaubens verbürgt also an diesem Punkt entweder noch so viel „inneren Frieden" oder Normen des körperlichen Gewaltverzichts, daß dies sich im Falle des Umgangs mit dem Partner bemerkbar macht. Auch das kann ein Indikator dafür sein, daß Modernisierung — gelesen als Säkularisierung, Entbindung von religiösen Sicherheiten und bei wachsendem gesellschafts- und familienstrukturellem Konfliktpotential — ihren Preis hat, der u. a. in Form aggressiver „Konfliktlösungen" bezahlt wird.

Mangelnde soziale Einbettung in die Umwelt, die das Individuum stützen könnte — angezeigt durch das Fehlen *persönlicher Freunde* — , erwies sich ebenfalls als signifikant korreliert mit häufigerer Nennung von Gewalttätigkeiten gegen Partner (g =.21,s). In hohem Grade hängt erwartetermaßen die *Familienzufriedenheit* mit dem Fehlen physischer Gewalt unter Partnern zusammen (g = .64,s).

Bemerkenswert ist, daß die Tatsache, wie Mütter und Väter sich selbst und den Partner in ihrer *Elternrolle* beurteilen, relativ hoch mit der Gewaltanwendung in der *Partnerschaft* korreliert (g = .44,s), viel weniger dagegen mit derjenigen gegen die Kinder (g = .09). Schwierigkeiten im Dreiecksverhältnis von Mutter, Vater und Kind(ern) werden so eher unter den Erwachsenen körperlich aggressiv ausagiert als gegenüber den Kindern.

Hypothesenkonform ergaben sich auch signifikante Rangkorrelationen zwischen der *Selbst- und Umweltsicht* der Individuen und der Tatsache, die Partnerin/den Partner geschlagen zu haben: bezüglich eines negativen *Selbstbildes* (g = .25,s), der *Unzufriedenheit mit der Arbeit* (g = .26,s) und bei mangelndem *gesellschaftlich-politischen Vertrauen* (g = .24,s). Andere in der Gewaltforschung oft postulierte und überprüfte Faktoren wie *Streßbelastung* oder *gewaltlegitimierende Normen* zeigten sich dagegen kaum als erklärungskräftiger. Streß korrelierte mit der Gewaltanwendung unter Partnern signifikant negativ (g = -.20,s), d. h. mehr Streßfaktoren sind sogar mit weniger Schlägen zwischen den Partnern verbunden — lehrt Streß Disziplin und Frustrationstoleranz? — Eine Zusammenfassung wichtiger Korrelationen dieser Untersuchung bietet Diagramm 39.

Da Korrelationsberechnungen allerdings nur etwas über die *Stärke* eines Zusammenhangs zwischen Variablen, nichts aber über die *Richtung* von möglichen Kausalbeziehungen aussagen, wurden zum Test zumindest von Teilen unseres theoretischen Modells auch *Pfadanalysen* (nach dem PLS-Verfahren) durchgeführt.

Vorbereitend dazu wurde mittels multipler Regression geprüft, inwieweit sich Aspekte des Selbstbewußtseins und innerfamilialer Gewalttätigkeit durch eine reduzierte Anzahl von Prädiktorvariablen erklären lassen, die der Gesamtheit der durch die Repräsentativerhebung bereitgestellten Variablen zu entnehmen waren. Diese Auswahl wurde dann herangezogen, um entsprechende Pfadmodelle mit unterschiedlichen abhängigen Variablen (verschiedenen Konstrukten für Selbstbewußtsein, Gewalttätigkeit gegen Kinder und Partner) aufzustellen und zu prüfen. Die Ergebnisse der Pfadanalysen werden hier in *Pfeildiagrammen* dargestellt: Die Pfeile repräsentieren kausale Relationen, die Pfadkoeffizienten drücken die Stärke des Zusammenhangs aus; bei den abhängigen Variablen ist jeweils der Anteil erklärter Varianz (R^2)

angegeben. Neben einigen Vorteilen gegenüber anderen Verfahren der Pfadanalyse hat PLS mit ihnen allerdings auch bestimmte restringierende Voraussetzungen gemein, z. B. die Linearität der Beziehungen (vgl. auch Hoschka 1986, S.60 f.). Zudem konnten einige Variablen nur in dichotomisierter Form in die Kausalmodelle aufgenommen werden, da sie nicht auf Intervallniveau vorlagen.

In der multiplen Regression erwies sich neben anderen Variablen die subjektive Beurteilung der *Qualität der Partnerbeziehung* und der *Eltern-Kind-Beziehung* als wichtig. Beide Dimensionen wurden in der Repräsentativerhebung durch entsprechende Skalen operationalisiert. Einige „latente Variablen" wurden durch Kombination verschiedener „manifester Variablen" gebildet (z. B. für „Bildungs-/Berufsstatus" wurden Schulbildung, Berufsausbildung und gegenwärtiger Beruf herangezogen; für „soziale Kontaktfrequenz" die Häufigkeit der Beziehungen zu Nachbarn, Bekannten und Freunden).

Die Ergebnisse der Pfadanalysen, die in folgenden Diagrammen wiedergegeben werden, erhalten nur solche Pfadkoeffizienten, die $\geqq .10$ sind, um nur die wirksamsten Prädiktoren aufzunehmen und die Diagramme übersichtlich zu belassen.

Im ersten Pfeildiagramm wird das *Selbstbild* als (rein endogene) zu erklärende Variable verwendet (Diagramm 40).

Unter den geschilderten methodischen Bedingungen wird die Variable *Selbstbild* demnach zu immerhin 23 Prozent (R^2 als Anteil erklärter Varianz) aus den wenigen Prädiktoren der Zufriedenheit mit der Arbeit und der Partnerbeziehung, dem gesellschaftlich-politischen Vertrauen und dem Bildungs/Berufsstatus erklärt. Wenn die Verheißungen der Moderne in Gestalt von Familienglück und Partizipation am Fortschritt (bessere Bildung, akzeptable Arbeit, Vertrauen in gesellschaftliche und politische Prinzipien und Strukturen eingelöst werden, zahlt sich dies also nachweisbar in der Selbstsicht der Individuen aus. Die genauere Analyse zeigt weiter, daß *Frauen und Männer* die Partner- und Familienbeziehung verschieden sehen und prägen: Frauen haben (das wird auch an anderen Stellen deutlich) durchschnittlich eine positivere Wahrnehmung ihrer Beziehung zu den Kindern als die Männer (dagegen schätzen sie ihre Partnerschaft im Durchschnitt etwas negativer ein). Dennoch neigen sie bei Konflikten mit den Kindern — wie schon erwähnt und im nächsten Diagramm nochmals offenkundig — eher dazu, gravierendere Mittel (Schläge usw.) gegen ihre Kinder einzusetzen als Männer.

Im übrigen zeigt das obige Modell auch, daß ein Faktor wie die *soziale Einbettung* in die soziale Umwelt (Häufigkeit von Kontakten zu Freunden, Bekannten, Nachbarn) auch die Familienzufriedenheit nachweislich anhebt, eine solches Kontaktnetz steigert die Lebensqualität und scheint zur Generalisierung von Wohlbefinden beizutragen. Erstaunlich ist das Ergebnis, daß die *Streßfrequenz* (Häufigkeit von potentiell als Streß erlebten Ereignisse) sich *positiv* auf die Familienzufriedenheit auswirkt, d. h. vielfach im Sinne von Eu-

Diagramm 39

	Realisierungsgrad moderner Hoffnungen; Werte			
	Menschenbild	Partizipation an Fortschritt		Familienglück
	Selbstbild	Gesellschaftl.-polit. Vertrauen	Arbeitszufriedenheit	Familienzufriedenheit
Geschlecht	.19*	.08*	.23*	.17*
Persönl. Nettoeinkommen	.14*	.13*	.23*	.07*
Schulbildung	.19*	0	.11*	.29*
Sozialschicht	.20*	.13*	.20*	.20*
Kirchenbindung	0	.18*	.08*	0
Persönl. Freunde	.30*	.16*	.14*	.38*
Gewalttätigkeit i. Erzieh.konzept	0	.14*	0	.21*
Streßfrequenz	0	0	0	–

Gesellschaftliche Erfahrungen

Andere Faktoren

Rangkorrelationskoeffizient gamma
* = mindestens auf .05 Niveau signifikant
– = keine Messung vorliegend

	Gewalttätigkeit in Familie	
	körperliche Gewalt gegen	
	Partner	Kinder (a)
Selbstbild	.25*	.09 bis .18*
Gesell.-pol. Vertrauen	.24*	0 bis .09*
Arbeitszufriedenheit	.26*	.12*
Familienzufriedenheit	.64*	.28 bis .29*
Geschlecht	.18*	.14 bis .17*
Persönl. Nettoeinkommen	.11*	.07*
Schulbildung	.22*	.28 bis .32*
Sozialschicht	.16*	.12 bis .15*
Kirchenbindung	.12*	.02
Persönl. Freunde	.21*	0 bis .10*
Gewalttätigkeit i. Erzieh.konzept	.25*	.57 bis .68*
Streßfrequenz	−.20*	0

(a) Korrelation für erste/einzige und spätere Kinder separat, daher jeweils zwei Werte

Diagramm 40

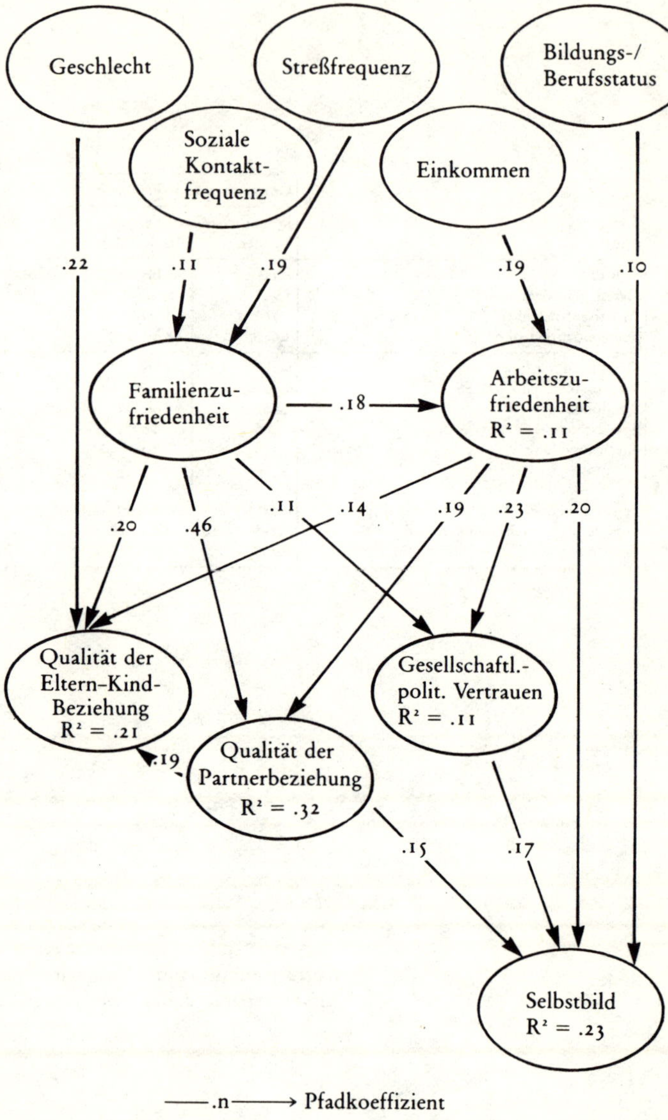

Geschlecht
Streßfrequenz
Bildungs-/
Berufsstatus
Soziale
Kontakt-
frequenz
Einkommen
.22
.11
.19
.19
.10
Familienzu-
friedenheit
.18
Arbeitszu-
friedenheit
R² = .11
.20
.46
.11
.14
.19
.23
.20
Qualität der
Eltern-Kind-
Beziehung
R² = .21
Gesellschaftl.-
polit. Vertrauen
R² = .11
.19
Qualität der
Partnerbeziehung
R² = .32
.15
.17
Selbstbild
R² = .23
.n
Pfadkoeffizient

Diagramm 41

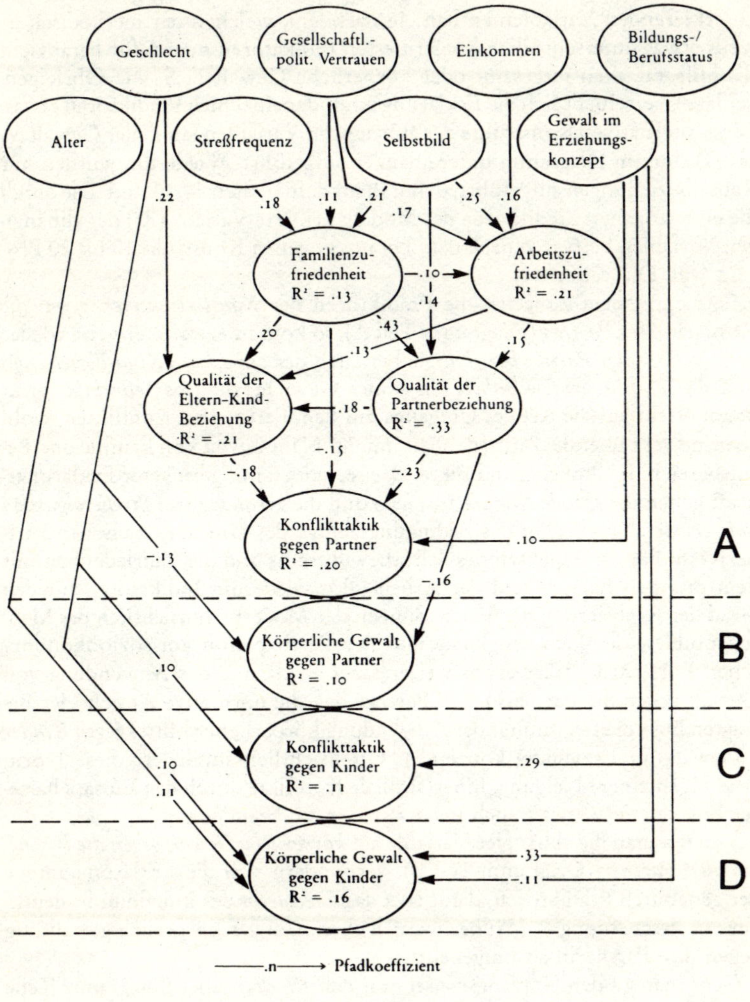

Geschlecht
Gesellschaftl.-
polit. Vertrauen
Einkommen
Bildungs-/
Berufsstatus
Alter
Streßfrequenz
Selbstbild
Gewalt im
Erziehungs-
konzept
.22
.18
.11
.21
.25
.16
.17
Familienzu-
friedenheit
R² = .13
.10
Arbeitszu-
friedenheit
R² = .21
.14
.20
.43
.15
.13
Qualität der
Eltern-Kind-
Beziehung
R² = .21
.18
Qualität der
Partnerbeziehung
R² = .33
−.15
−.18
−.23
Konflikttaktik
gegen Partner
R² = .20
.10
A
−.13
−.16
Körperliche Gewalt
gegen Partner
R² = .10
B
.10
Konflikttaktik
gegen Kinder
R² = .11
.29
C
.10
.11
Körperliche Gewalt
gegen Kinder
R² = .16
.33
−.11
D
.n Pfadkoeffizient

Streß als eher stimulierend, eigene Fähigkeiten herausfordernd erfahren wird und nicht nur als belästigend und ennervierend.

Wenden wir uns nun dem Pfaddiagramm zu, das unterschiedliche Konstrukte für *innerfamiliale Gewaltätigkeit* (gegen Partner und gegen Kinder) als zu erklärenden Variablen enthält: Je nachdem, welchen der methodisch jeweils etwas unterschiedlich konstruierten Indikatoren man dafür heranzieht (Konflikttaktiken insgesamt oder körperliche Gewalt i.e.S. wie Ohrfeigen, Schläge), verschiebt sich die Erklärungskraft der einzelnen Prädiktoren etwas. Diese alternativen Konstrukte der abhängigen Variablen familialer Gewalt (A bis D) sind im Diagramm untereinander aufgeführt. Wiederum wurden nur Kausalbeziehungen aufgeführt, deren Pfadkoeffizienten $\geqq .10$ sind. Die durch die einbezogenen Prädiktoren des Modells erklärte Varianz (R^2) der abhängigen Variablen beträgt je nach dem herangezogenen Konstrukt 10 bis 20 Prozent (vgl. Diagramm 41).

Betrachtet man zunächst die Prädiktoren der *Konflikttaktiken gegen die Partnerin/den Partner* (Diagramm-Teil A), so kommt erwarteterweise wieder der *Qualität der Partnerbeziehung* (aber auch der der *Eltern-Kind-Beziehung*!) und der *Familienzufriedenheit* ein hohes Gewicht zu. Das *Selbstbild* wirkt kaum direkt auf die Art des Umgangs mit dem Partner bei Konflikten, wohl aber indirekt über die Zufriedenheit mit der Nahumwelt von Familie und Berufsbereich. In ähnlicher indirekter Weise, jedoch mit geringerer Erklärungskraft gehen die *soziale Kontaktfrequenz* und die *Frequenz von Streßereignissen (wie erwähnt: positiv)* in das Bedingungsgefüge des Umgangs zwischen Partnern ein. Neben Aspekten des Selbstbewußtseins und der Zufriedenheit mit dem privaten Bereich und der Arbeit (also wiederum Indikatoren für den Grad der Realisierung der Verheißungen der Moderne hinsichtlich des Menschenbildes, des Familienglücks und der Partizipation am sozioökonomischen Fortschritt) trägt etwas weiteres zur Erklärung der Anwendung von Gewalt gegen die Partnerin/den Partner bei: die normative Ansicht der Befragten über die Legitimität der Anwendung körperlicher Mittel *gegen Kinder* („Gewalt im Erziehungskonzept"). Offensichtlich impliziert diese Norm eine allgemeinere Neigung, innerfamiliale Konflikte durch den Einsatz härterer Formen der Gewalt auch *unter Partnern* zu beenden.

Verengt man die abhängige Variable auf *körperliche Gewalt gegen die Partnerin/den Partner* (Diagramm-Teil B), vermindern sich die Erklärungsanteile der genannten Prädiktoren, dafür tritt das *Geschlecht* des Individuums deutlicher in Erscheinung — Männer werden eben häufiger körperlich gewalttätig gegen ihre Partnerin als umgekehrt.

Geht man zu den Umgangsweisen mit den *Kindern* über (Diagramm-Teile C und D), so wird erwartungsgemäß der normative Faktor („*Gewalt im Erziehungskonzept*": ob Ohrfeigen gegen Kinder in bestimmten Situationen gerechtfertigt erscheinen) stärker (.29 bzw. .33). Und auch hier macht sich das *Geschlecht* des Elternteils bemerkbar — Mütter neigen, wie bereits gezeigt, gegenüber ihren Kindern zu häufigerem und stärkerem Einsatz körperlicher Mittel als Väter. Außerdem tritt der *Bildungs- und Berufsstatus* stärker in Erscheinung: Eltern mit qualifizierter Bildung und höherem Berufsstatus neigen weniger dazu, körperlich aggressiv mit ihren Kindern umzugehen. Dagegen bleiben die Einflüsse von Selbstbild, Familien- und Umweltzufriedenheit auf die Gewalttätigkeit gegen Kinder erheblich geringer (Pfadkoeffizienten $\leqq .10$, daher nicht in Diagramm aufgenommen).

Versuchen wir, die Informationen der verschiedenen Pfaddiagramme zur Erklärung des Selbstbildes und der unterschiedlichen Formen familialer Gewalt *zusammenzufassen*: Die uns angesichts des theoretischen Modells der „Modernisierungsfalle" besonders interessierenden Konstrukte für die „Verheißungen der Moderne" (universalisiertes Menschenbild des selbstbewußten, autonomen Individuums; Partizipation am sozioökonomischen und kulturellen Fortschritt; Liebesehe und Familienglück) tragen mehr zur Erklärung gewaltförmigen Umgangs unter Partnern bei als zur Erklärung entsprechender Umgangsweisen von Eltern gegenüber Kindern. Gewalt unter (Ehe-)Partnern ist insofern der „sensiblere" Bereich, in dem die „Opfer der Modernisierungsfalle" (bei denen die Verheißungen der Moderne unzureichend in Erfüllung gingen) gleichsam zu „Tätern" werden, die ihre Frustration in aggressives Verhalten gegenüber Partnerin bzw. Partner umsetzen und so neue Opfer schaffen. Zudem erscheint die Gewalt gegen Kinder gesellschaftlich legitimierter zu sein. Neben den Normen über legitime Erziehungsmittel kommt auch eine Anzahl weiterer Faktoren ins Spiel (z. B. Alter der Eltern: Ältere schlagen mehr), die nicht im Zentrum des Interesses dieser Arbeit stand. Nicht einmal die Einschätzung der Qualität der Eltern-Kind-Beziehung beeinflußt die elterlichen Konflikttaktiken gegenüber Kindern merkbar, während im analogen Falle der Einschätzung der Qualität der Partnerbeziehung sehr wohl ein klarer Einfluß auf die Konflikttaktiken zwischen den Partnern nachzuweisen ist. Das könnte eventuell auch so gedeutet werden, daß Eltern im allgemeinen ihre Kinder davor zu bewahren versuchen, daß sie Opfer der aus ihren eigenen Frustrationen entspringenden Aggression werden (betrachtet man dagegen die *korrelativen* Zusammenhänge zwischen Selbst- und Umweltsicht und Gewalttätigkeit gegen Kinder, lassen sich schon einige signifikante, wenngleich schwache Zusammenhänge nachweisen; vgl. Diagramm 39).

Zwischen den verschiedenen Facetten der Lebensqualität ist ein *zirkuläres* Verhältnis anzunehmen: die Einschätzung der eigenen Person, der Fortschrittsglaube, das Vertrauen ins Leistungsprinzip und in den Staat, die Zufriedenheit mit der Situation in Arbeit und Familie (um latente und manifeste Variablen hier zusammenzunehmen) stehen untereinander in einer Wechselwirkung. (Das ist zumindest theoretisch anzunehmen, auch wenn die verschiedenen Pfadanalysen, in denen einmal das Selbstbild als abhängige, einmal als unabhängige Variable hinsichtlich Familien- und Arbeitszufriedenheit und gesellschaftlich-politischem Vertrauen angesetzt wurde, nicht unmittelbar einen Schluß auf diese Zirkularität zulassen). Anders gesagt, das Bild, das ein Individuum von sich selbst hat, strahlt auf seine Zufriedenheit mit der näheren und ferneren sozialen Umgebung aus, bekommt von dort her jedoch auch wichtige Beiträge. Diese Wechselbeziehung dürfte in lebensgeschichtlichen Prozessen wichtig sein, wenn sich dieser Zirkel in positiver wie in negativer Richtung aufschaukeln kann.

Kapitel 5

Die Opfer der Modernisierungsfalle: Gefährdetes Selbstbewußtsein und Gewalt

Ausgangspunkt der hier versammelten Untersuchungen war die Frage, welche *gesellschaftlichen* Bedingungen hinter den in der psychologischen Forschung wiederholt beschriebenen Zusammenhängen zwischen negativem Selbstwertgefühl und Neigungen zur Gewalttätigkeit gegen Kinder zu entdecken sind. Zu diesen Bedingungen gehört ein normatives Menschenbild, an dem sich Individuen messen und an dem sie von anderen gemessen werden, es gehören weiter dazu ihre Erwartungen an ein „menschenwürdiges" Leben und schließlich ihre Erfahrungen im gesellschaftlichen Alltag. Dem Selbstwert einer Person kommt nach dem heute herrschenden Menschenbild eine entscheidende Bedeutung zu: je nachdem, inwieweit ihre Erwartungen an ein gutes Leben und den Wert der eigenen Person darin von der gesellschaftlichen Umgebung eingelöst oder enttäuscht werden, kann das Selbstwertgefühl positiv oder negativ beeinflußt werden — und nimmt die Neigung zur Gewalttätigkeit in der Familie ab oder zu.

Unsere These, daß für etliche Gruppen von Menschen zentrale Verheißungen der Moderne — die Erlangung von persönlicher Selbstbestimmung und Selbstwert, die Teilhabe am allgemeinen Fortschritt und am Familienglück — in der gesellschaftlichen Wirklichkeit nicht eingelöst wurden (diese Diskrepanz zwischen Mythos und Realität der Moderne meint die Metapher der Modernisierungsfalle) und letztlich ihr Selbstbewußtsein dadurch beschädigt wurde , wollten wir in einer Reihe methodisch unterschiedlich angelegter, doch in ihrem Ertrag kumulativer empirischer Studien exemplifizieren.

Es ist schwierig, aus der Fülle der ermittelten Zusammenhänge nun noch einmal die wichtigsten zu bündeln. Zunächst einmal, weil es für die Diskussion über Gewalt in Familien informativ ist: Die Ausprägung des Selbstbewußtseins erwies sich als ein Faktor zur Erklärung innerfamilialer Gewalt, der sich neben etlichen anderen in der Gewaltforschung prominenten Faktoren (wie sozioökonomische Lebensbedingungen, Streß oder gewaltlegitimierende Normen) durchaus behaupten kann. Zumindest ist er als Umschlagplatz gesellschaftlicher Erfahrungen in individuelles Wohlbefinden und Verhalten, als „intervenierende Variable" keine quantité négligeable. Die in der einschlägigen Forschungsliteratur wiederholt beschriebenen Zusammenhänge zwischen einem beschädigten elterlichen Selbstbewußtsein und Neigungen zur Gewalttätigkeit gegen Kinder erwiesen sich indes in unseren Projekten nicht so nachhaltig belegbar wie etwas anderes: die hier erstmalig differenzierter untersuchten Zusammenhänge zwischen Selbstbewußtsein, Familienzufriedenheit und Fortschrittspartizipation einerseits und Tendenzen zu Gewalttätigkeit *zwischen Erwachsenen*, gegenüber der Partnerin bzw. dem Partner andererseits. Das mag z. T. daher rühren, daß Schläge in der Erziehung der Kinder gesellschaftlich als legitimer betrachtet werden als jene zwischen Erwachsenen und daher auch durchaus „selbstbewußte" Eltern gelegentlich ihre Kinder hart anfassen. Andererseits scheint es so, als ob Eltern sich bemühen, ihre Enttäuschungen durch die Kinder oder in anderen Bereichen nicht unmittelbar in körperlicher Aggression an ihnen auszulassen, sondern einiges abpuffern können. Dagegen schlagen Frustrationen aus dem Familienleben, Unzufriedenheit mit sich selbst und das Verhältnis zu Dritten, Enttäuschungen über die Arbeit und über den Staat, wenngleich teilweise nur indirekt (über ihre Auswirkungen auf die Familienzufriedenheit), merklicher in der Tendenz zur Anwendung von Gewalt zwischen den Partnern zu Buche. Obwohl also statistisch gesehen Kinder in Familien häufiger Objekte mehr oder weniger gewaltförmiger Verhaltensweisen sind als die Partner/in, sind sie nicht in dem Maße Opfer der Opfer der Modernisierungsfalle wie die Erwachsenen, denen familiale Gewalt angetan wird. Im übrigen scheinen diejenigen, die dem Mythos der Moderne am meisten vertrauten (seinem Fortschrittsversprechen; dem Leistungsprinzip; dem progressiv-pädagogischen Programm, die eigenen Kinder „besser" erziehen zu können, als es die eigenen Eltern mit einem getan hatten etc.), auch diejenigen zu sein, die am ehesten Opfer der Modernisierungsfalle wurden. Ihre Hoffnungen und Ziele waren besonders weit gesteckt, ihre Möglichkeiten unter den gegebenen gesellschaftlichen Bedingungen um so begrenzter.

Der Grad des Selbstbewußtseins der Individuen seinerseits erscheint nach unseren empirischen Studien in zirkulärer Weise mit dem verknüpft, was schon der Mythos der Moderne zusammenband: Partizipation an Familienglück und Fortschritt (operationalisiert als Zufriedenheit mit Familie, Arbeit, Staat, Gesellschaft, Status): Die Zufriedenheit mit Aspekten der Außenwelt spiegelt sich in einem positiven Selbstbild — und umkehrt: Die von außen nahegelegten und die selbstproduzierten Anteile des Bewußtseins — Allopoiesis und Autopoiesis des Bewußtseins — ergänzen sich.

Wenn also das Selbstbewußtsein im Prozeß der Verarbeitung und Umsetzung gesellschaftlicher Erfahrungen in (auch sozial folgenreiches) Verhalten eine strategische Rolle spielt, wenn irdisch-soziale „Anerkennung" die identitätstiftende Bedeutung vormals religiöser Hoffnungen weitgehend abgelöst hat, dann sollte das die Sozialwissenschaften durchaus ermutigen, die sozialen Bedingungen der Möglichkeit von Selbstbewußtsein präziser zu beschreiben. Bildungssystem und Arbeitswelt, staatliche Administration und familiale Lebensbedingungen dürften unter dieser Perspektive kaum ungeschoren davonkommen, da sie der Verwirklichung eines zentralen Aspekts der Menschenwürde, der „Anerkennung" der konkreten Person, vielfach im Wege stehen und — im kompetitiven Jargon der Amerikaner — viele „Verlierer" und „Versager" produzieren. Man kann sich nicht auf die Chancen kathartischer biographischer Entwicklungen nach frühen Gewalterfahrungen und Herausforderungen des Selbstbewußtseins berufen, die es, wie wir zeigten, auch gelegentlich gibt: Per aspera ad astra ist ein fragwürdiges pädagogisches Programm. Wieweit andererseits die neuen Prinzipien der 'Sanftheit", die auf den Fahnen „postmoderner" Avantgardisten auszumachen sind (von der sanften Geburt über Spielschule, Psychogruppe, sanfte Medizin bis zur gar nicht mehr so sanften Selbstausbeutung in alternativen Betrieben) Selbstbewußtsein verbürgen oder gar teilweise überflüssig machen, bleibt abzuwarten. Trotz massiver Rückschläge scheint der Mythos der Moderne für viele noch kaum gebrochen, deswegen steht die Modernisierungsfalle auch noch keineswegs im Museum der Moderne. Es hätte noch zu wenige nachmoderne Besucher.

Anmerkungen

1 Erstens sind die Leser einer Zeitschrift kaum repräsentativ für eine gesamte Bevölkerungsgruppe (hier: Eltern insgesamt), zweitens schreibt nur eine kleine Minderheit von Lesern auch Leserbriefe und diese Minderheit hat oft sehr unterschiedliche Motive für das Schreiben; schließlich wird in den Briefen unterschiedlich offen und problemanalysierend berichtet.

2 Dennoch sind Kinderschutzzentren noch zu neu, um ohne Argwohn von Betroffenen aufgesucht zu werden. Ein ausländischer Beobachter des Münchner Zentrums schreibt: „Am Anfang eines Kontaktes sind die meisten Klienten den Kinderschutzmitarbeitern gegenüber mißtrauisch. Es ist den Eltern unverständlich, daß eine Organisation zwar abweichendes Verhalten untersucht, dies aber nicht im Namen des Staates tut: der Staat wird immer noch weit mehr gefürchtet als in Amerika" (McGehee 1984, S.190). Das macht empirische Erhebungen in solchen Einrichtungen schwierig.

3 Die EDV-Auswertung erfolgte mit dem Programm SPSS.

4 Die Zufriedenheitsmaße sollten von den Beratern auf einer fünfstufigen Skala (+2, +1,0,-1,-2) eingetragen werden; das Vorkommen körperlicher Gewalt wurde nach den Stufen „ausdrücklich angegeben", „vermutet", „ausdrücklich verneint" codiert.
Der Rangkorrelationskoeffizient gamma liegt zwischen +1 (positiver Zusammenhang) und -1 (negativer Zusammenhang) je nach Übereinstimmung oder Nichtübereinstimmung der Rangreihen der zugrundegelegten Variablen. Dieser Koeffizient wurde gewählt, da er im verwendeten SPSS-Programm für die EDV-Auswertung vorgesehen ist. Er tendiert dazu, bei schwachen Zusammenhängen überproportional auszufallen. Alternative Rangkorrelationskoeffizienten (z. B. Kendall's tau) des verfügbaren SPSS-Programms weisen jedoch ebenfalls Nachteile auf (vgl. Schulze 1978).

5 Diesem Variablenblock korrespondieren in operationalisierter Form Werte wie die Anerkennung des Individuums (auch als Mann oder Frau) durch andere, die Möglichkeit, die eigenen Interessen zu verwirklichen und die eigenen Fähigkeiten entfalten zu können und Freiräume für Hobbies zu haben. Gegenüber Staat und Öffentlichkeit kommen Wünsche hinzu, die demokratische Werte wie freie Meinungsäußerung und politische Mitbestimmung betreffen, andererseits Nichteinmischung in die Privatsphäre ebenso wie sozialstaatliche Sicherung. All dies hat der moderne Staat *im Prinzip* ja zum Programm. Zu den wirtschaftlichen Verheißungen der Moderne gehören scheinbar unbegrenztes Wachstum, langfristig steigender Lebensstandard, Vollbeschäftigung, sinnstiftende Arbeit und berufliche Karrieremöglichkeiten nach Maßgabe der individuellen Leistung. Entsprechende Werte wurden daher ebenfalls erfaßt — von der Sicherheit des Arbeitsplatzes bis zur Sinnerfüllung im Beruf, von Einkommenshöhe und Eigentumsbesitz bis zum

beruflichen Aufstieg. Dem Leistungsprinzip und der schulischen Bildung als fundamentalen Steuerungsmechanismen in der modernen Gesellschaft galten weitere Fragen, ebenso den Sphären der Privatheit, der Familie, der Beziehung zu Partner und Kindern, die in der Moderne immer weiter losgelöst von ökonomischen Interessen zu Selbstzwecken wurden. Abgerundet wurde der Katalog der erfaßten Werte durch Fragen nach dem modernen Ersatz für verwandtschaftliche, nachbarschaftliche und ständische Sozialität, den „guten Freunden" und Fragen nach der tradierten Form von Sinngebung, dem religiösen Glauben. Es handelt sich dabei um eine keineswegs erschöpfende, mit 29 Statements aber bereits sehr lange Liste von wünschenswerten Dingen oder Werten (die in zwei Teilen angeboten wurde, auch um Ermüdungseffekte zu minimieren). In einem *ersten* Durchgang war dabei von den Befragten anzugeben, wie *wichtig* sie die einzelnen Punkte einschätzten („ganz besonders wichtig", „sehr wichtig", „wichtig", 'unwichtig").
Der Logik der Abfolge der einzelnen Variablenkomplexe vorauseilend kann hier schon auf einen *späteren* Durchgang durch dieselbe Liste hingewiesen werden, in dem dann der Grad der *Realisierung* der einzelnen Werte (klassifiziert nach „eher verwirklicht", „kaum verwirklicht", „am meisten vermißte" Dinge) in der subjektiven Sicht der Befragten ermittelt wurde. Damit konnten auch Maße der Diskrepanz zwischen favorisierten Werten und ihrer Realisierung errechnet werden.
Hondrich (1984, S. 74 f.) spricht bei einem ähnlichen methodischen Versuch von „Wichtigkeitsgrad" und „Befriedigungsgrad" im Hinblick auf Bedürfnisse (vgl. Diagramm 5).
Die Liste stellt absichtlich speziell auf „moderne" Werte ab, weniger auf „postmoderne", „postmaterialistische" etc., wie sie in jüngerer Zeit in Theorie und Forschung zunehmend diagnostiziert werden (vgl. Inglehart 1977). Wieweit letztere in Bezug zum Selbstbewußtsein zu bringen sind und ob dieses selbst in diesem Kontext anders gefaßt werden müßte, ist künftiger Analyse vorbehalten.

[6] Der detaillierten Erläuterung der *Biographie* diente zunächst ein längerer, sehr offen strukturierter Interviewabschnitt, in dem die Kindheit in der Herkunftsfamilie oder in Heimen bzw. Pflegestellen erfragt wurde, ebenso das Verhältnis zu Vater, Mutter, Geschwistern, anderen Kindern und sonstigen Bezugspersonen, die schönen und die schlechten Erinnerungen, besondere Ereignisse und die sie begleitende Gefühle. Als Unterbrechung dieses lockeren Interviewteils wurden die Untersuchten dann um das schriftliche Ausfüllen einer Liste gebeten, die solche Aspekte noch einmal in Skalenform erfaßte. Im Mittelpunkt standen dabei Dimensionen elterlichen Verhaltens und der Reaktionen der peers, wie sie sich in der vorliegenden Forschung zur psychosozialen *Genese von Selbstbewußtsein* als bedeutsam erwiesen haben; schließlich wird auch explizit auf die kindlichen Selbstgefühle abgehoben (vgl. Diagramm 6). Als Typus der Präsentation wurde an dieser Stelle wie bei später zu behandelnden Fällen eine mittenfreie Vier-Werte-Skala zwischen polarisierten Statements gewählt. Eine ähnliche Form benutzt z. B. der bekannte Gießen-Test (GT) von Beckmann und Richter (1981), von dem die Art der von links nach rechts durchzulesenden Halbsätze übernommen wurde. Aller-

dings verzichteten wir auf die Vorgabe eines mittleren, neutralen Wertes, wie ihn der Gießen-Test enthält, weil dieser erfahrungsgemäß große Zustimmung empfängt. Wir wollten stattdessen die Befragten zu einer wenigstens minimalen Entscheidung in die eine oder andere Richtung zwingen. Für Fälle, in denen dennoch und trotz Erläuterung von den Untersuchten ein neutraler Wert angekreuzt wurde, haben wir als Codierungsmöglichkeit den Neutralwert allerdings berücksichtigt.

[7] Um die *Beziehungen zwischen Müttern bzw. Vätern und Kindern* (als ein Aspekt des von der Moderne versprochenen Familienglücks) zu beschreiben, wurden Aussagen verwendet, die unterschiedliche *Interessen an Kindern* zum Inhalt hatten (z. B. traditionelle Aspekte wie Unterstützung im Alter und moderne wie Hoffnung auf Sinnstiftung durch Kinder), daneben auch Aussagen zu *Konfliktpotentialen zwischen Erwachsenen- und Kinderinteressen* (z. B. Zurückstellen elterlicher Bedürfnisse wegen der Kinder) (vgl. Diagramm 9). Mit einer weiteren Liste von Statement sollte die *wechselseitige Anerkennung zwischen Eltern und Kindern* ermittelt werden, die Art ihrer konkreten Beziehung bis hinein in extreme und tabuierte Bereiche wie seelische Verletzungen oder sexuelle Attraktivität von Kindern für Eltern (ein Aspekt, der bei der Diskussion sexuellen Mißbrauchs von Kindern eine Rolle spielt).

[8] Angeregt durch eine Studie von Disbrow, Doerr und Caulfield (1977) wurde eine Liste mit typischen Anlässen und Verhaltensweisen vorgegeben, die Eltern stören oder ärgern und zu Streit führen können. Damit können Belastungsmomente in der Beziehung zu den Kindern lokalisert werden, die den Hoffnungen der Eltern auf ein gutes Zusammenleben mit Kindern entgegenstehen, ihre eigenen Interessen u. U. massiv tangieren und ihr Selbstbewußtsein herausfordern.

[9] In einigen Fällen, wie der gegenseitigen Kommunikation von Gefühlen, konnten wir uns an das „enrich"-Instrument von Olson et al. (1982) anlehnen) (vgl. Diagramm 10).

[10] Dazu wurde eine Skala mit polaren, teils bewußt karikierenden und extremen Formulierungen entwickelt, um die erfragte Dimension zu verdeutlichen. Für Frauen und Männer wurden geschlechtsspezifische, jedoch analogisierte Präsentationsformen der Skala vorbereitet (vgl. Diagramm 11). Mit den erhaltenen Profilen für subjektiv wahrgenommene Ähnlichkeit, Dominanz und Erotik in der Partnerbeziehung lassen sich wiederum Anhaltspunkte für Selbstkonzept und Selbstwert der Befragten gewinnen.

[11] Die Liste potentieller Stressoren war angelehnt — doch ergänzt — an das Instrument in der Studie über familiale Gewalt von Straus, Gelles, Steinmetz 1980, S.271).

[12] Die Rosenbergsche Skala richtet sich quasi auf einen inneren Kernbereich eines Selbstbildes, auf ein Ich, das von konkreten Situationen der Auseinandersetzung dieses Ichs mit der Umwelt abstrahiert. Das hat den Vorteil, eventuell an eine „basale" Schicht des Selbstbewußtseins heranzukommen (falls so etwas sinnvollerweise überhaupt zu postulieren ist) und methodisch sehr ökonomisch zu sein (da sie wenige Items umfaßt). Auf der anderen Seite erlaubt diese Skala nicht, mögliche Profilierungen individuellen Selbstbewußtseins im kognitiven wie evaluativen Bereich hinreichend zu erfassen, z. B. eher ex-

trinsische und eher intrinsische Momente, die Perspektiven der Selbstwahrnehmung und der perzipierten Fremdwahrnehmung oder Differenzen je nach sozialer Sphäre (Freunde, Arbeitswelt, Familie etc.) zu unterscheiden.

[13] Einige der Items wurden dem verbreiteten Persönlichkeitstest von Beckmann und Richter (1981), dem „Gießen-Test" entnommen. Andere Items stammen — teils modifiziert — aus der Selbstkonzept-Skala (SSCI) von Sears in der Fassung von Ewert (1979), aus einem Verfahren zur Selbsteinschätzung von Mummendey, Riemann und Schiebel (1983), aus Meinungsumfragen von Noelle-Neumann (1979), andere wurden vom Autor selbst entwickelt. Die endgültige Auswahl der Items sollte die Bildung verschiedener Indizes erlauben: neben einem globalen Index für Selbstbewußtsein z. B. auch Indizes für ein eher *selbstreferenzielles, ich-bezogenes Selbstbild* („ich bin selbstsicher", „das Leben kommt mir oft sinnlos vor" usw.) und für ein eher *sozialreferenzielles, umweltbezogenes Selbstkonzept* („es gelingt mir eher schwer, mich beliebt zu machen", „ich fühle mich von meinen Freunden und Bekannten anerkannt" usw.). So ergab sich eine Liste von 19 polarisierten Items, die ergänzt wurden durch einige Items zu anderen Dimensionen des Ich und der gesellschaftlichen Umwelt (vgl. Diagramm 13).

[14] Auf die in der Forschung über Gewalt in Familien und besonders über Kindesmißhandlung wiederholt berichteten Zusammenhänge, wonach die „Mißhandler" oft besonders niedrige Indizes für Selbstwert zeigten, haben wir bereits hingewiesen. Dabei muß allerdings in Rechnung gestellt werden, daß nicht nur Persönlichkeiten mit negativen Selbstbildern zu aggressivem und überbestrafendem Verhalten gegenüber Familienangehörigen neigen können, sondern daß auch eine andere Richtung der Kausalkette denkbar ist: Nach entsprechenden Handlungen, besonders wenn diese polizeiliche, juristische oder auch nur Aktionen von Sozialarbeit nach sich zogen, kann das Selbstwertgefühl der Betreffenden empfindlich berührt und ein eventuell ohnehin bereits negatives Selbstbild in einen Zirkel weiterer Herabsetzung getrieben werden. Mittels klinischer Untersuchungen von Kindesmißhandlung ist die Richtung der Bedingungs-Wirkungs-Relation daher kaum erfaßbar. Da das Design unseres Forschungsvorhabens auch „nicht-klinische" Fälle berücksichtigt, d. h. Familien ohne Kontakt zu Beratungsstellen, Polizei oder dergleichen wegen Gewalttätigkeit, konnte der Grad an Selbstbewußtsein der Eltern wie der Grad an gewaltförmigem Umgang in der Familie unter methodischer Kontrolle von „labeling-Prozessen" staatlicher Erfassung bestimmt werden.

[15] Diese gingen von den „Conflict Tactics Scales" (CTS) von Straus, Gelles und Steinmetz (1980) aus, die bei verschiedenen Studien, auch Repräsentativerhebungen, in den USA eingesetzt worden waren. Die CTS-Skalen liegen allerdings nur für Erwachsene und ältere Kinder bzw. Jugendliche vor. Da unsere Population jedoch auch Familien mit Kleinkindern umfaßte, mußte eine analoge Fassung für die dabei in Betracht kommenden Verhaltensweisen hergestellt werden; hierzu bot sich wiederum ein entsprechender Katalog von Verhaltensformen gegenüber kleineren Kindern an, der sich in der Studie von Disbrow, Doerr und Caulfield (1977) findet. Um die Dimensionen des Verhaltens in den verschiedenen Situationen (Eltern — Kleinkinder, Eltern — äl-

tere Kinder, Mann — Frau, Frau — Mann) vergleichbar zu machen, wurden die Items z. T. angepaßt. Die in den CTS-Skalen enthaltenen Dimensionen wie argumentative Taktik (z. B. einen Streitpunkt in Ruhe besprechen), verbale oder gegen Gegenstände gerichtete Aggression (z. B.anschreien, etwas kaputt schlagen) und körperliche Gewalttätigkeit (z. B. verprügeln) wurden ergänzt um Dimensionen wie Liebesentzug (z. B. dem Kind sagen, daß man es nicht mehr lieb hat), Zurückhaltung (z. B. Ärger herunterschlucken) und Demütigung (z. B. Kind auslachen). Aus Gründen der Vereinfachung wurden die in der CTS-Skala vorgesehene Differenzierung der Antworten über die Häufigkeit des Geschehens („never, once, twice, 3-5 times" und weitere Zwischenkategorien bis zu „more than 20 times") erheblich eingeschränkt: Die Befragten in unserem Projekt bekamen als Antwortmöglichkeit je genannter Verhaltensweise nur die Häufigkeiten „nie, einmal, ein paarmal, häufig" (vgl. Diagramm 16 — Taktiken gegenüber kleinen und größeren Kindern zusammenfassend — und Diagramm 17).

[16] Die Höhe des Honorars richtete sich nach der Dauer der Interviews. Bei den Familien der Kontrollgruppe, über die aus der früheren Untersuchung bereits umfangreiches Material, z. B. die gesamte Lebensgeschichte, vorlag, war die Interviewzeit daher kürzer als bei den anderen Familien. Daher gab es Schwankungen des Honorars von einem Mindestsatz von DM 100,- bis zu einem Mehrfachen davon.

[17] Die hohe Bedeutung, die der privaten „Beziehungsqualität" zugemessen wurde, mag vielleicht durch die Tatsache, daß diese Befragung in der Familienwohnung und zu familialen Themen stattfand, etwas beeinflußt worden sein. Allerdings wurden familiale Werte auch in anderen Untersuchungen als ebenso verbreitet wie hoch besetzt gefunden.

[18] Wie kann dieser Umschlag erklärt werden? Es können natürlich methodische Gründe und Verzerrungsmomente mitspielen: Die Werte dürfen nicht überinterpretiert werden, da alle Daten rückblickend-subjektiv von den Befragten stammen und so spätere Faktoren biographischer Selbststilisierung einen Part spielen können. So könnte es ja etwa sein, daß besonders Angehörige der Indexgruppe dazu neigen, viel Selbstsicherheit nach außen zu demonstrieren, als ob sie subjektiv Herr einer Lage seien, die objektiv als recht belastend erscheint (bei der Detailbetrachtung der Fallanalysen drängt sich gelegentlich eine solche Hypothese auf). Es könnte aber auch sein, daß erst im Erwachsenenalter so positive Erfahrungen gemacht wurden, die die eigene Selbstsicherheit anhoben. Im übrigen mag die Konstruktvalidität von „Selbstsicherheit" im Hinblick auf Selbstkonzept und Selbstwert nicht sehr groß sein und mit anderen Indikatoren dieser Konstrukte nur schwach korrelieren (dafür gibt es Anhaltspunkte auch im später präsentierten Material).

[19] Die Indices sind Mittelwerte der richtungsbereinigten Skalenrohwerte der genannten Items.

[20] Bei der Wiedergabe von Protokollausschnitten wurde der meist bayerische Dialekt angenähert in ein auch für Nichtbayern verständlicheres Deutsch übertragen, um unbeabsichtigte Kabaretteffekte zu vermeiden, obwohl dadurch einiges an Authentizität verlorengeht (vgl. dazu auch Wahl et al. 1980, S.10). Namen sind geändert und persönliche Merkmale, die Identifi-

zierungsmöglichkeiten böten, modifiziert (z. B. Berufsangaben, Ortsangaben), wobei die sozialen Kategorien (z. B. Beamtenstatus, Klein-/Großstadt) gewahrt bleiben.

[21] Notabene wirft dies ein Schlaglicht auf die methodischen Probleme von Sozialforschung, die oft für identische Untersuchungspersonen ganz unterschiedliche Ergebnisse zutage fördern kann, je nachdem, ob eher allgemeine Aussagen bzw. Haltungen oder konkrete, situationsbezogene Informationen und Einstellungen abverlangt werden. Nicht nur in der Gesellschaft, auch in den Individuen selbst, existieren kontextbezogene Codierungen und Gefühle, „plurale Wirklichkeiten", denen sich Sozialforschung in Theorie und Methode versichern muß; vgl. Wahl, Honig, Gravenhorst 1985.

[22] Bei Rangskalen gibt es zwischen den Merkmalsausprägungen größer-kleiner-Relationen: $a_1 > b_1 > c_1 \ldots$; Intervallskalen weisen gleiche Abstände zwischen den Merkmalsausprägungen auf: $a_1 - b_1 = b_1 - c_1$.

[23] Kendall's tau unterschätzt eher die „wahren" Zusammenhänge, gamma überschätzt sie eher. In den Fällen, wo Intervallskalen oder angenäherte Intervallskalen (Ordinalskalen mit sinnvoll zugeordneten numerischen Werten (vgl. Allerbeck 1972, S.42, S. 106) vorlagen, konnten Produkt-Moment-Korrelationen nach Pearson (r) berechnet werden; diese dienten allerdings nur der internen Absicherung, nachfolgend wird aus Vergleichsgründen nur das referiert, was mit Rangkorrelationskoeffizienten berechnet wurde.

[24] Wieweit es sich dabei um Prädiktoren handelt, kann beim vorliegenden Untersuchungsdesign nicht eindeutig entschieden werden, da die retrospektive Beschreibung früherer Erfahrungen durch die jetzige psychische Verfassung eingefärbt sein kann. Allerdings dürfte ein solcher retrospektiver Effekt gegenüber einer Reihe von Variablen für die Beschreibung von Kindheit und Jugend doch unwahrscheinlich sein. Objektive Daten wie z. B. die eigene Position innerhalb der Geschwisterreihe, aber auch die unterschiedlichen Merkmale der Beziehung zu Vater und Mutter werden schwerlich durch Ausprägungen von Selbstkonzepten im Erwachsenenalter hinreichend erklärbar sein.

[25] Verglichen mit den Antworten auf eine entsprechende Frage einer Repräsentativerhebung bei Familien — siehe Kapitel 4, Abschnitt 2 — sind die Eltern dieser Stichprobe insoweit durchschnittlich sogar recht moderat.

[26] Dieser Befund verträgt sich im übrigen auch mit dem erstaunlichen Ergebnis, daß Eltern mit positiven Selbstbewußtseins-Indizes eher zu härteren, d. h. Gewalt implizierenden Erziehungskonzepten neigen (z. T. signifikante Korrelationen). Positives Selbstbild im Verein mit einem rigiden Erziehungskonzept resultieren so kaum in häufigerer oder stärkerer Gewaltausübung gegen die Kinder.

[27] Gegenüber anderen forschungsüblichen Schichtindikatoren wurde hier auf die Einbeziehung des Berufs oder Berufsprestiges verzichtet, weil es dabei stets zu Klassifikationsproblemen für Hausfrauen kommt. Ersatzweise wurde auf den Berufsausbildungsabschluß zurückgegriffen, zu dem auch Hausfrauen exakte Angaben machen können. Zur Konstruktion des Schichtindexes wurde das Guttman-Skalierungsverfahren des SPSS-Programms herangezogen (vgl. Beutel, Schubö 1983, S. 151ff.).

Literaturverzeichnis

ADORNO, TH. W.: Soziologie und empirische Forschung. In: Topitsch 1966, S. 511-525

ALDOUS, J. ET AL. (eds.): Family Problem Solving. Hinsdale, Ill. 1971

ALLERBECK, K.: Datenverarbeiteung in der empirischen Sozialforschung. Stuttgart 1972

ANDERSON, ST. C., LAUDERDALE, M. L.: Characteristics of Abusive Parents: A Look at Self-Esteem. Child Abuse and Neglect 6, 1982, S. 285-293

BECKMANN, D., RICHTER, H.-E. : Gießen-Test (GT). Bern ²1981

BENOIST, J.-M. (Hg.): Identität. Stuttgart 1980

BERTRAM, H.: Von der schichtspezifischen zur sozialökologischen Sozialisationsforschung. In: Vaskovics 1982, S. 25-54

BEUTEL, P., SCHUBÖ, W.: SPSS 9 (nach Nie et al. 1975). Stuttgart ⁴1983

BRINKMANN, W., HONIG, M.-S. (Hg.): Kinderschutz als sozialpolitische Praxis. München 1984

BÜHLER-NIEDERBERGER, D.: Analytische Induktion als Verfahren qualitativer Methodologie. Zeitschrift für Soziologie 14, 1985, 6, S. 475-485

BUJOK-HOHENAUER, E.: Gewalt gegen Kinder: Zum Stand der Forschung und Praxis. In: Honig 1982, S. 13-52

COOPERSMITH, ST.: The Antecendents of Self-esteem. San Francisco 1967

DENZIN, N. K.: The Research Act in Sociology. Chicago 1970

DISBROW, M. A., DOERR, H., CAULFIELD, C.: Measuring the Components of Parents' Potential for Child Abuse and Neglect. Child Abuse and Neglect 1, 1977, S.279-296

ENGFER, A.: Bedingungen und Auswirkungen harten elterlichen Strafens. Diss. Universität Trier 1982

EWERT, O.: Eine deutsche Version der Sears Self-Concept Inventory Scale (SSCI). In: Filipp 1979, S. 191-202

FEYERABEND, P.: Wider den Methodenzwang. Frankfurt 1976
FILIPP, S.-H. (Hg.): Selbstkonzept-Forschung. Stuttgart 1979
GARBARINO, J.: Children and Families in the Social Environment. New York 1982
GELLES, R.: Neuere Forschungen über Ausmaß und Ursachen familialer Gewalt. In: Kinderschutz-Zentrum Berlin o.J., S. 5-10
GELLES, R. J., STRAUS, M. A.: Determinants of Violence in the Family: Toward a Theoretical Integration. In: Burr et al.1979
HAGEMANN-WHITE, C. ET AL.: Hilfen für mißhandelte Frauen. Stuttgart 1981
HELFER, R., KEMPE, H.C. (Hg.): Das geschlagene Kind. Frankfurt 1978
HONDRICH, K. O.: Bedürfnisse, Werte und soziale Steuerung. In: Klages, Kmieciak 1984, S. 67-83
HONIG, M.-S. (Hg.): Kindesmißhandlung. München 1982
HONIG, M.-S.: Verhäuslichte Gewalt. Frankfurt 1986
HORKHEIMER, M., ADORNO, TH. W.: Dialektik der Aufklärung. Frankfurt 1971
HOSCHKA, A.: Exkurs: Pfadanalyse mit PLS. In: Voges, Hoschka 1986, S. 6061
HUGHES, J. A.: Sociological Analysis. London 1976
HURRELMANN, K., ULICH, D. (Hg.): Handbuch der Sozialisationsforschung. Weinheim 1980
INGLEHART, R.: The Silent Revolution. Princeton, N.J. 1977
JOERESKOG, K. G., WOLD, H. (eds.): Systems under indirect Observations. Amsterdam 1984
KINDERSCHUTZZENTRUM BERLIN (Hg.): Forum Kindesmißhandlung. Berlin o.J. (1978)
KINDERSCHUTZZENTRUM MÜNCHEN: Kinderschutz in München 1984 (Jahresbericht). München 1984
KLAGES, H., KMIECIAK, P. (Hg.): Wertewandel und gesellschaftlicher Wandel. Frankfurt [3]1984
KÖCKEIS-STANGL, E.: Methoden der Sozialisationsforschung. In: Hurrelmann, Ulich 1980, S. 321-370
LÉVI-STRAUSS, CL.: Vorwort zu Benoist 1980, S. 7-9
MCGEHEE, CH: Das Kinderschutzzentrum München. Ein Erfahrungsbericht. In: Brinkmann, Honig 1984, S. 178-197
MORRIS, M. G., GOULD, R. W.: Role reversal: A necessary concept

in dealing with the „battered child syndrome". American Journal of Orthopsychiatry 33, 1963, 2, S. 298-299

MUMMENDEY, A.: Aggressives Verhalten. In: Graumann et al. 1983, S. 321-439

NIE, N. H. ET AL.: SPSS (Statistical Package for the Social Sciences). New York [2]1975

NOELLE-NEUMANN, E.: Werden wir alle Proletarier? Zürich [2]1979

OLSON, *D. H. et al.*: Family Inventories. St. Paul, Minn. 1982

PARSONS, T.: Beiträge zur soziologischen Theorie. Darmstadt [3]1973

PIAGET, J.: Das moralische Urteil beim Kinde. Zürich 1954

PROSS, H.: Die Wirklichkeit der Hausfrau. Reinbek 1975

RICHTER, H.-E.: Der Gotteskomplex. Reinbek 1979

ROSENBERG, M.: Society and the Adolescent Self-Image. Princeton, N. J. 1965

SCHULZE, G.: Rangkorrelationen bei soziologischen Normaldaten. Zeitschrift für Soziologie 7, 1978, 3, S. 267-272

SEARS, P. S.: Effective reinforcement for achievement behavior in disadvantaged children: The first year. Stanford 1972

STEELE, B. F., POLLOCK, C. B.: Eine psychiatrische Untersuchung von Eltern, die Säuglinge und Kleinkinder mißhandelt haben. In: Helfer, Kempe 1978

STRAUS, M. A., GELLES, R. J., STEINMETZ, S. K.: Behind Closed Doors. Garden City, N. Y. 1980

SZINOVACZ, M. E.: Using Couple Data as a Methodological Tool: The Case of Marital Violence. Journal of Marriage and the Family 45, 1983, 3, S. 633-644

TOPITSCH, E. (Hg.): Logik der Sozialwissenschaften. Köln 1966

VASKOVICS, L. A. (Hg.): Umweltbedingungen familialer Sozialisation. Stuttgart 1982

VOGES, W., HOSCHKA, A.: Die Wirksamkeit der Doposcuola. München 1986

WAHL, K.: Die Modernisierungsfalle. Frankfurt 1989

WAHL, K., HONIG, M.-S., GRAVENHORST, L.: Wissenschaftlichkeit und Interessen. Frankfurt 1982

WAHL, K., HONIG, M.-S., GRAVENHORST, L.: Plurale Wirklichkeiten als Herausforderung. Soziale Welt, Sonderband 3, 1985, S. 391-412

WAHL, K. ET AL.: Familien sind anders! Reinbek 1980
WEICK, K. E.: Group Processes, Family Processes, and Problem Solving. In: Aldous et al. 1971, S. 3-32
WOLD, H.: Soft Modeling: The Basic Design and some Extensions. In: Joereskog, Wold 1984
WOLFF, R.: Gewalt gegen Kinder ist nicht zu verbieten. Päd.extra Sozialarbeit 5, 1981, 9, S. 40-44